人们对自由和正义的渴望，
犹如每天需要呼吸新鲜空气一般强烈。

张进华律师

张进华 著

刑辩力量
无罪辩护手记

中国政法大学出版社

2023·北京

图书在版编目（ＣＩＰ）数据

刑辩力量:无罪辩护手记/张进华著. —北京:中国政法大学出版社,2023.6
ISBN 978-7-5764-1008-2

Ⅰ.①刑… Ⅱ.①张… Ⅲ.①刑事诉讼－辩护－案例－中国 Ⅳ.①D925.210.5

中国国家版本馆 CIP 数据核字(2023)第 135660 号

出　版　者	中国政法大学出版社
地　　　址	北京市海淀区西土城路 25 号
邮寄地址	北京 100088 信箱 8034 分箱　邮编 100088
网　　　址	http://www.cuplpress.com（网络实名：中国政法大学出版社）
电　　　话	010-58908586（编辑部） 58908334（邮购部）
编辑邮箱	zhengfadch@126.com
承　　　印	北京中科印刷有限公司
开　　　本	720mm×960mm　1/16
印　　　张	18.75
字　　　数	320 千字
版　　　次	2023 年 6 月第 1 版
印　　　次	2023 年 6 月第 1 次印刷
定　　　价	88.00 元

推荐语

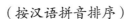

（按汉语拼音排序）

　　这是一部很有价值的著作。作者通过自己的办案历程和成功实践，揭示了刑事辩护领域的问题和挑战。进华不仅分享了珍贵的心路历程和辩护经验，还从律师的角度，对如何做好常见刑事案件的辩护，作了深入的解析，展示了一个真实、立体、生动的刑事辩护场景。你可以从书中汲取刑事辩护的专业知识和技能，还可以领悟司法公正和人性关怀的可贵，值得一读。特此推荐！

戴长林

——天津大学法学院教授，

最高人民法院审判委员会原委员、刑三庭原庭长

　　对社会大众读者来说，既关注成功辩护的律师，更关注成功辩护的结果；对资深刑辩律师来说，既关注成功辩护的结果，更关注成功辩护的过程；对青年刑辩律师来说，既关注成功辩护的过程，更关注成功辩护的收获。张进华律师的新作《刑辩力量——无罪辩护手记》，正是这样一部既有无罪结果更有辩护过程、既有办案手记又有辩词精选、既有刑辩故事也有刑辩之道的好书，值得关注、值得阅读、值得推荐。

刘桂明

——中国民主法制出版社《法治时代》编委会执行主任、

法宣在线总编辑、桂客学院院长

　　《刑辩力量——无罪辩护手记》是一本令人印象深刻的法律读物。作者张进华律师以娴熟的辩护技巧、独到的法律思维和深刻的社会洞察，为他的当

事人提供了优质高效的法律帮助，展现了辩护律师在追求正义的道路上的无畏精神和坚定信念。这本书不仅为读者揭示了刑事辩护的无穷魅力，更引发了对公平正义和人权保护的深思。对于对法律和社会正义感兴趣的读者来说，本书不容错过。

易延友

——清华大学法学院教授、博士生导师，
清华大学法学院证据法研究中心主任

这本书值得一读。其可贵之处在于，这是张进华律师的切身实践和深切感悟的总结概括，具有很强的依据性、经验性、理论性，无论是律师和司法界，还是广大民众，都可以从中得到启迪和激励。相信随着书的内容被广泛传播、接受，必将对依法行事、维护公平正义产生积极影响。愿更多的人像张律师一样，成为信念坚定、忠诚担当、勇谋兼备、脚踏实地、值得信赖的新时代优秀法律工作者，为我们社会撑起一片充满希望的清纯天空。

余爱水

——北京军区空军原副政委，少将，
经济学博士，博士生导师

在《刑辩力量——无罪辩护手记》一书中，张进华律师结合自己的亲身参与，生动地描述了刑事辩护的艰辛和挑战，同时也分享了自己的心得和经验，通过对一些具有代表性案例的分析和解析，作者深入探讨了刑事辩护的技巧和策略，为律师界同行及法律爱好者提供了很多有价值的借鉴，也对刑事司法改革提出了期待。

周光权

——清华大学法学院院长，法学院教授，博士生导师，
第十四届全国人大常委会委员、宪法和法律委员会副主任委员

刑事辩护需要的是担当、勇气和敬业，从这本书中我们可以看到一个年轻刑辩律师成长的过程，我们看到持续的努力和不断的学习依然是一个律师取得成就的基础。张进华律师在短短几年时间里凭着一股坚韧的毅力在每一个案件中都能在平常中发现不寻常的辩护空间并能准确把握和运用法律去解决问题，为当事人争取到最大的合法利益，这本书值得年轻律师读一读，他会使你仿佛看到自己，进而提升自信。同时我们应该还可以看到，刑事辩护其实不存在什么技巧和所谓的谋略，其本质无非就是对法律的坚守、对当事人的责任和对法治的追求。

朱明勇
——北京京门律师事务所主任，著名刑辩律师

自　序

要么庸俗，要么孤独

　　岁月不居，时节如流。2023 年将是我迈入律师行业的第十个年头，专注于刑事业务已近五年，也算是律师界的一名老战士，虽磕磕绊绊，不禁时常感叹，唯时间如滚滚长江东逝水不可逆也。

　　季羡林先生曾经说过，时间虽然不语，却回答了所有问题。

　　我以青春敬年华，为我所追逐的梦想。或许以平凡，或许以惊艳，或许道阻且长。

　　回顾自己从一名"门外汉"到行业"新兵"再到久经沙场的"刑辩战士"，曾经懵懂又青涩无忧的少年，误打误撞踏入律师圈，后又坚定地闯进刑辩律师圈，开启了自我修炼，摸爬滚打的奋斗历程，虽饱经风霜雨雪，但也锻造出了强健的体魄和不屈的精神。

　　英国著名哲学家培根有句格言："对于一切事物，尤其是艰难的事物，人们不应期望播种与收获同时进行，为了使它们逐渐成熟，必须有一个培育的过程。"于我而言的近十年，是播撒理想的种子，传承与坚守刑辩事业，用心培育，静待开花结果的美好时光。逐梦过程有收获也有失意，有进步也有挫折，有欢乐也有遗憾。也就是在这十年，头发白了，眼袋深了，鱼尾纹深深浅浅地布满了额头与眼角，这既有艰苦奋斗生活的真实写照，也有作为律师职业生涯辛酸苦辣的切身感受。

　　通常情况下，人们一提起律师，都会投来羡慕的眼光，似乎只要谈到律师的话题，不自觉地都会想到，律师就是有金钱、有地位、有身份，衣着光鲜华丽，出入高端场所，开豪车、戴名表、住豪宅的一个高端阔气的"高富帅"群体，殊不知，只有真正加入律师行业才深有体会，许多新入行的青年律师，一开始是既迷茫又无助，多半游走于温饱线上下，为了生计，为了案源，为了案件取得好的结果，绞尽脑汁，时而焦虑，时而无奈，时而兴高采烈，毕竟每个人都希望能在自己擅长的领域混出个名堂。

干一行，专一行，爱一行，我们每一个人都渴望成功，这是铁律。但是在律师这个行业，从来就没有什么固定公式或者成长捷径可供复制，每个人成功的路径都是不一样的，也很难提取成功因素的最大公约数，所以，完全照搬，邯郸学步是行不通的。

虽然说成功的路上没有一套固定公式可以照搬，但也不是说别人的成功经验就毫无参考意义。相反，我更认同一种观点，如果你想成为某一类人，最快的成功方式就是先去模仿，去了解他的成功经历，他曾经做过什么，发表过什么观点，然后再衡量自己，认清自己是不是也能做到，是不是也具备一些条件和能力，当答案是肯定时，那就不要犹豫，争取一切机会，使出浑身解数去努力学习那个你认为最成功的人，用心观察，仔细思考，消化吸收，学他人之长为自己所用，通过不断磨合、历练，使其最终变成自己的知识。这不失为一条成功路上实现弯道超车的捷径。

当然，说一千道一万，我们一直在强调成功，也在强调成功路上的坎坷不平，可是我们最应该搞清楚的是青年刑辩律师最大的痛点到底是什么。如此，才能把准脉，对症下药，并有所针对性地进行修正，防止盲目练武，走火入魔。

近年来，稍作观察就会发现一种有意思的现象，刑辩律师界的"江湖"异常活跃，"各门各派"像雨后春笋般跳了出来。有律师事务所内部设立的"刑辩团队"，也有跨律师事务所设立的"刑辩中心"，还有跨省跨地区设立的"刑辩联盟"，真所谓，有人的地方就有江湖，刑辩律师界概莫能外。除此之外，还有许多所谓的刑辩培训研修班也是一期又一期如火如荼地举办开来，既有清华、北大、法大这样的高等学府开办的刑辩培训班，也有多家律师事务所联合组建的师资团队大搞培训业务。尤其是刑事辩护全覆盖刑事政策的施行，相信会有更多的律师涌入刑辩律师界。

人们常说，刑辩律师是刀尖上的舞者，刑辩之路布满荆棘，刑辩律师的执业风险较比其他专业的律师更大，即使这样，也丝毫没有影响到许多年轻律师加入刑辩律师队伍。有更多新鲜血液的加入，从长远来看，当然是好事，但这也充分说明了刑辩律师队伍的门槛不高，"形式辩护""套路辩护""欺诈式辩护"等负面评价纷至沓来，严重影响了刑辩律师的口碑和队伍建设。

之所以有这样的局面，是什么原因造成的，又该如何看待这一现象，对律师行业的发展有无促进意义，姑且不做深入探讨，目前我本人也没有什么资格去评论，我们要讨论的无非就是，如何做好刑辩业务，如何快速成长为一名合格且优秀的刑辩律师，抢占高地，实现弯道超车。

无论当前形势如何风云变幻，律师队伍如何参差不齐，律师口碑如何褒贬不一，我们能做的就是做好自己的业务。如何做好一名刑辩律师，既需要勇气，也需要胆量，更需要智慧。刑事辩护是律师业务中的皇冠，而无罪辩护则是皇冠上最璀璨的明珠。我们需要去做的就是尽可能多做添砖加瓦，锦上添花之事。要坚守正义的底线，为生命和自由而辩。

中国政法大学顾永忠教授曾经说过，刑事辩护业务的重要价值在于它涉及公民最基本的生命权、自由权、财产权。这是任何一个法治社会、法治国家需要保障公民最重要的权利，而刑事辩护恰恰就是维护公民这几项最重要的权利的一项律师业务。从这个角度来讲，刑辩律师要为自己从事这项业务感到自豪，感到骄傲，我们没有理由不去为之努力奋斗。

也正是有了以上的思考，才促使我下定决心写下这本书，本书将主要从我自身执业经验说起，兼顾自己的一些学习方法、办案技巧、思维逻辑等方面，重点会围绕已经办结生效的案例展开，多数都是取得无罪辩护成功的案例。全书共分三篇，上篇是无罪辩护办案手记，中篇是辩护词精选，下篇是传承与进步。相信通过对真实案例的全面梳理、总结、复盘，一定会形成一点有价值的东西，是否能够广泛传播，帮助更多的青年刑辩律师，则是诚惶诚恐！

我始终相信，每一个全民关注的热点案件，都是一堂最好的全民普法公开课，对过往案例的复盘总结，并形成文字记录，也是一种传播法治理念的有效方式。中国政法大学罗翔教授所著《圆圈正义》《法治的细节》等书籍就是最好的诠释和样本。罗翔老师在《法治的细节》一书中提道："法律在不断进步，法治的细节在不断完善，这种进步与完善是通过一代又一代的法律人与民众共同实现的。"每次读罗老师的书籍都能激励自己前行，因为我们有着共同的期盼与信仰："愿今后的每一天，法治的光芒能够照亮每个人的内心与前行的道路。唯愿公平如大水滚滚，使公义如江河滔滔。"

自从决定要写下这本书，我几乎每天都在思考，该如何写好它，写出来的东西既要有可读性又要对读者，包括当事人家属，律师同行及其他关心、关注法律的人有参考价值。每次端坐在办公室的电脑前，又不知道该从何处起笔。

青衿之志，履践致远。也许就在某一次泡茶的功夫，脑海中的点滴记忆被勾起，曾经办过的案例犹如史海钩沉一一浮现出来，落笔成文，把所思所想及自己的成长经历，记录下来，一篇又一篇，刚好完成了本书的每一篇，每一章，每一节。

写下这篇文章之时，恰逢立秋，一早醒来，室外雨滴噼里啪啦地敲打着窗户，处在这样的环境当中，令人精神爽朗，也完全释放了长久积压在内心深处的压力，原本焦虑烦躁的内心就像洗了一个澡，瞬间又宁静下来，透着一股清凉。远处教堂塔楼上的钟声铛铛铛地响了起来，若在平时，只会把它当作报时工具，但是今天，却莫名其妙，钟摆每敲响一下，都感觉格外悦耳，悠远绵长，就像醒脑曲一般鞭策自己起航远行。

我时刻坚信，自己是一个有理想、有情怀、有信仰、有执行力的青年律师，通过传承与坚守，有朝一日也能成为大律师，实现超越，为完善法治中国建设作出应有贡献。

有人说，其实人生也像一本书，封面是父母给的，内容是自己写的，厚度也由自己决定，精彩程度可以自己创造。我以梦想致未来，以渺小启程。不弃微末，不舍寸功，坚定前行，相信在路的尽头，总会有梦想挥手相迎的模样。

一人从律十年路，十大无罪一本书。

当然，因于学识、见识、知识所限，所写的文章并没有文采斐然，也没有什么高深理论和见解呈现，不当之处，敬请批评指正。

是为序。

张进华
于大连京华书屋
2022 年 8 月 7 日

目 录

◢ 下　篇　刑辩之道（传承与进步）◣

无罪辩护（办案手记）

上篇

釜底抽薪，骨干成员叶某江无罪定谳

2022年8月2日，辽宁省鞍山市中级人民法院作出刑事裁定：叶某江等六人涉嫌组织、领导、参加黑社会性质组织罪等罪一案二审裁定驳回上诉，维持原判。此前，2021年12月25日，该案在辽宁省海城市人民法院一审宣判，判决叶某江等六人不构成涉黑犯罪，本人与鞍山本地孟律师一起辩护的叶某江，一审宣判无罪。叶某江曾系海城市某品牌啤酒总代理，一审阶段先后被指控非法经营同类营业罪、强迫交易罪、参加黑社会性质组织罪（骨干成员），经过全面细致的辩护，法院判决所涉罪名不能成立，终获无罪的结果，现该案已生效。本案由全国著名刑辩律师朱明勇领衔一众青年才干参与并坚决无罪辩护，取得全案"脱黑"，一名被告人宣判无罪，两名被告人以超过追诉时效，裁定终止审理（等同无罪）的结果，在扫黑除恶阶段，属实不易，本人认为该案具有典型代表意义，故形成辩护手记，与诸师友探讨，交流。

基本案情

海城市人民检察院先后五次变更（或追加）起诉书指控，2004年间，被告人叶某春将承包的某品牌啤酒代理权收回，假称组织副食品公司职工内部承包经营，实际上通过设立个人公司，组织被告人叶某2（叶某春胞弟）、叶某江、顾某凡及副食品公司现金会计宋某坤、司机韩某等亲属和身边人从事个人非法经营，非法经营活动一直持续到2019年。同时，被告人叶某春假借公司名义，转移某品牌啤酒代理权用于自营，通过稽查权的滥用，垄断酒类市场为黑社会性质组织成员获取非法利益，垄断市场，强迫交易。其中，叶某春被先后指控犯强迫交易罪、非法拘禁罪、寻衅滋事罪、非法占用农用地罪，组织、领导黑社会性质组织罪等罪名。叶某江先后被指控非法经营同类营业罪、强迫交易罪、参加黑社会性质组织罪（骨干成员），在诉讼过程中，海城市人民检察院认为叶某江不构成非法经营同类营业罪，随后检察院又变更起诉，主动撤回叶某江强迫交易犯罪指控。

海城市人民法院经审理后判决认定，叶某江不构成参加黑社会性质组织罪，宣判无罪。部分被告人不服一审判决，继续上诉，辽宁省鞍山市中级人民法院随后作出裁定，驳回上诉，维持原判。至此，叶某江无罪判决生效。

圣诞节当天，等来宣判

2021年12月22日，圣诞节前夕，我正在石油之城大庆出差接到海城市人民法院法官助理的电话，通知海城市人民法院正在审理的叶某江参加黑社会性质组织罪一案将于2021年12月25日（周六）14：00开庭宣判。挂断电话后，我把这个消息告诉了家属和同案其他辩护人，家属在电话那头不停地念叨："太好了，总算等来了宣判的倒计时刻。"

回顾叶某江案的始末，一些细节立刻涌现在脑海之中。

2020年5月19日，叶某江的家属因叶某江被指控犯强迫交易罪、参加黑社会性质组织罪一案，慕名来到律所，希望我们接受委托参与辩护，经与家属详细了解案情后，综合评估案件难度，我们认为这个案件值得律师全力以赴。尽管一开始家属委托的意愿有些反复，但最终还是选择了信任我们并签订委托。

次日，我们把委托手续向律协备案，叶某江一案的辩护工作正式启动。

只是谁也没有预估到，全案只有6人的黑社会案件，庭审经过一波三折，困难重重。

自2020年9月16日召开了第一次庭前会议至案件最后一次开庭于2021年5月21日20：30左右落下帷幕，前后长达一年共计经历了20多天的庭审。本以为案件在开庭结束后很快就会作出判决，谁知一等又是大半年。

是什么样的大案要案，会有如此漫长且又曲折的庭审经过呢？

为了催促案件尽快推进，我曾多次和主审法官电话或者见面沟通，强调被告人叶某江一直在羁押状态，叶某江本该无罪，不能这样无期限的羁押，即使不能马上宣判无罪，也应当立即对其取保候审，以免给叶某江造成更大的伤害。可是每次法官都耐心地解释称，因为他是主审法官，也非常着急，也想早日结案，可是这是一起涉黑案件，需要层层请示汇报，开了上百次碰头会议，所以他的压力极大，希望律师多多理解，多给家属做好解释工作，相信很快就会有结果。

所以在这样的背景下，我们终于等来了即将宣判的电话通知，那一刻，我自然无法抑制住内心的躁动，不论什么结果，一审也该有个结论了。

宣判前夜，做了一个奇怪的梦

记得 12 月份中下旬，天气异常寒冷，寒风刺骨，地面的积雪都已冻成冰。我的行程安排是去东北三省的葫芦岛、长春、大庆三个地方，最后一站是大庆。当我舟车劳顿抵达大庆时，天色已黑，夜晚的温度居然达到了零下 39 度。第二天白天虽有阳光，气温有所上升，但稍一露脸，眉毛胡子立刻就结冰变成"白眉大侠"。一阳生，透心寒，瑟瑟发抖。这也是我在最北方经历最寒冷的一个冬天的旅程。

忙完大庆的工作，立刻启程，辗转乘车，往海城方向折返。12 月 24 日傍晚时分，列车终于到达海城西站，与家属见面后直奔酒店办理入住。

在回酒店的车上，我问了一句家属："明天宣判，家属有没有一些小道消息，结果如何？"家属有些无奈地摇摇头："一丁点儿消息都没有。"

为了缓解这一尴尬的场面，我又跟他们开玩笑地说："昨天白天在大庆接到法官助理电话后，晚上就做了一个奇怪的梦，梦里一个老头拍着我的肩膀：小伙子，你辩护的一个黑社会案件马上要宣判无罪，祝贺你。我说别扯了。"后面不记得还说了啥，人就醒了，再也无法入睡。

梦想成真，叶某江无罪，当庭释放

2021 年 12 月 25 日，我按通知时间抵达法院，但是宣判一再推迟，直到临近天黑，宣判才正式开始。一切准备就绪，除叶某春在医院不能到庭外，其他五名被告人全部押解到法庭，因为提前不知道会是什么结果，所以在等待宣判的那一刻，摆在面前的就像一个盲盒，等待盲拆。庄严又空旷的大法庭除他们五人和法警外，还有一些旁听群众，后来得知是当地司法局一些领导也被通知到法庭旁听。

实际上，这个仅有 6 个被告人的黑社会案件，法院安排了两场宣判，第一场有 2 名被告人，因超过追诉时效，被法院裁定终止审理，也算是无罪的结果。半小时后，第二场宣判继续进行，叶某江案结果如何，即将见分晓。审判长再次敲响法槌，全体起立，所有人都屏住呼吸一字一句听审判长宣读判决书主文，直到最后阶段，我们听到审判长略显疲惫地提高嗓门宣读："本案指控叶某春等组织、领导、参加黑社会性质组织犯罪不能成立。"

这是该案第一次让我们感到激动的时刻，这也意味着全案"去黑"辩护成功。

因为检察院指控叶某江只有一个参加黑社会性质组织罪，如果全案都"去黑"了，叶某江肯定无罪，所以我们根本不用等审判长继续往下念，就已经知道了案件结果。我用手敲了敲旁边一同出席宣判的孟律师肩膀，并低声和她说了一句："祝贺，叶某江无罪。"

程序继续进行，我们全神贯注地听到审判长再次宣读："叶某江无罪。"

此刻，我们彻底释放了，功夫不负有心人，我们辩护成功了。

宣判结束，签完笔录，我和孟律师击掌相庆，又与法官和助理们一一握手后，迈着矫健的步伐走出了庄严的法庭，走下台阶，回头望了一眼法院门口的灯光打在写有"海城市人民法院"几个大字的牌匾上，显得格外耀眼。是的，这个地方我曾经持续战斗过十多个日日夜夜，在这里，我收获了成功，收获了友谊，无限感激。

叶某江无罪，并当庭释放。

因为此时一审判决还未生效，法院特意安排了专车将叶某江送到了户籍地派出所办理取保候审手续。当我走出法庭门外，叶某江家属及其他当事人家属都报以热烈掌声，有些家属激动的泣不成声，拉着我的手说："张律师，多亏有你们参与辩护，给我们家人摘掉了黑社会的帽子，我们一辈子都感激你们。"我简单与他们交流后，消失在了人群中，此刻，他们需要宣泄，给他们欢庆的空间。

再次见到叶某江是在派出所大厅里面，他老婆亲手给他送上了事先准备好的鲜花。那一刻，我感到无比骄傲和自豪。叶某江是我律师生涯第一个法庭宣判无罪并当庭释放的当事人，确实值得纪念。我和叶某江在派出所大厅里拍了一张合影，铭记历史时刻。我问叶某江："感觉如何，心情怎么样?"叶某江回复："我做梦都没想到，最终真的无罪了，我已经做好被冤到底的打算了，这次真是法治的胜利，又让我相信中国法律了，特别要感谢律师的努力和坚持。"说完，我们一起去了酒店，陪着他的家属吃了一顿"团圆饭"。

叶某江其人、其事、其遭遇

初识叶某江是在接受委托后，前往看守所会见时与叶某江有了第一次正面接触。眼前这个瘦高甚至有些羸弱的中年男子，无论如何也难以把他与黑社会骨干成员联系起来，外表看上去就是一个非常老实厚道的人，不像坏人，更别说是个黑社会骨干分子。当然，办案毕竟不是看相，需要进一步深入了解，才会有更全面准确的认识。

在第一次会见之前，我也做了一些准备工作，从他家属还有之前的同事等各方面做了调查，得到的信息基本一致，叶某江平时温文尔雅，谦谦君子做派，从来没有见他跟谁红过脸，骂过脏话，为人谦虚真诚，谨小慎微，工作当中，任劳任怨，勤勉尽责。不但如此，他还连续两届担任海城市人大代表，三次获得"海城市劳动模范"荣誉称号。见到叶某江之后，基本印证了之前的判断，叶某江不像一个坏人，随着问题的引导，慢慢地打开了他的话匣子……

起于"非典"，止于"新冠"

据叶某江回忆，他出生在辽宁省海城市，中专毕业后分配到海城市集体企业妇女儿童商店，从会计升到经理，后来企业改制，合并到海城市副食品公司。海城当地名人，也即本案第一被告人叶某春是时任海城市副食品公司经理，因为同姓叶，所以平时两人关系相处较好，叶某江兼任副食品公司的现金会计（出纳）。副食品公司也是集体企业，平时管理海城市酒类市场是副食品公司的主要职责，公司内部或者联合其他行政执法部门也成立了酒类管理办公室，除此以外，副食品公司也自营酒类业务，"非典"爆发之前，某品牌啤酒就一直是副食品公司代理经营。

2003年，"非典"暴发，对市场各行各业的经营形成了较大冲击，啤酒业务也受到波及。"非典"爆发前几年，副食品公司把某品牌啤酒经营权承包出去，由承包人每年向副食品公司缴纳承包费。"非典"爆发后，整个啤酒销售业绩不理想，承包人的承包费都交不上来，鞍山某品牌啤酒厂对海城的啤酒业务特别不满意，准备更换代理商。鉴于这种情况，叶某春临时召集副食品公司全体员工开会，商议将某品牌啤酒经营权收回来，由单位内部集资去经营，但是这次会议开得并不成功，会上没人愿意接手这个本就不景气的生意，集资承包经营的方案宣告失败。不久又组织召开了第二次全体会议，最终决定由叶某江和另外 3 个人出资承包经营。叶某江从此开始了经销啤酒生意。

经过叶某江等人多年努力打拼，该地的某品牌啤酒生意逐渐有了好转，并开始实现盈利，扭亏为盈。

叶某江未能预料，就在他以为一切走上正轨之时，2019 年 11 月份，新冠疫情暴发前，自己却突遭横祸被莫名其妙地抓进了看守所。当然，同样让叶某江感到不可思议的是，新冠疫情一直持续反复，到了 2021 年的 9 月，他还能以清白之身走出看守所。

在他看来，这一切的根源就是因为他姓"叶"。

首次身陷囹圄，不构成犯罪被释放

时间再次回到 2019 年 11 月 13 日，叶某江被海城市公安局从单位办公室带走，次日被刑事拘留关押在海城市看守所，涉嫌罪名是非法经营同类营业罪。

根据警方指控："犯罪嫌疑人叶某江于 2003 年开始到海城市副食品公司担任主管会计，2013 年 4 月 23 日由海城市服务业局任命为副食品公司经理至今。犯罪嫌疑人叶某江在海城市副食品公司工作期间，利用职务上的便利，将由海城市副食品公司经营的某品牌啤酒经营权据为己有，伙同叶某春、顾某凡等人利用海城市副食品公司名义自己经营某品牌啤酒，随后又成立了海城市某某叶副食品有限公司及借用海城市某某商店、海城市某某酒类销售部等，并用其他公司经营本来属于海城市副食品公司经营权的某品牌啤酒并从中获取巨额利益。经初步核实，犯罪嫌疑人叶某江利用职务便利，私自经营非法获利达人民币 500 余万元。"

30 天后，公安机关按照程序提请海城市人民检察院批准逮捕，检察院经审查后认为："犯罪嫌疑人叶某江与他人利用职务上的便利，经营了与自己任职企业经营范围相同的业务，虽海城市副食品公司的企业性质为集体企业，但现有证据不能证明企业的注册资金来源于职工的个人投资或集资，不排除企业的注册资金来源于国家拨付的可能性，故现有证据不足以证明犯罪嫌疑人叶某江的行为涉嫌非法经营同类营业罪。"检察院于 2019 年 12 月 19 日直接作出了不批准逮捕决定，叶某江被释放走出看守所。

既然检察院以叶某江不构成非法经营同类营业罪为由不批准逮捕，按照正常逻辑，叶某江没有其他犯罪，公安机关应当直接撤销案件，但是公安机关并没有这么做，而是对叶某江作出了取保候审的决定，如此，又给本案埋下了隐患。

即将陷入另一场更大的风暴当中

殊不知，海城市公安机关在以叶某江涉嫌非法经营同类营业罪侦查的同时，一场更大的布局正在悄然进行。

根据在案证据显示，早在 2019 年 11 月 15 日，公安机关在叶某江家搜查出大量现金和黄金制品，同时也冻结了大额银行存款，总资产估算高达上千万。11 月 19 日，公安机关以叶某春涉嫌组织、领导黑社会性质组织罪进行立案，叶某江被认定为该组织的骨干成员之一，一并立案侦查。

叶某江虽然不构成非法经营同类营业罪被释放，但是 2020 年 3 月 20 日，叶某江再次被公安机关电话通知到案后，以参加黑社会性质组织罪被刑事拘留，这次他就没有那么幸运，4 月 3 日，海城市人民检察院直接作出了批准逮捕的决定，叶某江被关进了鞍山市第二看守所，后来又转回到海城市看守所，直到案件一审宣判无罪后才挣脱牢笼，恢复人身自由。

庭审巧妙发问，直指案件核心

叶某江案件先后 2 次开庭，检察院一共修改了 5 次起诉书，除第一次《起诉书》外，还有《追加起诉书》《追加起诉决定书》《变更起诉决定书》《补充起诉决定书》。如果一个犯罪团伙，不管他犯多少罪名，多少犯罪事实，最起码《起诉书》是可以一次性写清楚的，除非有漏罪。但是海城市人民检察院不知道什么原因，居然改了 5 次《起诉书》，从形式上都清晰可见案件起诉非常勉强。

2020 年 9 月 19 日，该案第一次在海城市人民法院第一审判庭拉开庭审序幕。

第一次开庭时，叶某江除了参加黑社会性质组织罪之外，还有一个重要的罪名是强迫交易罪。

面对这个罪名的指控，我在法庭发问环节巧妙设计问题，争取把案件事实还原在法庭上。以下是发问节录部分：

我问:"叶某江,起诉书指控你犯强迫交易罪,主要是说你强买强卖,限制他人经营某品牌啤酒,并且强迫他人只能销售你代理的某品牌啤酒,那么请问,某品牌啤酒能否进入海城市场是你们说了算吗?"

叶答:"某品牌啤酒代理权是我去和厂家谈下来的,某品牌啤酒厂对代理商有一定的要求,不是谁都有资格、有能力代理。某品牌啤酒我们不代理,也可能有其他人代理,但是我们说了不算,是厂家说了算,我们左右不了厂家选择谁来代理。"

问:"厂家除了决定谁来代理某品牌啤酒,有没有派人常驻海城,专门管理某品牌啤酒销售事务?"

答:"有,厂家会派人来指导,当地的销售管理全是按照厂家要求进行,并且厂家还负责稽查跨区域串货销售等行为。"

问:"你和厂家签订了代理协议吗?"

答:"签订了,每次到期之前都会续签协议。"

问:"协议有没有约定,如果代理某品牌啤酒就不能再代理其他品牌的啤酒?"

答:"有约定,还有约定每年的销售任务,奖励政策,违约责任,处罚规则等。"

问:"海城本地是不是只有一种啤酒允许销售就是某品牌啤酒?"

答:"不是,还有其他品牌啤酒,种类多的都数不过来。"

问:"你除了代理某品牌啤酒以外,还代理其他品牌啤酒吗?"

答:"没有。"

问:"你代理某品牌啤酒是否获利,获利又是如何分配的?"

答:"一开始亏损,近几年逐渐盈利,利润分配就是按照出资人比例分配,没有其他用处。"

后续还问了一些问题,不再列举,但是通过以上发问,直指案件核心,叶某江无权决定某品牌啤酒进入或退出海城市场,也无权决定其他商家是否销售其他品牌啤酒,更没有强迫他人只允许销售某品牌啤酒,指控叶某江强迫交易犯罪,纯属"莫须有"。

部分被告人认罪认罚成了案件最大的变数

叶某江案件一共6个被告人,前面3个被告人的辩护人在第一次开庭全部是坚持无罪辩护，所以没有什么顾虑，可是问题的症结在于后面三个被指控为一般参加者，在法庭审理的第一天，就反复向法庭表示认罪认罚，他们的律师态度也很坚决，对所有指控都没有意见，希望从宽处罚。这给本案的辩护工作带来了极大困扰，如果后面 3 个被告人都自愿认罪认罚，那前面的组织者、领导者、骨干成员还能跑的了？面对这样的不利局面，我们试图通过发问的方式去探究他们是否真的自愿认罪认罚。节录对其中一个被告人发问内容：

问："你知道指控你犯了什么罪吗？"

答："不知道。"

问："你知道什么是黑社会性质组织犯罪吗？"

答："不知道。"

问："请问你有没有参与杀人、打架、强迫交易等暴力性犯罪？"

答："我一向遵纪守法，从来没干过什么坏事，更谈不上犯罪。"

问："既然如此，那你为何对检察院的指控认罪认罚呢？"

答："我也不懂啊，我的律师告诉我要认罪认罚争取从宽。"

这时，他的律师打断了我的发问，然后再次跟他的当事人交代，要珍惜来之不易的认罪认罚的机会，要坚持之前的供述和认罪认罚。

我立即举手，并向法庭提出了反对意见："现在不是他的律师在发问，他的律师未经允许插话，请求法庭制止。"

我接着问："你知道认罪认罚的后果是什么吗？"

答："不知道，反正我啥也没干过，我听从我律师的意见。"

问："既然你刚才说什么也没干，那你应该不构成犯罪，为何还要坚持认罪认罚？"

他的律师再次打断了我的发问，并强调他的当事人已经认罪认罚了，不要再误导他的当事人。

我不得不再次强烈要求法庭制止他这种未经允许打断我发言的恶劣行径。

庭审陷入僵持阶段。

因为后面 3 人的律师都是坚持认罪认罚的套路，即使出现了明显对他当事人不利的指控证据，他们的意见也是照单全收，他们的意见就是没有意见。

如果继续这样下去，庭审恐怕要陷入困局，我们整体辩护的难度陡然增加，庭审充满了太多不确定性和变数。

惊现克隆笔录，调整辩护方案成案件转折

庭审进行到第 5 天，我们在法庭上的辩护形成了明显两个风格，坚持无罪辩护的律师不仅要顽强的阻击控方的指控，更要防止后面 3 名被告人的律师的"误伤"，左右夹击，难受至极。

上天的眷顾出现在了下午的庭审当中，第二被告人的辩护人拿着几份证人证言在法庭上质证，慷慨激昂之间突然抛出了几份几乎完全一致的笔录，甚至连错别字，错误语句都一样，还有部分连名字都没改过来，"一比一"的复制粘贴，大家将其称之为"克隆笔录"。

鉴于突现"克隆笔录"，结合前几天庭审出现的种种问题，我率先提出了建议法庭休庭，查明情况，更正一些错误再继续开庭，第一被告人的辩护人朱律师又补充建议立即休庭，并要求通知被害人出庭。

当天庭审持续到下班后，审判长敲响法槌，并宣布休庭，下次开庭日期另行安排。

一切都在按照我们的计划推进，走出法庭后，家属们都等在门外，后面 3 个被告人的家属也一改往常不与我们有接触的态度，主动过来跟我们打招呼，而且还跟我们说："你们太厉害了，我们也知道家人是无辜的，可是律师都劝我们认罪，经过这几天审理，我们虽然不懂法律，但是明显他们都是无罪的。接下来怎么办好？"我说："既然你们都知道你们家人都是无罪的，为何还要听从你们律师的意见？权利在你们手上，你们不争取，叫谁能有办法。"然后又接着补了一句："你们如果相信我们，建议你们更换律师，实在找不到好律师，我们可以帮忙推荐。"也许是这句话打动了他们，马上表态："那太好了，你抓紧时间帮我们推荐吧，我们相信你们。"

到了后面我们才发现，这次的休庭并更换辩护律师，几乎成了撬动整个案件并改变走势的转折点。

接下来的庭审，简直发生了翻天覆地的变化。

首战告捷，不战而屈人之兵

第一次开庭前后经历了 5 天的时间，对叶某江涉嫌强迫交易的指控基本全部被推翻，第二次召开庭前会议时，检察院又重新提交了变更起诉决定书，当我们拿到这份新的起诉书后，惊奇地发现，之前指控叶某江强迫交易罪这

一节被撤回了。开始以为是检察院搞错了，或者这次变更不涉及叶某江，但是反复研究发现，这次的变更起诉包括了之前的起诉书内容。对此我们还是不放心，在庭前会议上，我们着重就这个问题在法庭上与公诉人进行了确认，得到的答复是经检察院反复审查，他们也认为指控叶某江强迫交易罪不能成立，所以这次变更就把该节指控撤回了。

我对检察院这种客观公正，实事求是的工作态度给予了高度评价，同时也借机再次发表了叶某江同样不构成参加黑社会性质组织罪的意见。

无论如何，我们首战取得成功，赢得了检察院主动撤诉的战果，给我们后面的工作减轻了不少压力，但是，庭审没有结束，我们就要时刻准备着继续参加战斗。

庭审中的"人民陪审员"

因为受疫情的影响，加上其他因素，时隔8个多月，第二次庭审才又启动，从5月12日到5月21日，前后共计10天。

一开始指控叶某江两个罪名，一个是强迫交易罪，一个是参加黑社会性质组织罪。强迫交易罪在第二次开庭前检察院主动撤回起诉，因此，这次开庭我们的重点工作就是为这个"涉黑"罪名辩护。

可是随着庭审不断推进，全案指控，居然没有叶某江任何行为和情节，每当出示一份证据，审判长最开始还会兼顾叶某江和律师，征询意见，我们的大体意见是该节指控与叶某江无关。10天的庭审估计有8天时间，我们都在"陪审"。庭审间隙的休息时间，我跟主审法官开玩笑地说："干脆我请假回家休息算了，啥时候等到与叶某江有关的证据出示了，我临时赶过来也不迟，或者让我坐到审判席上去替换一下人民陪审员吧。"法官面带微笑的回应说："张律师辛苦了，再坚持坚持啊。"

叶某江"挣钱"太多，成了厄运的开始

要说一个案件，能取得预想的结果，是多方面的因素形成合力促成的，叶某江案件也不例外。我们介入辩护后，第一时间就把全部案卷材料复制了，我们组织了团队全部成员，加班加点地阅卷，制作阅卷笔录，提炼问题核心焦点，检索法规与案例。总之，在未取得胜利之前，一刻都没有松懈。一遍又一遍操练，一次又一次修改法律文书，全部小伙伴都被折磨出"心理阴

影"，几乎到了谈叶某江案色变的程度，欣慰的是，案件的结果总算没有辜负他们的辛勤付出。

细节就是魔鬼，挖掘常人难以发现的细节是我们的重点工作。我们在逐帧审查叶某江的审讯录像时，有了新的发现。

无巧不成书，其他被告人的审讯录像，要么没有声音，要么图像打不开。偏偏叶某江的录像不仅图像和声音都非常清晰，还是连续的，没有中断。

我们把全部视频做了处理，要求在法庭上当庭播放出来，一开始法官没有同意当庭播放，后来在中午休庭期间让我把视频单独拿去他办公室播放一遍后，认为可以当庭播放，下午的庭审才得以顺利播放。视频充分揭露了办案机关抓捕叶某江的初衷不是因为叶某江有罪，而是从他家搜出了大量钱财。

到了庭审最后一天，法庭辩论阶段，我脱稿发表辩护意见长达50多分钟，主要围绕叶某江不构成参加黑社会性质组织罪展开论证。听其他家属说，我发表完意见后，旁听视频庭内的家属响起了热烈的掌声，甚至抱头痛哭。

那一刻，我相信我的意见不仅是家属听明白了，合议庭法官肯定也都听进脑海里了，剩下的就是等待宣判。

宣判无罪，收获职业生涯首例无罪判决案例

法庭内外，我们辩护律师应当出的"牌"都出完了。除此之外，我们在开完庭之后又单独去找过海城检察院的检察长反映案件情况，检察长接待了我们，并发表了自己对案件的看法。虽然我们意见不能统一，但最起码建立起了沟通的渠道。我们坚信，哪里有决策权，辩护就要直达哪里，没有任何工作是多余的。

庭后，也不知道多少次给叶某江提起过取保候审和羁押必要性审查申请，但都毫无进展。我们曾经迷茫过，也曾经煎熬过。

我们还进行了大量的调查取证，我始终认为也正是因为律师提交的新证据才促使检察院撤回了对叶某江强迫交易罪的指控。

当2020年12月25日那天来临之时，我隐约能够感受到叶某江即将被宣告无罪，以至于当叶某江真的无罪之时，内心早已没有了那种兴奋。

看到叶某江手捧鲜花走出派出所的那一刻，我们拥抱了一下，就在那一刻，我的压力彻底得到释放。感谢合议庭法官认真听取并采纳了律师的意见，最终在圣诞节当天送了我一份厚礼，虽然我之前也有许多无罪案例，但叶某江案件是我在法院审理阶段，收获的首个宣判无罪案例。对我而言，意义重大不言而喻。

叶某江恢复自由不久，便携夫人、孩子一起来到律所，给我们律师送来了锦旗，这份荣誉我们是受之无愧，我们得到了当事人的认可，俗话说金杯银杯不如当事人的口碑。

除了叶某江无罪以外，第二被告人和第四被告人因为超过追诉时效，裁定终止审理，也算是取得了无罪的结果。全案脱掉了"黑社会的帽子"，不知道当初坚持让他们的当事人认罪认罚的律师们听到这样的判决后，是个什么样的心情。

盘点案件特点，寻找全案脱黑密码

庭审进行期间，"蓟门决策"微信公众号曾经发表一篇署名汤小唯的文章《观察丨本轮扫黑现六人组黑社会　某品牌啤酒代理商折戟东北海城》。如果通读该文，也许就能寻找到本案"脱黑"的密码，以飨读者，重点摘录如下：

9月19日，叶某春等被控组织、领导、参加黑社会性质组织罪一案在辽宁省海城市人民法院公开开庭审理。公开报道显示，这个被指控为黑社会性质组织的案件应该属于本轮三年扫黑除恶专项斗争自启动以来人员规模最小的黑社会性质组织犯罪案件，该案具有十大特色，对刑事法律学者、刑事司法实务人员研究与探讨黑社会性质组织犯罪具有相当价值，值得关注。

特色一　本案只有六名被告人，堪称最小

特色二　本案没有一起轻微伤，堪称最软

特色三　代理经销制被指控为非法垄断，堪称最冤

特色四　七旬"黑老大"身患脑梗死法庭上慷慨激昂，堪称最强

特色五　抑郁症"黑老二"，庭中忽然清醒，堪称最奇

特色六　仅有六名被告人的组织，竟有人互不相识，堪称最懵

特色七　黑老大30年两次获刑，又两改无罪，堪称命最苦

特色八　"起诉书""追加起诉""追加起诉决定书"堪称文书"三件套"

特色九　起诉书"批斗"特色明显，堪称绝版

特色十　再次再审已被废除的流氓罪，堪称最有创意

结　语

叶某江案件结束了，整理案卷归档，又该踏上下一个征程。

许多人会问我，如果这个案件本身就是黑社会案件，你把当事人辩护成无罪，你良心何在？

我完全支持中央部署开展的扫黑除恶专项斗争，也坚决支持"打早打小""除恶务尽""是黑社会一个不放过，不是黑社会也不充数"的总体要求。

同时，也希望在扫黑除恶斗争中，所有司法机关都能够"坚持依法办案""不拔高，不凑数""以审判为中心，坚持证据裁判，坚持疑罪从无""严把事实关、证据关、法律适用关"真正实现"政治效果、法律效果、社会效果"的统一。

当然，还需要强调，在目前的司法体系下，鄙人确实没有那种将有罪之人硬生生地辩护成无罪的能力。我能做到的就是用尽全力去阻止新的冤案发生，用法律的手段阻击无辜之人蒙受不白之冤，毕竟为人辩冤白谤是我作为一名合格的法律人的最低要求。

如果非要传授一些成功经验，我认为有价值的东西就是，面对群体性案件，假设确实感觉到蒙冤，一定要组建辩护团队去辩护，否则，不能形成合力，效果自然会大打折扣。

叶某江案，本案二审阶段人民检察院没有抗诉，其他被告人的上诉，也全部驳回上诉，维持原判。该案判决完全生效，叶某江无罪，已然盖棺论定。

附：【文书案号】［2020］辽 0381 刑初 202 号刑事判决书；
［2022］辽 03 刑终 91 号之一、之二刑事裁定书。

坚守底线，故意伤害案王某斌无罪释放

2022年10月26日14时许，我收到王某斌涉嫌故意伤害罪一案绥中县人民法院的一审判决书，判决王某斌无罪。本案一审阶段的辩护工作，历经13个月后，取得圆满成功。此前，王某斌被羁押长达11个月后于2022年8月17日取保候审，恢复人身自由。在此，特别感谢该院合议庭及审委会全体成员坚守底线，维护正义。特别感谢王飞律师鼎力相助，虽然整个辩护过程异常艰辛，但我认为值得记录，故形成辩护手记，请各位师友批评指正。

基本案情

绥中县人民检察院起诉书指控："2021年3月17日15时许，被告人王某斌与被害人张某利因琐事在绥中县前卫镇背荫嶂村下火沟河洼子附近发生争执致厮打。在厮打过程中，王某斌将张某利打伤。经鉴定，张某利左侧第4、5、6肋骨骨折为新鲜骨折，其身体损伤程度为轻伤二级，故检察院以王某斌涉嫌故意伤害犯罪，提起公诉。"

绥中县人民法院认为："被告人王某斌故意伤害张某利的伤情鉴定，因鉴定程序不符合规定，该鉴定意见不予采纳，故该案证据不足，公诉机关指控不成立，不予支持，辩护人提出的辩护意见，本院予以采纳。经本院审委会研究决定，依照《中华人民共和国刑事诉讼法》第一百九十五条第（三）项之规定，判决被告人王某斌无罪。"

前言部分

我受委托担任王某斌辩护人，于2021年9月份介入本案的辩护工作，诉讼过程中，为加强辩护力量，中途特邀王飞律师加入，我们联手，配合默契，最终取得成功。

在接受委托之前，我一度认为这无非不就是一个轻伤害的故意伤害案嘛，被告人积极赔偿，取得被害人谅解，在检察院签署认罪认罚具结书，争取从宽，估计也就是缓刑的结果，甚至都有可能在检察院作出酌定不起诉决定，没有什么辩护的必要。但是，在第一次会见王某斌时，他坚决不认罪，而且他的辩解听起来完全有道理，他提到在案件之外还发生了许多不寻常的故事，引起了我的极大兴趣。随着调查的深入，发现了许多新证据，我不再认为这是一个简单的小案件，凭借我的直觉认为，完全可以判断王某斌案就是一个彻头彻尾的假案，甚至是人为制造出的冤案，如果继续让他错下去，必将酿成冤假错案。

作为辩护人，怎么可能容许冤假错案发生在自己的当事人身上，怎么可能让一个无辜的当事人蒙受不白之冤呢？只要是内心确信案件无罪，剩下的工作，就是利用一切可利用的资源，依法阻击并坚持到底。

如何抽丝剥茧，让案件的真相呈现，如何与干预势力抗衡，让案件早日回归法治轨道，如何发挥自身能力说服裁判者，让案件最终实现公平正义，成了我日复一日的坚守与煎熬。

每当拿起这个案件案卷材料的时候，我就想起朱明勇老师写的《无罪辩护》一书中的胡良友故意伤害案，我反复对比两个案件的异同，并分析其中的要害后认为，既然朱老师的案件能够办成不战而屈人之兵，我坚信我这个案件也一定能办成无罪。实际上，接案之初，朱老师他们在山海关开庭，我特意跑去山海关与朱老师见面请教该案辩护思路，朱老师给予了极大帮助，在此特别感谢朱老师的私塾指导。

基础不牢，地动山摇。为此，我几乎费尽了脑汁，作了我认为应当做的所有工作。每一步都至关重要，又环环相扣，没有掉步，每一步都算数。以下分十个部分择重点记录。

一、调查取证，发现问题

为了印证我前面的判断，我做了大量调查取证工作，发现案件中的许多问题无法得到合理解释，更不能达到认定犯罪事实清楚，证据确实充分的证明标准。

本案发生在2021年3月17日，被害人当天住院治疗，被害人有没有受伤，损伤程度如何，第一次的检查报告特别重要。为此，我去被害人住院治疗的医院调取了他的全部诊疗病志及相关 CT 影像照片。随后，我挂了许多三甲医院的骨科专家的号，请求帮忙查看，结果专家们给出意见，仅凭 3 月 17 日的检查报告和 CT 影像照片，根本无法查看出被害人当天有骨折伤情，更不要说有左胸 4、5、6 三根肋骨骨折。

对此，我依然持怀疑态度，是不是他们的视角不同，或者专业方向不同，为了得到一个准确的判断，我又去找了许多在全国都非常权威的法医专家帮忙审查，结果得出的结论与医院的专家的意见完全一致。

中国政法大学何兵老师曾经说过，律师要大胆假设，小心求证，要具备沉稳与坚毅的基本品格，要到田间地头去。我完全认同这个观点。为了查明案件基本事实，我特意驱车数百里跑去山区，来到案发现场，做各种侦查实验，通过无人机拍出案发地形全貌，通过步行、模拟推演、调查证人等方式尽量还原案件中出现的各种情形，最后基本形成内心确信，案件绝对有问题。

二、坦诚交流，无功而返

既然发现案件的问题，且被告人已经被羁押，我最初的想法是尽量在侦查阶段或者审查起诉阶段就把问题抛出来，与办案人坦诚交流，争取得到办案人的支持，立即撤销案件或者不起诉，让被告人尽早恢复人身自由。

然而，在交流的过程中，困难重重。我本着实事求是的原则提出本案被害人伤情存在疑问，鉴定意见存在诸多问题并形成书面意见，但是根本就没有人愿意心平气和地坐下来听取律师意见，案件不得不一次次错失纠正的机会。他们要么认为律师是在故意找茬，要么认为案件都已经作出批捕了，不起诉、轻刑、缓刑都影响业绩考核，肯定行不通，必须起诉。

三、全面阅卷，准备充分

审查起诉阶段，在公安机关移送案件的第二天，我利用疫情管控稍微松动的空档，把其他工作都推掉，立即赶到了绥中县人民检察院阅卷，把书面的卷宗和视频资料全部复制，这为本案的辩护工作打下了扎实基础。回想起来，如果当初不坚持复制视频资料，也许就发现不了案件的疑点。

阅卷过程中，每一个细节都没有放过，所有的材料前后至少看了 10 遍，每看一次都有新的发现和收获，阅卷是常读常新。

通过全面细致的阅卷，我最后总结这个案件有三假的特征："全部言辞证据都有虚假陈述；鉴定意见涉嫌造假；侦查阶段调查取证涉嫌造假。"

为此，我们做了许多表格，PPT，思维导图，通过可视化的方式，将案件的诸多问题充分暴露出来。

四、保障权利，雄辩法庭

面对一个错的特别明显的案件，在侦查阶段和审查起诉阶段都没有妥善解决案件，给我很大的打击，但是我很快就调整过来，这个时候自己不能松懈，不能有半点退缩，必须将全部精力用在法庭辩护之上。不得不说，这个案件能够取得成功，与该院法庭在诉讼过程中充分保障被告人和辩护人的诉讼权利有重大关系。

应该这么说，法庭在《刑事诉讼法》允许的范围内，同意了辩护人提出的各种申请，保障了各项诉权。

辩护人提出重新鉴定申请，法庭准许并通过摇号确定了新的鉴定机构，最终该鉴定机构以超出能力范围为由，不予受理。

辩护人提出被害人出庭，证人出庭，侦查人员出庭，法庭准许并通知他们全部到庭接受法庭调查。结果通过法庭发问环节，就充分揭露了被害人当庭撒谎，证人做假证，侦查人员违法办案，鉴定意见程序违法，违反回避规定等事实。

这足以说明，刑事案件的审理，只有切实保障被告人和辩护人的各项诉讼权利，才能规范庭审，才能真正实现庭审实质化，才能真正落实以审判为中心的刑事诉讼制度改革要求，才能切实有效防范冤假错案。

正因为如此，这个案件前后开了3次庭耗时5天，2次退回补充侦查，多次启动重新鉴定。

辩护人在法庭上充分发表辩护意见，与公诉人针锋相对，特别激烈。

五、揭露谎言，事实存疑

本案，关于被告人与被害人是否发生打架的事实，除了被害人供述以外，还有证人证言，都属于言词证据，如果能揭穿他们的谎言，那么他们的笔录就不能作为定案根据，指控被告人的犯罪事实必然存疑。为此，我们重点是要揭露他们的谎言。

（一）被害人谎言

在 2022 年 1 月 13 日，绥中县人民法院在绥中县看守所旁边的一个小法庭召开王某斌案第一次庭审，公诉人宣读起诉书后直接进入发问环节，其中有一个细节引起了法官注意。

法官发问："张某利，案发当时你饮酒没有？"张某利答称："没有。"

至于张某利是否饮酒的问题，案卷材料中有张某利妻子等多名证人证实，所以张某利很明显当庭撒谎了。在法官的一再追问下，张某利最后不得不承认："喝了点。"

到了下午庭审，辩护人对其发问："你知不知道喝酒以后不能驾驶机动车？"张某利又改变了说法："我没有喝酒。"

就为查明张某利是否于案发时饮酒，法庭花了大量时间调查核实，法官最后生气地说："你为啥要在是否喝酒这个问题上撒谎，你要把公诉人气死。"

张某利在有充分证据证明的问题上都能当庭撒谎，那么张某利供述王某斌对其殴打致伤的指控真实性必然存疑。

当然，张某利的其他谎言还有很多，不一一列举，总之，张某利到了法庭一再强调记不清王某斌怎么打的他，他是当事人，什么都记不住，似乎又说不通，甚至违反常理。

（二）证人谎言

其中一位证人王某柱，系王某斌和张某利同村村民。

在法庭上，控辩双方主要围绕他案发时在不在现场，如果在现场能否看清打架经过，是否参与了拉架等基本事实展开发问。

关于他在不在案发现场，是否参与拉架，在案卷中，辩护人发现他自己说了几个不同版本，与被害人张某利说的也相互矛盾。他如果在现场，能否看清打架经过，又与另外一名证人，他的同居女友任某珍说的不一样。

当然重点不在这些，在于王某斌家监控视频中出现的那个拿着簸箕路过的老头是不是他本人。

公安机关提供的一份监控视频显示，证人王某柱于 3 月 17 日 15：15：20 经过王某斌家门口，给王某安（案发后已故）家送簸箕，再次返回路过王某斌家门口时间是 15：19：12。在案证据显示，公安机关接报警时间是 3 月 17 日 15：24。那么按照王某柱的步行速度，结合案发现场与王某斌家的距离、路况和障碍物阻挡视线，短短 5 分钟之内，王某柱既不可能赶到案发现场，也无法目睹案发经过。

在监控视频面前，谁也没有想到，他居然做出了否认的说辞。

他说，那监控视频中的人不是他本人，认为是王某斌事后对他的栽赃陷害。但经调查，同村其他两位村民都指认出这就是他本人。他说，他当天根本没有出现在王某斌家门口，也没有去王某安家还簸箕，但王某安却做出了相反的证言，他不仅去借了簸箕，也去还了簸箕。他说，视频中那个人看起来像王某安，而王某安曾做了指认笔录，认出视频中那个人就是王某柱，后来王某安于案发后不久就去世了。他又说，他当天确实借了王某安家的簸箕，但不是他自己去还的，而是委托同村一名妇女去还的，可是警察找到这名妇女做调查，案发当天她在镇里住，根本没有回农村。

面对以上疑问，辩护人当庭播放了这段监控视频，法官看了以后，相信已有内心确认，尤其是视频中的老头戴的帽子与王某柱出庭当天戴的那顶帽子看上去一模一样。

公诉人对此回应称，监控视频中的人哪怕就是王某柱本人，也不能保证视频中的时间准确，与北京时间对应。似乎有点道理，但是要注意公诉人这里用的是不能保证的说法，什么是不能保证？不能保证也就是不能确证的意思。那么他这是用的一种推断性的结论，要知道，公诉人作为指控犯罪的一方，不能仅凭推断性证据定罪，这是法律明确禁止的。再说，是不是北京时间，时间准不准，进一步调查就能查明，但是公诉人没有继续调查核实。侦查机关也没去做这项工作。

据了解，王某斌家安装的是网络监控，与家里的电脑联网，自安装以后，再也没有人动过，时间也是跟着网络调整的北京时间。

再说，监控视频存储设备是电子产品，任何改动痕迹，都会被记录并鉴定出来。完全可以对这个问题继续调查，是不愿意，还是不敢去，谁也不知道。

庭审中，还暴露出其他问题，主审法官开玩笑似地说，这剧情一波又一波，比放电影都精彩。

另一证人任某珍，据王某柱称，是他的同居女友。

她也作为控方指控犯罪成立的证人，但是在法庭上，她一会说自己迷糊，一会说自己害怕公安派出所，到派出所看见穿警服的人就头疼，还说警察威胁她，她非常害怕，所以在公安机关作的笔录全是假的。仅仅通过法庭上的表现，还真不好判断，任某珍是真疯还是卖傻。总而言之，她的证言是反复无常，一会说案发时，她和王某柱都在离案发现场几百米外的打谷场打高粱，一会又说她当时犯病了躺在车里什么都没看见。

蹊跷的是，王某柱和任某珍两位证人，在案发后，并没有第一时间去派出所做笔录，张某利和他妻子刘某侠在前几次做笔录时也没有提到案发时有这两位证人在场。办案民警还反复问过他们当时都有谁在场，要么说不知道、没看见，要么说有几位不认识的人。

在第二次鉴定意见（张某利有轻伤二级的结论）出来后的某一天晚上，刘某侠又跑去派出所称有2名证人王某柱和任某珍要提供给公安机关，第二天，他们两人果真就去了。办案民警对此提出怀疑，为什么之前几次笔录都不提，现在又突然提出来有证人，刘某侠解释称，之前没想起来。

另外，王某柱回答法官询问时提到，王某柱曾经是村里的低保户，因为王某斌担任村干部期间把他的低保取消了，所以两人产生了矛盾。

王某柱在法庭上的表演，如果不仔细去推敲，还真是难以发现他在撒谎，可是没想到的是他在真凭实据面前也能自我欺骗，殊不知，掩耳盗铃终究是会出问题，雪中埋人和用纸包火都是自欺欺人罢了。

第三位证人是刘某侠，系被害人张某利妻子。

刘某侠系张某利妻子，与张某利存在利害关系，但是对比其多次笔录，我们发现，关于案发现场都有谁，张某利案发当天什么部位受伤等关键事实的证言前后矛盾，且与张某利的供述矛盾，足以表明，他们都在撒谎，不能自圆其说。谎言，肯定经不住考验，也经不住对质，在客观证据面前，无法遁形。

六、打掉鉴定，釜底抽薪

这里有一个背景需要特别交代：案发后不久，绥中县公安局曾经委托当地公安机关司法鉴定中心对张某利的伤情进行鉴定，但是该鉴定中心以超出能力范围为由，不予受理。后来侦查机关违反法定程序自行委托社会鉴定机构鉴定，使得本案变得复杂，疑点重重。

通过一审判决书可以看到，最终法院认定因鉴定程序不符合规定，该鉴定意见不予采纳，故该案证据不足。我们在法庭审理阶段发现了鉴定的问题，提出意见，最终被法院采纳。

看到无罪判决书后，王飞律师在微信朋友圈里发表这样的评价："这个案件是我们首次运用鉴定人回避制度进行核心辩护的尝试，主要基于以下几点：第一，公诉案件却由被害人向鉴定机构支付鉴定费，鉴定中心鉴定费发票都开给了被害人个人。第二，鉴定人直接向被害人收取了鉴定过程中的差旅费或者诊断费，直接违反了鉴定人不得向当事人收取费用的规定，构成了法定回避事由。第三，更为关键的是，我们从鉴定意见书中关于骨痂形成时间的描述分析出被害人伤情的可能形成时间，指出鉴定意见的不科学，从而得出无法排除伤情并非案发当天形成的合理怀疑。单纯的程序辩护，很难达成无罪辩护的效果，只有程序加实体的全方位论证，才可能最终影响裁判者的心证，实现无罪辩护目标。"

回顾在第一次庭审中，侦查人员李某平出庭时向法庭透露一个信息，在绥中县公安局司法鉴定中心不予受理张某利伤情鉴定后，由李某平开车带着几名侦查人员前往中国医科大学司法鉴定中心给张某利做伤情鉴定。

李某平说，鉴定费 2000 元是被害人张某利支付的。张某利将鉴定费发票提交给法庭，进一步验证了李某平的说法。

李某平还说，除了鉴定费以外，被害人又单独给鉴定人支付了 3000 元费用。至于这是什么钱，李某平说是支付给鉴定人的差旅费，张某利却说这是鉴定人从沈阳来绥中的出诊费。李某平特别强调，这钱没有经过派出所的手，是张某利直接给的。张某利对此予以承认，钱确实是给了 3000 元，是他妻子刘某侠支付的。

法律规定，普通刑事案件的侦查工作由公安机关负责，司法鉴定也是公安机关委托内部鉴定机构进行，如果本级公安机关不具备鉴定能力，要逐级委托上级公安机关鉴定机构。同时，根据《公安机关执法细则》第 10-10 条规定，鉴定费用由公安机关承担，不能由被害人或者被告人一方支付。

为何李某平在绥中公安机关鉴定中心不能鉴定后，直接跳过上级公安机关鉴定中心而委托社会鉴定机构，背后的原因不得而知。

为何鉴定费要让被害人支付也不得而知。

为何要让被害人支付鉴定费以外的费用，鉴定人又账外私自收取的这笔钱是什么钱，还是不得而知。

第二次开庭时，辩护人把这些问题都提出来了，并且提出了鉴定人违反回避规定，鉴定意见不能作为定案根据的意见，法庭也全部记录在案，最终，合议庭当庭采纳了辩护人的意见，与鉴定意见有关的材料不能再向法庭出示。

如果鉴定意见不能作为定案根据，故意伤害案件，没有鉴定意见，根本都不符合起诉条件，要么检察院撤回起诉，要么重新鉴定，最终，法院还是又将案件退回检察院，要求重新鉴定。

鉴定人收被害人的钱，鉴定意见当然不能保证客观公正，古话说，"瓜田不纳履，李下不整冠"，更何况这是直接收钱，性质更加恶劣。

事实证明，鉴定人通过录像透露出的许多细节，足够震撼。鉴定人说："如果要直接看，谁也认定不了""谁也诊断不了骨折，把谁叫来诊断都诊断不了，是回头看只能说这里像""我们要是拿这个片诊断呢，是诊断不了，谁也诊断不了骨折，这是回头看这种好像是有点，有点跟别人不一样""就是这么看，只能说诊断不了骨折，这个咱根本就定不了""这玩意就像做那什么的，就是马后炮，谁都知道结果了，回过来看你我才知道"。

反复折腾，对公检法机关来说，无非是时间的问题，可是对羁押在看守所的人来说，那就是毁灭性打击和伤害，毕竟人的自由最宝贵。

案件经过两次开庭，因为鉴定人的回避问题，又被退回检察院了，等于又回到起点。什么时候是个头，也看不到希望。

严格来说，本案前后至少经历了五次鉴定程序。

第一次是公安侦查阶段，绥中县公安局司法鉴定中心，以超出能力范围为由不予受理，这在一个普通的故意伤害案件中还是比较少见的，尤其是骨折类伤害案件，一般不会有什么技术难题。如果被害人当时根本就没有骨折伤情，那就另当别论。

第二次是前面提到的李某平带队去中国医科大学司法鉴定中心鉴定。这次作出了被害人张某利左胸前肋4、5、6新鲜骨折，构成轻伤二级的鉴定意见，也是依据该鉴定意见检察院就直接起诉了，公诉人估计也没想到，案件都开两次庭了，最终这个鉴定意见还不能作为定案根据。

至于第二次鉴定意见中，鉴定人怎么作出的轻伤二级鉴定意见，辩护人也提出了几点意见：第一，2021年3月17日，被害人当天就住院并做了全身检查，包括胸部CT检查，检查结论是腰椎间盘突出，没有显示并记录骨折；第二，据鉴定人反映，被害人3月17的CT相片，只拍到了左胸第4、5肋骨，根本没有拍到左胸第6肋骨，但是鉴定意见却有左胸4、5、6肋骨新鲜骨折的表述，足以证明鉴定意见存在错误，至少认定左胸第6肋骨骨折没有依据；第三，鉴定人自己在视频中多次反复强调，仅根据被害人3月17日的CT相片谁也不能作出骨折的认定，也再次证明鉴定意见是错误的。如果结合鉴定人私自账外收取了被害人的费用一事，所有疑惑似乎也就解开了。

第三次鉴定程序是在法院审理阶段，开庭之前，律师结合案卷中的种种疑点，怀疑案件是造假案件，尤其是鉴定意见造假，对本案影响重大，所以在庭前就提出了重新鉴定申请，法院同意了，也去葫芦岛中级人民法院摇号选定鉴定机构了，但没过多久，法院反馈，再次因鉴定机构不具备鉴定能力，作出不予受理的决定。

在法院第二次退回检察院补充侦查期间，据说，检察院又先后两次尝试委托本省或者外省鉴定机构进行鉴定，但最终都以失败告终，具体原因不明。

回顾该案前后多次鉴定程序，第一次和第三次都因为鉴定机构不具备鉴定能力，作出不予受理决定。那么第二次的鉴定意见目前看来又不能作为定案根据，要不然法院也不会再次将案卷退回检察院重新鉴定。鉴定意见对本案的定罪量刑又至关重要，没有明确的鉴定意见，案件必定无罪。

七、刨根问底，探究伤情

前面提到，3月17日案发当天，张某利去医院做了全身检查，当天的CT报告单显示没有骨折。这是最直接、最客观的证据。

在第二次庭审时，公安机关补充侦查证据，对张某利的主治医生取证并作笔录，笔录里医生说他当时受医疗设备和技术限制，所以没有诊断出骨折。

张某利当天虽然办理了住院手续，但是并没有一直在住院。张某利当庭陈述他在住院期间回过家。

对张某利是否在住院期间回过家，还有另外两名证人出庭作证，与张某利当庭陈述相互印证。

当时间来到3月30日，距案发时间过去了14天，在住院期间，没有主治医生建议转院的情况下，张某利又自行离院前往绥中县医院（另外一家医院）挂急诊科检查，结果，当天检查报告单却显示他左胸4、5、6肋骨骨折。他为什么不在第一次住院的医院直接做检查，为什么时隔这么多天要去另外一家医院检查，多少显得有些蹊跷。

这中间14天内，张某利在公安机关做了几次笔录，警察问他都哪里受伤，他都没有提到胸部受伤。

张某利妻子刘某侠也没有在笔录中提到。

但是，在第二次司法鉴定意见出来后，两人都不约而同地在笔录中提到，张某利胸部疼痛受伤。

对此，辩护人提出疑问：张某利3月17日没有骨折，有检查报告单为证，没有争议；张某利如果3月17日发生3根肋骨骨折，不可能没有反应，也不可能不疼；张某利在这14天内还单独有一次去绥中县医院检查过牙齿，那时如果胸部有反应也该顺便检查了，等不到14天后才有反应再做检查；3月30日当日又为何要挂急诊科检查，14天都不去检查，一去检查就要挂急诊，让人不可理解；如果3月17日就已经发生骨折，根据医学知识，3月30日事隔两周应该形成骨痂；4月14日张某利又去山海关某医院检查，明显有骨质硬化的表述。以上疑问都非常违反常识，完全不排除张某利的伤是3月30日当天造成，如果是这样，案件就跟王某斌毫无关系。至于他的伤是什么时候形成，怎么形成的，也只有他自己最清楚。

八、取保候审，迎来转机

本案通过前后三次开庭审理，诉讼程序不断延期，王某斌一直被羁押在看守所，对律师来讲，案件结果，尽力就好，但是对当事人来说，蒙冤后长期羁押，如此沉重，难以承受。

庭审结束后，辩护工作依然在进行，我们多次跟主审法官强调，王某斌案件是一个彻头彻尾的错案，对指控犯罪的每一个重要环节，都不能形成完整证据链条，不能达到刑事诉讼法规定的认定犯罪事实清楚，证据确实充分的证明标准，应当直接作出无罪判决。即使法院要认定犯罪，那么对一个简单的故意伤害（轻伤二级）案件，没有任何从重情节，相信合议庭也会充分考虑量刑情节，将来也不会有过重刑期，否则罪责刑不能相适应。最终，法官采纳了辩护人意见，在王某斌被羁押11个月后，取保候审释放，恢复自由。

九、排除干扰，回归法治

随着案件的推进，案件之所以纠正起来困难重重，不排除背后有无形的力量在干扰，那么用常规手段根本无法抵抗该干预，不能坐以待毙，直觉告诉我们，必须通过一切合法渠道将问题逐级反映至有权监督的机关及领导干部那里，才有扭转局势的可能，最终，功夫不负有心人，寄出去的材料引起了省、市、县三级有关领导们的高度重视。我们坚信，只要案件能够排除案外干扰，就能回归法治轨道，就能有机会得到彻底纠正，就能赢得最终胜利，实现公平正义。

十、宣判无罪，实现正义

2022 年 10 月 26 日 14 时许，我收到王某斌涉嫌故意伤害罪一案绥中县人民法院的一审判决书，判决王某斌无罪。本案一审阶段的辩护工作，历经 13 个月后，取得圆满成功。在此，特别感谢该院合议庭及审委会全体成员坚守底线，维护正义。

最后，我要特别感谢王飞律师的鼎力支持，在我快要坚持不住的时候，他毫不犹豫，毫无保留的给予我大力支援，每当庭审进入胶着状态时，王飞律师就像一根木桩一般在背后顶住我，绝不松懈，这也是本案最终能取得无罪的关键因素。他是带我进入刑辩律师圈子的引路人，我们亦师亦友，曾经合作办的许多案件，都取得了理想结果，在此，再次向王飞律师致敬！

当然，还要感谢绥中县人民法院合议庭及审委会全体成员，是他们坚守底线，维护了司法正义，作出了公正判决。虽不一一点名，相信，历史会记住他们。

总之，在办理该案过程中，感慨万千，虽劳心劳肺，但最终收获无罪结果，一切努力和付出都是值得的，犹如春天播种，秋天收获一般，喜悦之情，无以言表。当然，这也得益于自己和律所同事的充分准备，感谢律所诸位同事的无私奉献和支持。

附：【文书案号】［2021］辽 1421 刑初 461 号刑事附带民事判决书。

特别声明：本文只对本人代理的一审辩护过程发表手记，案件最终结果以生效判决书认定为准。

力挽狂澜，非法经营案邢某重审后撤诉

回顾邢某涉嫌非法经营罪一案办理过程，作为一名律师，犹如神医尝遍百草寻找剧毒的药方一般，使尽了浑身解数，首尾历经三年的时光，最终打开了邢某手上那副冰冷的手铐使其恢复自由。

严格来说，邢某案也是我独立完成的无罪辩护的首个经典案例，对于律师而言，每一个案件，都是由身边的寻常琐事引发的一系列故事，可是邢某的故事，又格外的精彩绝伦……

初次北上大庆，领略不一样的风土人情

说起大庆，相信大家一定不会陌生，即使没有来过这个地方，也一定从书本上或者电视剧上，知道它。中国最大的油田"大庆油田"就位于大庆，名誉天下的铁人王进喜就是在大庆油田奉献了青春与生命，正是因为这里油气资源丰富，所以东北石油大学落址大庆，大庆别称"油城"是实至名归，它为新中国的发展建设作出了不可磨灭的贡献。

除此之外，大家可能不太了解，大庆市区内随处可见大小不一的湖泊，所以大庆又称"百湖之城"。百度百科曾经这样描述："成百上千的大小湖泊，似群星溅落，像串串明珠，景色分外秀丽。夏季苇海茫茫，风掀绿浪，银鸥素鹤，翱翔其上。苇海深处，密密实实的苇障蒲屏环绕四周，成为鱼、蛙嬉游之处，雁凫隐蔽之所。大庆丰富的水面资源，使上百种鱼类得以繁衍生息。"

2019年1月初，恰逢严寒的冬季，是我第一次北上大庆，乘坐飞机从空中俯瞰大庆的夜景，分外美丽。天明后，放眼望去，肥沃的黑土地上，却看不见一抹绿色的生机。因为空气寒冷干燥，地面上也不见有积雪，所以除了冷以外，一点不像北方的冬天。自从走下飞机那一刻我就在心里默念，这里

急缺一场皑皑白雪，覆盖那黝黑的大地，覆盖荒野上的枯枝败叶，也顺便除去人们心中的阴霾。

虽然大庆的夜景令人印象深刻，但是一条条宽敞的大道，却不见车马如流，又略微显得有些萧条，面对这种景象，心情难免压抑，也给本次办案之旅蒙上了灰暗的色彩。

当然，此行北上不是来旅游，自然无暇顾及太多风景，办案才是第一要务。

第一次在大庆萨尔图机场门外见到家属，淳朴忠厚是我对他们的第一印象，热情好客是在接下来办案过程中慢慢感受到的风土人情。

在回酒店的路上，我们寒暄一二就直奔主题，聊起了邢某案件的种种遭遇。

百姓上访，邢某遭殃

据当事人家属介绍，2018 年 1 月下旬，黑龙江省委和省政府大院门口分别聚集了一帮"讨薪"农民工，此时恰逢省里召开"两会"，"讨薪"农民工的突然造访直接拦住了省里领导的座驾，给省里的"两会"工作带来了不良影响，为消除负面影响，防止不稳定因素继续扩大，省里立即召集他们召开座谈会，有关领导在会上承诺，一定会责成案发地大庆市肇源县委、县政府快速处理，化解矛盾纠纷，并严肃查办拖欠农民工工资的用工单位。

上级有指令，肇源县委、县政府自然不敢怠慢，第一时间就成立了专班工作组，找出问题源头，最终责成肇源县信访局和新站镇镇政府牵头，当地公安局配合工作，从中协调解决拖欠农民工工资问题。

后经过律师初步调查了解到，事情的原委其实非常简单，邢某个人通过签订置换协议的方式取得肇源县新站镇 9 户城镇居民的房屋与土地，然后通过立项、规划，"招、拍、挂"形式取得该地块的建设用地使用权，利用棚户区改造的政策开发建设商品房并用于销售。

在开发过程中，邢某个人因资金紧张，自行无法如期竣工交付，继而寻找合作伙伴共同完成开发项目，后来经人介绍认识赵某，二人充分协商，达成合意，赵某与邢某签订施工合同，约定由赵某继续完成剩余工程的施工，项目完成后，用房屋抵顶工程款。但是就在项目主体封顶后，剩余一些配套工程未彻底完成，导致验收不能如期进行，双方产生纠纷。在未全面决算之前，邢某已经将抵顶工程款的房屋直接交付给赵某，但是赵某将房屋出售后所得款项挪作他用，导致赵某大量拖欠农民工工资，这也是整个案件的导火索。

农民工辛苦挣钱，未获取任何报酬，必然会通过各种方式索要工资，这是理所当然的，从中央到地方一再三令五申，不得拖欠农民工工资，任何地方，任何场合没有任何理由拖欠农民工工资。这个项目的农民工，估计是在县里上访没能解决问题，所以特意选择省里开"两会"期间上访。

经工作组调查并协调，为妥善处理农民工上访问题，化解矛盾纠纷，邢某不得不再次拿出部分房屋抵顶赵某拖欠的工程款，希望彻底平息事件。赵某也因拒不支付劳动报酬罪被判刑入狱，但是万万没想到，等待邢某的也是牢狱之灾。

非法经营是"兜底"条款

说起非法经营罪，无论是学术界还是司法实务界，大家多有非议，甚至是口诛笔伐，认为只要跟经营有关的违法犯罪行为，如果找不到更合适的罪名，司法机关往往会拿这个罪名兜底，导致许多经营者被错误立案、追诉。

邢某案即是如此。

邢某在处理农民工工资问题上，一开始是一再妥协让步，但始终是解决不了根本问题，赵某拖欠工资数额较大，本身与邢某无关，邢某一人更是无法承受如此之重。只要这个问题得不到彻底解决，那么隐患就得不到排除，就如身上长的"火疖子"，随着时间推移，终归是要冒头流脓的。

赵某因拖欠农民工工资构成刑事犯罪入狱，所有的矛头便直接对准了邢某，各方力量动不动就要找邢某解决这个问题，时不时又要解决另外的问题，邢某没有三头六臂，也做不到让所有人满意，得罪一些人，在所难免。

是祸终究躲不过，2018 年 8 月 10 日，邢某就因涉嫌非法经营被肇源县公安局刑事拘留，2018 年 8 月 22 日经肇源县人民检察院批准逮捕，当日由肇源县公安局执行，羁押于肇源县看守所。

肇源县人民检察院指控，2015 年 4 月，被告人邢某违反国务院《城市房地产开发经营管理条例》规定，在没有房地产开发企业、未取得建设工程规划许可证、国有土地使用权证、建设用地规划许可证、建设工程许可证及商品房销售（预售）许可证的情况下，开工建设肇源县新站镇龙华学府小区工程两栋楼房，并对该小区楼房进行销售、抵顶个人欠款及工程款。被告人邢某非法经营总金额为1731.9773万元。

随后，肇源县人民法院审理查明，并作出判决，邢某犯非法经营罪，判处有期徒刑4年，并处罚金人民币500万元。

一审宣判后，邢某不服，提起上诉。

二审介入，小试牛刀

邢某一审宣判后，家属认为判罚太重，邢某的妻子通过网络寻求北京著名教授徐昕老师的帮助，希望二审能够改判，徐老师在刑辩圈内属于顶级名家，估计时间上安排不开，或者出于提携栽培新人的初衷，最终把案件转介绍给我和河南方律师。有知名律师的背书和加持，家属对我们也特别认同，很快我们就办好了委托手续，正式介入，着手案件的准备工作。

我们两位律师反复研判一审判决书，经多次与家属网络沟通了解案件背景和详情，一致认为，这个案件事实非常清楚，证据也没有什么争议，最大的问题就是法律适用问题，而恰恰是法律适用错误，导致本案应该无罪却被冤判重罪。确定好辩护方案以后，我们第一时间起草了补充上诉状，检索了相关法律法规和类似案例，改判无罪是我们唯一的努力方向，目标坚定，手段多样，等待我们的估计又是一场硬仗。

会见插曲，一人成军

按照既定计划，为全面了解案情，必须第一时间准备会见。2019年1月初，我和方律师抵达肇源县看守所，准备会见邢某。因为当时肇源县看守所不允许两位律师同时会见一个被告人，经过长时间的沟通仍然无果，最终，我们经过与家属协商，由我一人先行进去会见，方律师随后再去会见。待我会见结束走出会见室回到接待大厅，却不见方律师身影，经与家属了解，方律师为了争取律师会见权利，讨要说法始终无果，跑去检察院投诉了。家属对此顾虑重重，家属认为邢某还在看守所羁押，没必要为了会见问题与他们较真，干脆等待分别会见也无大碍，当然我也理解家属心情，我一边做家属的工作，一边又要去安抚方律师。最终，家属与方律师之间经友好协商，达成一致意见，解除了对方律师的委托，剩我一个人，孤勇奋战。

当然，后面，随着会见次数越来越多，与看守所领导和值班民警都熟络起来并打成一片，他们在会见问题上，给予了许多方便，包括后来疫情防控期间的会见也都提供了全方位的帮助。

全面调查取证，梳理案件脉络

自从会见邢某之后，我内心更加确信了本案就是一个无罪案件，顺着邢某提供的线索，开始了全面调查取证工作。

第一，第一站就是驱车百里前往肇源县新站镇政府所在地，也是案涉项目工程所在地，对案涉两栋楼房拍照取证，据了解，这两栋楼房，虽还没有完全竣工验收，但是却已实际交付购房者使用，大部分都已经装修入住。从外观看，看不出任何安全隐患或者其他问题。

第二，通过进一步调查，找到当初当地政府对该地块的规划设计和审批材料，发现这两栋楼完全是按照规划设计施工，符合规划设计要求。

第三，据邢某反映，涉案地块，他们已经通过政府土地部门"招、拍、挂"的形式摘得国有土地使用权并缴纳了土地出让金和保证金，其他手续正在补办之中。

第四，肇源县政府类似无证建房、卖房的情况非常普遍，为了解决历史遗留问题，已经着手解决类似无证房的产权和安全问题，案涉两栋楼也在待解决名录之中。

第五，邢某自着手准备通过置换土地的方式开发房地产那一天起，全程都在当地镇政府的指导之下进行，在施工过程中，尽管当地镇政府也多次下发了停工整顿或者拆除违建通知，但是每一次都是在主管部门的指导下，又缓缓推进，在类似于拉锯战般的较量下，两栋楼磕磕绊绊的封顶竣工。

第六，当地镇党委时任领导为了帮助邢某开发的项目早上走上正轨，也多次通过短信的形式向主管城建的副县长请示汇报具体问题，得到的答复就是："先行复工，手续缓办。"

把这些证据都收集完毕，装订成册，与补充上诉状一同交给二审法院，这就彻底说明，邢某的建房、售房行为肯定不是非法经营行为，原审判决一定是错误的判决。

补充上诉，开宗明义，邢某无罪

我们介入案件二审时，邢某已经提起上诉，但是邢某的上诉理由是一审判决认定的事实清楚，证据确实充分，适用法律正确，但是量刑过重，要求撤销原判，改判适用缓刑。

对此，我们感到后背发凉，多么明显的无罪案件，怎么上诉还认为判决正确，只是量刑过重？

如果只是认为量刑过重，定罪没有错误，那么上诉改判的概率微乎其微，更何况这个案件是明显的法律适用错误的案件。为了扭转这种不利局面，跟家属沟通并取得邢某本人同意后，我们形成了补充上诉状。开宗明义，强调邢某无罪观点。

（一）一审判决适用法律错误，上诉人不构成非法经营罪

2010 年 11 月 1 日，最高人民法院发布《关于个人违法建房出售行为如何适用法律问题的答复》（法〔2010〕395 号）明确规定："……在农村宅基地、责任田上违法建房出售如何处理的问题，涉及面广，法律、政策性强。据了解，有关部门正在研究制定政策意见和处理办法，在相关文件出台前，不宜以犯罪追究有关人员的刑事责任。"因此，本案公安局的刑事立案，肇源县法院判决上诉人有罪，都是不应该发生的严重错误。

（二）本案在一审中没有逐级向最高人民法院请示，程序严重违法

2011 年 4 月 8 日，最高人民法院发布《关于准确理解和适用刑法中"国家规定"的有关问题的通知》（法发〔2011〕155 号）第 3 条规定："各级人民法院审理非法经营犯罪案件，要依法严格把握刑法第二百二十五条第（四）的适用范围。对被告人的行为是否属于刑法第二百二十五条第（四）规定的'其它严重扰乱市场秩序的非法经营行为'，有关司法解释未作明确规定的，应当作为法律适用问题，逐级向最高人民法院请示。"本案在一审程序中，肇源县法院没有依法逐级向最高人民法院请示，程序严重违法。

（三）上诉人"五证"不全开发房产的行为，不属于《刑法》第 225 条第 4 项的"其他严重扰乱市场秩序的非法经营行为"

《刑法》第 225 条规定的非法经营罪，第 4 项是本罪的兜底条款，对该条款的解释，应坚持同类解释规则，即本罪中"其他严重扰乱市场秩序的非法经营行为"应和前三项"非法经营专营专卖物品、非法买卖经营许可证以及

非法经营金融业务等"在行为性质特征、危害结果特征、行为与危害结果的关系特征等方面具有同质性。最高人民法院在指令内蒙古王某军非法经营案再审时也认为："《刑法》第225条第4项是在前三项规定明确列举的三类非法经营行为具体情形的基础上规定的一个兜底性条款，在司法实践中适用该项规定应当特别慎重，相关行为需有法律、司法解释的明确规定，且要具备与前三项规定行为相当的社会危害性和刑事处罚必要性，严格避免将一般的行政违法行为当作刑事犯罪来处理。"

本案中，控方并没有举证证明，上诉人"五证"不全开发房地产的行为对当地正常的房地产市场秩序造成了不利影响，所以，完全不能被评价为与非法经营罪中"非法经营专营专卖物品、非法买卖经营许可证以及非法经营金融业务等"行为有相当的危害程度，因此，一审判决援引此条款，判决上诉人构成非法经营罪也是错误的。

（四）一审判决违背了刑法的谦抑性原则

首先，对一个行为的法律评价，要注意区分它是法定犯还是自然犯。本案中上诉人的行为显然是法定犯范畴，那么对法定犯行为的评价，刑法理论上有一个通说叫二次评价，即首先要对其行为进行行政法上的评价，看其是否违反行政法规，行政法规对该行为能不能规制和调整，如果不能规制和调整，在迫不得已的情况下，才动用刑事法律。本案中，上诉人"五证"不全开发房地产的行为甚至都没有被行政处罚过，而直接被追究其刑事责任，判处了有期徒刑，违背了刑法的谦抑性原则。

其次，在刑事司法实践中，不能够机械地适用法条，要能动司法，这也是最高人民法院院长、最高人民检察院检察长反复强调的，而且特别强调，司法人员要懂得刑法的谦抑性和司法的人文关怀。刑法的谦抑性原则要求，能不动用刑事手段去调整和规制的行为，就尽可能不动用刑事手段。因为刑事手段是调整社会关系的最后一道手段、最后一个屏障，一旦适用，对人的财产、自由，乃至生命都会造成巨大的侵害，且往往是难以挽回的侵害。所以，我恳请法院能够考虑本案的特殊情形和当前社会的司法背景，能够从刑法的谦抑性和基本的人文关怀出发，慎用刑事手段，摒弃惟许可证论这种计划经济时代的思维，准确理解并谨慎适用非法经营罪这样一个被法律学者所广泛诟病的"口袋罪"，审慎司法。

综上所述，上诉人认为非法经营罪不能成立，希望法院坚守法律，坚守正义，对上诉人依法宣告无罪，让一个无辜的人早日恢复自由。

会见室里传来争吵声，亟需扭转邢某有罪思维

"张律师，您别忽悠我了，我都被抓了并关了这么长时间，怎么可能您说无罪就无罪呢，您没骗我寻我开心吧？"会见室里邢某如此反问律师。

"怎么您怀疑我在欺骗您吗？"我也是一听就来气，直接怼了回去。

"在一审阶段，我的律师告诉我，只有认罪认罚，好好配合办案机关办案就有机会获得轻判，咱别把办案机关惹急眼了，最后还是重判，要慎重又慎重啊。"邢某继续辩解。

"你一审律师劝您认罪认罚，最终结果怎么样了，您满意吗？您上诉只求轻判？"

"我肯定不满意，当初律师说，只要认罪认罚，他再去做做工作，可以争取缓刑，谁知道最终还是判这么重。"

"那您还觉得一审律师的辩护方案是正确的吗？"

"哎，目前情况下，人都被抓了，哪里还有什么无罪的可能啊。只要轻判，咱就认了。"

"如果我说您这个案件是无罪的，您相信我的判断吗？"

"说实话，我有点不敢相信。"

"既然您都不相信律师，您还请律师干嘛？"

"之前一审律师告诉我，他去问过检察官和法官，他们都告诉他，他们去北京开会了，请教了北京的专家，这种行为构成犯罪，既然法官都这么认为，定罪肯定跑不了，还是走认罪认罚程序，争取好的态度，获得轻判吧。"

"就是因为您原来一审律师啥也不懂，才导致您现在遭到重判，您还没醒悟过来吗？"

"我也感受到了他是不专业，但是目前这种情况，咱们进行无罪辩护，能赢吗？"

"咱们只要确实不构成犯罪，那么都不用斗，把问题搞清楚，说明白，不费一枪一弹即可达到不战而屈人之兵，您信不？"

"我还是不信。"

"既然您还是不信，那我就无能为力了。您自己都认为自己构成犯罪，我怎么给您辩护呢。"

"除了无罪之外，不能做罪轻辩护吗，我还是希望有点把握，只要判了缓刑能出来继续把工程完成，就心满意足了。"

"我再说一遍，经我全面分析判断，您的案件一定是无罪的，虽然我作为一名律师不能作出承诺，但是我有自己的基本判断，既然有无罪的空间，为何要退而求其次，您要坚持自己的意见，那您就只好另请高明。"

"别这样，张律师，通过会见跟您见了几次面，我感觉到您还是非常专业的律师，我的案件只有您这样专业的律师才有救啊。我可能没见过什么世面，说错了您别介意，我的案件就委托您办。"

"那您如果认为我可以救您，从今天开始要转变自己的有罪思维，不管您能不能理解，每天心里都要默念一百遍，我是无罪的。"

"好，我相信您，我比谁都希望自己能够无罪。"

"如果您有时间，我把我收集的资料和写的补充上诉状给你一份，您在看守所好好看看，要认真去理解其中的要义。"

"我一定好好看看，虽然文化程度不高，但是我渴望早日恢复自由。"

以上只是某一次会见节录部分，每次会见，我第一件事就是不停地给邢某灌输无罪思维，邢某也从坚定的有罪思维慢慢转变，并接受了律师的无罪意见。

二审前的说服，为发回重审奠定基础

当一切准备就绪以后，剩下的工作就是说服裁判者。

调查并整理新证据，完善补充上诉状，检索法律规定和案例是律师的基本工作。邢某案件的工作开展起来还算顺利，一切都是按照计划推进。

再次驱车从肇源县来到大庆市，路途遥远，沿途荒无人烟，除了道路两旁布满了开采石油的"磕头机"在循环往复地工作外，看不到任何生机。

我们在大庆市中级人民法院查询到邢某案件二审主审法官后，立即联系了法官，提交手续，提交新材料，并全面阅卷。

通常情况下，刑事案件二审不开庭是常态，开庭是例外，邢某案件如果想要改判，我们首要目标就是要争取法院开庭，然后才有机会充分发表意见。但是，在与法官接触过程中，发现并没有想象的那么顺利，沟通还是有一定的困难。

法官这边沟通工作阻力很大，那就另辟蹊径，我们辗转来到检察院，寻

求新的突破。很快，我们在大庆市人民检察院了解到本案二审承办检察官是一个法律科班出身的年轻检察官，这给了我们很大的信心，正如所愿，该检察官全程耐心听取律师意见，并直击问题核心，虽然我们对案件问题展开了激烈的交锋，各自发表意见，但是，我深信，我们取得了互信，交流是有成效的。在离开检察院的时候，该检察官将我送到大门外并深情地说道："张律师，要是我们碰到的所有律师都像您一样认真负责，那我们该有多省心省事。您放心，这个案件，我们一定会重视，会提交检委会讨论，相信不会让您失望。"

那一刻，我就有非常强烈的预感，该案有可能在二审阶段迎来转机，最差也会发回重审。

果不其然，没多久，大庆市中级人民法院法官助理来电通知，该案开庭时间已经确定，让我们做好开庭准备。这也说明我们前期的说服工作被法官和检察官采纳了。最终，二审法院借用了肇源县人民法院的法庭召开了庭审，在法庭上，我脱稿发表了邢某无罪的辩护意见，出庭检察员当庭发表了案件事实不清，证据不足并建议发回重审的意见，案件迎来了转机。

撤销原判，发回重审

二审开完庭，法庭内的工作全部完成，法庭外的辩护，才刚刚开始。

尽管二审出庭检察员当庭发表了建议发回重审的意见，但我们始终没有松懈，把二审准备好的全部材料汇编成册，向有关机关邮寄，试图说服案件背后的阻碍力量。

开庭后不久，我们就收到了二审法院的裁定书，撤销原判，发回重审。

当我拿着这份裁定书再次去会见邢某时，邢某终于流露出了喜悦的表情，并且大声告诉我："张律师，之前您说我这个案件是无罪的，我始终不敢相信，但是上次二审开庭过程中，我全程听了您的辩护意见，我听懂了，也彻底相信了您的话，我的案件一定是无罪的，感谢您张律师。"

"接下来您的案件可能就不是法律的问题，更多的是人为干预的因素，我们要排除万难让背后的干预力量彻底放手才有机会无罪。您要做好打长期战的准备啊。"

"没问题，我都知道案件的阻力在哪，我相信您的能力。"

"咱们互相配合，一鼓作气，争取拿下无罪判决。"

"肯定的。"

我们在看守所交流了许久，最终确定下来，一定要坚持无罪辩护。

重审更换合议庭，辩护无死角

案件发回重审后，如释重负，心里的压力也减轻许多，要知道，如果二审直接维持原判，将来启动申诉程序平反案件，简直就是"蜀道难，难于上青天"。

只要案件发回重审，那么一切都回到起点，接下来的工作，就是全方位，无死角地展开辩护。

重审阶段的第一要务就是立即与新组建的合议庭法官见面，详细沟通案情。据了解，本案二审阶段，原一审法院刑庭的大部分法官都在旁听，如此，沟通起来就顺畅许多。即使是新组建的合议庭，对案情也不是完全陌生，对我的辩护方向大致有了内心判断。

除此之外，因为该案背后有农民工上访造成压力的政治背景，解铃还须系铃人，我们就是要将政治问题法律化，一切都纳入法治轨道，如此，才能找到彻底解决问题的方法。我带着家属前往县委、县政府要求面见县委书记和县长，当面陈情。虽然因为种种原因没有成功，但是我们的书面材料都已经到达了他们手上，相信我们做过的每一步工作都没有浪费。

我们还跑了政法委、信访局、公安局，镇政府等各级党政机关，希望找到问题所在，架起解决问题的桥梁，化解矛盾纠纷，彻底达到案结事了，也解除政府部门的后顾之忧。有些案件，是纯粹的法律问题，有些案件，夹杂着许多复杂因素，不找准问题所在，很难对症下药，邢某案件就属于典型的后一种情况。只要把问题分析透彻，解决纠纷，就是时间问题。

所以，无论我们去哪个单位反映情况，都在反复强调以下几个方面的问题：

1. 本案邢某不构成犯罪

（1）现有司法解释性文件规定，邢某的行为不构成犯罪。

（2）现有其他省份生效判决认定，类似邢某的行为可直接宣判无罪。

（3）无明确法律、法规或司法解释规定，邢某的行为构成犯罪。

（4）二审法院以部分事实不清，证据不足为由撤销原判、发回重审。

（5）邢某的行为是获得当地党委和政府领导的书面（短信）许可，无犯罪故意。

（6）当地，类似邢某的行为非常普遍，如不公正处理，势必影响巨大。

（7）应切实保护民企，用发展的眼光看待问题，用实际行动响应党中央政策与号召。

2. 本案存在的问题

（1）据调查，当地类似邢某的行为非常普遍，为何择一处罚？

（2）因为邢某被羁押，涉及房屋的一系列后续问题得不到有效处理，给政府和领导带来了很大的压力。

（3）有很多媒体一直在与邢某家属约稿，准备深度报道此案，但我认为，邢某的案件，应以沟通协调为主。

（4）对待上访问题，不能一抓了之，解决不了根本问题，解铃还须系铃人，一些问题只能让邢某自己去解决，政府不应当干预。

3. 合理建议

（1）立即由法院对邢某取保候审，让其出来面对一系列问题，解决后续纠纷，真正解决老百姓缠访闹访现象，真正为政府解决压力。

（2）本案，法院应当直接宣判邢某无罪，次之，是检察院撤诉，大家都能接受的一个结果，案结事了，达到法律效果与社会效果相统一。

（3）当地政府应积极引导邢某正规经营，依法经营，保护民企，迫在眉睫。

重审开庭，邢某取保释放

只要案件没有了其他不正当因素的干扰，回归法治轨道，一切又变得简单起来。

2019年5月份，重审开庭，除了二审阶段发表过的意见，又通过检索最新案例，形成了案例检索报告，与邢某案件类似案件，全国各地大多数可查询的案例都判了无罪，有些案件还是通过再审程序改判的无罪，更有参考和借鉴意义。

尤其是同年最高人民法院出台了类案检索制度和同案同判的司法解释性文件，对邢某案件的改判起到了关键性作用。

重审开庭大约过了半个月，邢某家属打来电话，告知，法院通知家属缴纳保证金，邢某被法院决定取保候审，当天释放。

邢某解开手铐，脱掉黄马甲，走出看守所，第一时间给我打了电话，电话那端传来了邢某久违的朗朗笑声，邢某的妻子则在一旁激动的放声大哭。

随后，邢某的妻子又把这一喜讯传给了北京的徐老师，我也把这个消息发给了另外几位关心本案并提供指导的老师，他们分别在微信朋友圈或微博上发布了这一最新战果。

后来，我在朱明勇老师的微信朋友圈里看到他这样说："【推荐好律师，不容易】很多非要找我的案件，由于时间关系，我基本是百分之九十九以上会直接推掉，极个别的案件我会谨慎建议当事人聘请更为合适的律师。如年青，有胆识还有行动力的张进华律师。他军人出身，律所主任。去年推荐他办的一个毒品案件一审是死刑立即执行，他和王飞律师二审辩护，不负所托，办成发回重审，结果重审改判，保住一条命；今天这个案件张进华律师谦虚地说是在我的指导下又要办成无罪了。当事人现已经取保出来了。前天我又推荐他办理一起恶势力案件，我预感他还能搞出成绩。今天这个案件是黑龙江大庆肇源县邢某因为无证建房售房，一审被认定非法经营罪，判 4 年罚金500 万元，二审张进华介入后，发回重审。我们北京京门律师事务所开启的刑辩律师进修计划启动以来一直在低调进行，我们旨在发现、培养真正优秀的刑辩律师。我们选拔人才注重人品、精神和专业，当然我们还不收钱。"事实上，能够得到朱老师如此高的评价，自然非常开心，也感谢朱老师对我如此栽培和抬爱，朱老师介绍给我的案件，我丝毫不敢马虎，全力以赴，最终结果都还算理想，获得了两个无罪，一个死刑改判的结果。

几乎与此同时，我还在徐昕老师的微博上看到他这样说："推荐给张进华律师的第二个案件，又取得较大成功，今天当事人家属发来感谢。有些人坚决要找徐昕，但我基本不接了，其实我推荐的律师同样可信。今年成功推荐了十多个案子。"

作为一名刑辩新锐律师，能够获得两位在我国如此重磅级大律师的夸奖和鼓励，实属荣幸，又诚惶诚恐。他们都是我的榜样和老师，我唯有不断地虚心向前辈们、老师们学习才能保持进步，唯一要做的就是不辜负老师们的殷殷教诲和信任，努力办好手中的每一个案件，用实际行动和更加优异的成绩回报老师的嘱托。

三次开庭，审限将至，检方撤诉结案

后来由于疫情原因，邢某取保候审之后，检察院又退回去补充侦查 2 次，法院召开了 3 次庭审，实际上都是一些无关紧要的东西，但是也足以说明，在邢某案件上，检方不到最后一刻，没有放弃的意思。

最后一次开庭时，我也表达了心声，邢某案件一定是个无罪案件，希望检察院撤回起诉，这样大家都能接受。但是公诉人是肇源县检察院的副检察长，主管公诉部门，依然坚持邢某有罪观点。

重审阶段，审判长也是法院刑庭庭长，业务素质过硬，我就一次次不厌其烦地和他表达邢某无罪的观点，据说，最后他采纳了我的意见，给检察院下了"最后通牒"，再不撤诉就直接宣判无罪。

临近审限最后一天，法院书记员传来喜讯："张律师，邢某案件，法院作出裁定，准许检察院撤回起诉。"

时隔二十来天，检察院作出了不起诉决定，邢某案件彻底结束。

邢某无罪释放，又全身心投入他的伟大的事业当中，为国家经济建设发展贡献力量。

初心如磐，时光如流

"君不见黄河之水天上来，奔流到海不复回。君不见高堂明镜悲白发，朝如青丝暮成雪。人生得意须尽欢，莫使金樽空对月。天生我材必有用，千金散尽还复来。"

一个案件办完，下一个案件又该启程。

只不过，每一个案件的故事都不一样，而邢某案件犹显特殊。

附：【文书案号】［2019］黑 06 刑终 52 号刑事裁定书；

［2019］黑 0622 刑初 96 号之四刑事裁定书；

黑源检诉刑不诉［2021］Z1 号不起诉决定书。

异地管辖，伪证案宋某宝去恶后撤诉

宋某宝涉嫌伪证案，最终获得撤诉的无罪结果足以证明这就是一个受牵连的冤案。

宋某宝系河南省驻马店市平舆县万金店 1996 年生人，之所以说他的案件是受牵连的冤案，还得从他的舅舅刘某说起。

网上流传一篇文章《刘某案始末》，文中提到："刘某，男，1964 年出生，中共党员，是河南省驻马店市平舆县万金店的一位农民企业家，是平舆县人大代表。2017 年 8 月 29 日，刘某前往驻马店市纪委，追问其举报的社保资金诈骗案的查处情况，与市纪委副书记汪甲发生了争吵。汪甲让刘某不要再举报，不要再到网上反映诈骗社保资金的事，让刘某把网上帖子删除。刘某不同意，不欢而散。刘某回家当晚即被平舆县公安机关抓走。受刘某举报牵连，刘某儿子刘某 1；刘某妹妹刘某红；刘某侄子刘某 2、刘某 3、刘某 4；刘某外甥宋某宝，均先后被公安机关抓走。"

如果仅看这样一个情节，似乎不足以全面反映宋某宝如何被牵连，故事还得从头说起。

一场酒局，引发一个轻伤害案件

时间回到 2012 年 4 月 4 日傍晚时分，宋某宝的舅舅刘某在驻马店市平舆县万金店镇镇政府食堂宴请同村几位村民，据刘某称，张罗这场酒局的主要目的是想与同村村民刘某振家缓和矛盾，所以特别邀请了刘某振的弟弟刘某超赴约。

酒过三巡，天色已黑，刘某超提前离场，来到刘某父亲家，与刘某的父母理论起来，大致意思是刘某一直在举报她的女儿，影响他女儿的工作，让刘某不要再举报。据刘某家人反映，刘某超一到他家就开始骂人，砸东西，还把刘某的奶奶推翻在地，导致他奶奶受伤不久去世。

刘某闻讯也赶到家中，立即与围观的其他几人将刘某超劝离，然后在马路上一边溜达一边理论，偶有推搡，刘某的妹妹就跑去刘某超父亲刘某臣家，希望他去劝劝刘某超不要闹事，刘某臣嘴里虽说年龄大了不管他们家的事，但还是穿衣起身来到家门口的胡同道口，看见有人聚集，不停地喊道："你们不要打刘某超，他是一个艾滋病患者，打死他怎么办。"

随着刘某家与刘某超家的人越来越多，双方发生激烈争吵，场面混乱不堪，混乱中刘某臣突然倒地，刘某超的儿媳妇报警，等警察赶到现场，人群都早已散去。

刘某臣被救护车送往医院救治。

根据案卷显示，刘某臣送往医院检查出肋骨骨折，经公安机关委托司法鉴定机构，鉴定出轻伤的结果。

自此一切变得复杂起来。

未成年学生宋某宝自认踹倒刘某臣

打架造成轻伤害结果，根据当年的《刑法》规定属于刑事公诉案件，因此平舆县万金店镇派出所立案展开侦查。

因为刘某臣受伤，警方就打架事件展开调查，最主要的侦查方向就是要查清楚具体是谁把刘某臣打倒打伤。

当晚警方出警时，携带执法记录仪，但是等警方到达现场时，打架已经结束了，因此警方录的现场都是事后现场。即使这样，执法记录仪所记录的录像却无缘无故丢失了，这给本案又带来了诸多悬疑。

宋某宝当时是一名初中学生，时值清明节放假，所以回到家中帮家人看守店铺。据宋某宝称，当时天色已经黑了，他在店里听到外面有人喊叫，便来到现场，看到有人与他舅家亲戚发生冲突，也参与其中，当时看到刘某臣是个老年人在骂骂咧咧，便上前把他踹倒在地，后来因为害怕，立即就跑回家中躲避。

案发后，宋某宝主动去派出所说明情况，警察给他做了笔录。

假期结束，宋某宝回到学校，警察又通过宋某宝的班主任赵某对宋某宝进行调查，并通过赵某劝说宋某宝实事求是，宋某宝再次承认了打伤刘某臣的事实。

这就是整个案件的导火索。宋某宝的主动交代，成了日后追究他伪证罪刑事责任的祸根。

双方和解，一方反悔，缠访闹诉

据刘某家人介绍，刘某家族原属于外来家族，无权无势也无群众基础，而刘某振家族是本地坐地户，关系网庞大，影响力也大，刘某家族为了在当地生存发展，平时还得倚靠刘某振家族的关照，所以刘某家族平时做生意也多与刘某振家族合作。经过多年努力拼搏，刘某家族由最初的立稳脚跟，慢慢壮大起来，甚至有超过刘某振家族趋势。

正所谓"没有永远的朋友，只有永远的利益"。后来两家因为一块土地合作开发事宜产生纠纷，甚至发展到不可调和的地步，双方都采取公开举报等方式揭露对方的一系列违法犯罪问题。

而本案就是因为刘某家族举报刘某振家族诈骗社保资金引发，刘某超系刘某振的弟弟，认为刘某举报刘某振的时候也举报了她女儿的事，牵涉无辜。刘某本想摆一桌酒席劝和双方的矛盾，没承想，刘某超酒后闹事，引发刘某超父亲刘某臣轻伤害，刘某的奶奶也因受伤害不久病逝。

他们两家的矛盾虽然由来已久，但是各级政府部门也是绞尽脑汁从中劝和。就刘某臣受伤一事，最终也是由政府部门出面，双方调解结案。刘某家族赔偿刘某臣 5 万元医疗费，刘某的奶奶的事不再追究，刘某为解决土地开发事宜同意补偿刘某振 600 多万元。双方签订协议，不再纠缠，不再上访。

然而事情并不像想象的那么简单，也没有照着协议约定的方向发展。

不知道双方谁先违反协议约定，有一方打破平静，再次上访，事情越来越扑朔迷离。

省级批示严查此案，联合调查组无功而返

调解结案后，刘某臣并没有履行协议中的约定，一直以老党员的身份亲自从县里告到市里再到省里，引起河南省省公安厅和省信访局等多部门的重视，主要还是举报刘某臣伤害案，同时也有刘某担任村支部书记、村主任期间的一些事情。

据案卷材料中证据显示，当初河南省省公安厅曾经签批要求驻马店市公安局成立专案组，全面调查双方举报事宜。

市公安局联合调查组第一时间进驻平舆县公安局，开展调查工作。正是此时，2 名证人的出现引起调查组的高度注意。

2 名证人在接受调查过程中，首次陈述案发后刘某的妹妹刘某红和刘某侄子刘某 3 曾经找过他们做伪证，要求他们在接受公安机关调查时说看到宋某宝踢倒刘某臣。实际上他们于打架时根本不在案发现场，他们并没有看到宋某宝踢倒刘某臣这一幕。

联合调查组据此线索，再次找到宋某宝核实情况，宋某宝始终陈述是他踹倒刘某臣，没有任何变化。

不知道什么原因，联合调查组调查完并形成调查报告，调查组就地解散了，也没有一直查下去，案件再次搁浅。后来办案机关通过对一枚来源不明的 U 盘进行数据恢复，获得一份不完整的调查报告，也没有任何办案人的签字。

双方你来我往，举报不断，2017 年 8 月厄运降临刘某家族

2018 年 2 月 5 日，平舆县人民检察院向平舆县人民法院提起公诉，刘某被控故意伤害罪、敲诈勒索罪、诈骗罪 3 个罪名；刘某妹妹刘某红被控妨害作证罪；刘某侄子刘某 3 被控妨害作证罪、寻衅滋事罪、敲诈勒索罪；刘某外甥宋某宝被控伪证罪。

2018 年 5 月 3 日，平舆县人民法院作出一审判决，认定刘某构成故意伤害罪、敲诈勒索罪、诈骗罪，数罪并罚，决定执行有期徒刑 18 年；刘某侄儿刘某 3 犯敲诈勒索罪、妨害作证罪，数罪并罚，判处有期徒刑 5 年；刘某妹妹刘某红犯妨害作证罪，判处有期徒刑 2 年；刘某外甥宋某宝犯伪证罪，判处有期徒刑 2 年。

刘某等人不服判决，上诉至驻马店市中级人民法院。驻马店市中级人民法院以事实不清、证据不足为由，发回平舆县人民法院重审。

追加起诉，认定家族恶势力团伙，刘某再遭重判

案件发回重审后，2019 年 1 月 25 日，平舆县人民检察院对刘某等人追加起诉，认定以刘某为首、以刘某 4、刘某 2、刘某 3、刘某 1 等人为成员的家族为恶势力犯罪团伙，"纠集社会人员，横行乡里、称霸一方，民怨极大。"并追加起诉其犯强迫交易罪、寻衅滋事罪、非法倒卖土地使用权罪。

2019年6月12日，平舆县人民法院作出重审判决："认定刘某等人的行为具有恶势力性质；认定刘某犯诈骗罪、敲诈勒索罪、强迫交易罪、非法倒卖土地使用权罪、寻衅滋事罪、故意伤害罪，数罪并罚，决定执行有期徒刑23年，并处罚金220万元；刘某侄子刘某3犯敲诈勒索罪、妨害作证罪，数罪并罚，决定执行有期徒刑5年，并处罚金1万元；刘某妹妹刘某红犯妨害作证罪、伪证罪，数罪并罚，决定执行有期徒刑3年零6个月；刘某外甥宋某宝犯伪证罪，判处有期徒刑2年。"

在另案中，刘某的儿子刘某1以逃税罪、骗取银行贷款罪，合并判刑4年半，罚金550万元，上诉至驻马店市中级人民法院，被发回重审；刘某侄子刘某4以妨害作证罪被判刑2年，上诉后因证据不足被发回重审。

二审改变管辖，案件迎来转机

2019年7月初，经朱明勇律师介绍，我本人与一众律师接受刘某等被告人家属委托担任刘某等人二审辩护人，为刘某案的第二次二审辩护。

律师阅卷后，多次前往看守所会见、核实情况后认为，本案是一起典型的打击报复型冤假错案，一审判决事实与驻马店市中级人民法院及部分工作人员存在利害关系，本案不应由驻马店市中级人民法院审理，驻马店市中级人民法院院长及全体法官应当整体回避。

2019年8月7日，本案全体辩护律师共同向驻马店市中级人民法院递交了《管辖异议意见书》及《申请驻马店市中级人民法院院长及全体法官整体回避申请书》。

实际上，本案诸律师申请驻马店市中级人民法院在刘某二审案中整体回避，是有充分的法律依据和坚实的事实基础。

首先，法官与当事人存在利害关系是法官回避的法定条件。

《刑事诉讼法》第29条规定，"与本案当事人有其他关系，可能影响公正处理案件的"法官应当回避。最高人民法院《关于适用〈中华人民共和国刑事诉讼法〉的解释》第27条进一步将"其他关系"解释为"其他利害关系"。另外，从理论上说，一个法官因为与案件存在利害关系而退出案件的审判，这一点并不需要被证明到100%的真实程度，也不需要达到足以影响公正处理案件的程度，因为这种证明，既非常难以完成，也并不为证明回避事项所需要，一个法官只要因为与案件具有某种特殊关系，而无法消除人们对其公正性的合理怀疑，就足以构成退出审判活动的充足理由了。

其次，驻马店市中级人民法院与刘某存在直接的利害关系。

《刑法》第293条规定的寻衅滋事罪侵害的法益是社会秩序，被害人除了是个人之外也可以是单位。而根据刘某案一审判决，刘某多次闯入驻马店市中级人民法院内的办公室大吵大闹，在驻马店市中级人民法院大门口拉条幅等行为，扰乱了法院的公共秩序，驻马店市市中级人民法院本身即成为刘某寻衅滋事行为的被告人，与刘某寻衅滋事案产生了直接的利害关系，足以影响公正处理案件。

再次，驻马店市中级人民法院及其全体法官均与本案存在直接的利害关系。

《刑事诉讼法》第3条规定，审判由人民法院负责，这意味着我国刑事审判的责任主体是法院而不是法院的某个具体法官，而法院的法官是法院的组成部分，受法院领导、对法院负责，如果法院与某被告人存在利害关系，那么该法院的所有法官也必然与该被告人存在利害关系。因此，在驻马店市中级人民法院本身即与刘某存在利害关系的情况下，驻马市店中级人民法院所有的法官也与刘某产生了利害关系。

另外，证人法官与其他法官之间的同事关系也决定了驻马店市中级人民法院全体法官的回避。

驻马店市中级人民法院法官明某某、杨某某、王某某等人均是刘某寻衅滋事行为的直接"被害人"，而且也在刘某案侦办过程中作为证人作证。如果有人认为上述法官与二审承办法官仅是一般同事关系，因而不存在可能影响公正处理案件的情形，那就大错特错了。最高人民法院《关于审判人员在诉讼活动中执行回避制度若干问题的规定》（法释［2011］12号）第8条规定："审判人员及法院其他工作人员从人民法院离任后二年内，不得以律师身份担任诉讼代理人或者辩护人。审判人员及法院其他工作人员从人民法院离任后，不得担任原任职法院所审理案件的诉讼代理人或者辩护人，……"该条解释的依据就是《刑事诉讼法》第29条和最高人民法院《关于适用〈中华人民共和国刑事诉讼法〉的解释》第27条的规定，其基本逻辑就是认为，即使这些离任人员与法院工作人员仅仅是一般同事关系，他们担任诉讼代理人和辩护人就有可能影响案件的公正处理。换句话说，连离职的前一般同事关系都可能影响案件的公正处理，那现任的同事关系更可能会影响案件的公正审理。

因此，即使从承办法官与证人法官之前的同事关系角度，驻马店市中级人民法院的全体法官也必须回避。

综上，根据《刑事诉讼法》第 29 条、最高人民法院《关于适用〈中华人民共和国刑事诉讼法〉的解释》第 27 条以及最高人民法院《关于审判人员在诉讼活动中执行回避制度若干问题的规定》第 8 条的规定，驻马店市中级人民法院及其全部法官均应依法回避。

2019 年 11 月 13 日，河南省驻马店市中级人民法院根据河南省高级人民法院的指定，将本案移送郑州市中级人民法院审理。从最终结果来看，这确实成了案件的最重要转机。

郑州中院借用平舆县法院法庭审理案件，遭刘某强力反对

在辩护人争取改变案件管辖过程中，宋某宝因一审判刑 2 年，即使二审维持原判，从 2017 年 8 月羁押起算至二次二审开庭前，刑罚也执行完毕，因此，驻马店市中级人民法院给宋某宝办理取保候审，宋某宝走出看守所，恢复自由。

案件移送到郑州市中级人民法院审理，给了刘某家族一线希望，刘某本人表示能够接受。郑州市中级人民法院也一直在准备开庭工作，与各辩护人建立微信联络群，有什么情况第一时间在群里沟通，这种沟通方式极大地方便了律师和法官，值得称赞。

郑州市中级人民法院的法官考虑各被告人分别羁押于不同场所，郑州市距离平舆县看守所等地有一定距离，如果全部押送到郑州市中级人民法院开庭会有诸多不便，经多方研究决定，确定郑州市中级人民法院法官前往平舆县人民法院借用该院法庭审理该案。

刘某辩护人庭前会见刘某，把这一情况通报刘某，但是没想到遭到刘某极力反对，刘某认为，陷害他的人就在平舆县和驻马店市，如果该案二审还在平舆县人民法院审理，肯定又会受到非常强势的外力干扰，难以保证公正审理。就这个问题，无论律师怎么解释或者做工作都行不通，他甚至与律师在看守所里吵起来，最终律师不得不妥协。

后来，辩护人把这一情况及时反馈给法官，法官以为亲自去做工作能够沟通好，但是事与愿违，审判长说他早晨 4 点起床前往潢川县看守所与刘某谈话，争取尽快开庭，早日审理结案。但刘某一再坚持不能在平舆县人民法院审理，以死相逼，无论审判长如何做工作，都行不通，不得不无功而返。

原计划9点开庭，但是10点多，审判长走进法庭，用略带遗憾的口吻宣布，今天庭审不能继续进行，暂时休庭，择日再开。同时，审判长也代表合议庭向各位辩护人和旁听人员诚挚道歉，庭前准备工作不足，给大家带来了不便。但辩护人一致认为这种情况不能怪罪审判长，还是争取与刘某协商一致再开庭比较稳妥，同时大家对审判长这种高度负责的精神表示钦佩。

这个意外，本属插曲，但我认为值得记录，毕竟，被告人的权益是靠争取得到的，如果被告人没有坚持，结果会不会是无罪，不好说，也没有猜测的必要，但正是因为刘某的据理力争，赢得了时机，赢得了公正审判此案的司法环境。

二次二审，刘某变更辩护人，案件再次发回重审

因刘某坚持要离开驻马店所管辖全域审理此案，二审法院最终同意在郑州市中级人民法院审理。刘某等被羁押人员在开庭前被全部带到郑州市第三看守所羁押。

临近开庭，刘某家族更换了一名辩护人——朱明勇律师，其实最开始家属就找到朱律师，但是他因没有时间参与，推荐一众律师介入案件。现在到了最后关键时刻，朱律师的加入，无疑是加强了辩护力量，也给家属和刘某本人打了一剂强心针，事实证明，案件完全朝着预判的方向发展。

2020年12月2日至12月11日，刘某案在郑州市中级人民法院二审开庭审理。十天的庭审中，各辩护人均发表无罪辩护意见。合议庭充分保障了被告人和辩护人的诉讼权利。其中刘某一人诉说冤情长达三天之久，法院没有任何打断发言，实在难能可贵。

2021年1月28日，河南省郑州市中级人民法院裁定撤销河南省平舆县人民法院第二次作出的［2018］豫1723刑初606号判决，发回平舆县人民法院重新审判。

2021年5月，本案再次被指定由郑州市下属的登封市人民检察院重新审查起诉。

2021年6月23日，登封市人民检察院重新向登封市人民法院起诉刘某等人。

2021年10月25日，登封市人民检察院决定对另案审理的被告人刘某4、

刘某 1、刘某 2 三人撤回起诉，登封市人民法院 10 月 26 日裁定准许撤回起诉。

2021 年 11 月 10 日，登封市人民检察院决定对刘某、刘某红、刘某 3、宋某宝也撤回起诉，登封市人民法院 11 月 11 日裁定准许撤回起诉。

2021 年 11 月 12 日，登封市人民检察院对刘某作出不起诉决定。其他被告人也先后收到不起诉决定。

至此，本案涉及的刘某及其亲属共 7 人，均在经历多次有罪判决后，被判决无罪。

从有罪到无罪，经历曲折，备受折磨

结案后，刘某的另一名辩护人仲若辛律师撰文提到，根据最高人民法院 2021 年末发布的数据显示，全国法院 2021 年新收并一审审结的以涉黑犯罪起诉的案件中，有 7 件全案未认定涉黑；以涉恶犯罪起诉的案件中，有 54 件全案未认定涉恶。由此可见，摘掉黑恶帽子已属不易，而刘某被控涉恶犯罪，最终获得全案无罪，在此类案件中，独树一帜。

宋某宝等人最终撤诉获得无罪，只是这个从有罪到无罪的诉讼过程，对各被告人和家属来说，备受煎熬，艰难曲折，好在最终的结果实现了全案的正义。

附【文书案号】［2019］豫 17 刑终 405 号改变管辖通知书；

［2019］豫 01 刑终 1291 号刑事裁定书；

［2021］豫 0185 刑初 427 号之二刑事裁定书；

登检一部刑不诉［2021］Z7 号不起诉决定书。

冤案回顾，蒙冤 27 载张某环案再审无罪

回顾张某环案的平反全过程，我曾经受王飞律师的邀请参与其中，作为张某环家属的申诉代理人之一，一直处于敲边鼓的角色。尽管作用有限，也足以引发我对冤案平反的一些思考。

张某环案平反后，网络上的报道铺天盖地，引发新一轮的舆情，点击量、转发量、评论数等各种数据高得出奇，这恐怕是江西省高级人民法院始料未及的。

实际上，张某环案再审立案阶段，媒体关注度并不是特别高，等到再审开庭，同样没有引起媒体的重视，但是江西省高级人民法院没有在再审开庭当天宣判，又把张某环押回监狱，给了媒体足够的反应时间，尤其是张某环的前妻宋某某在自媒体的频繁曝光和朴素无华的陈情，引起了一阵又一阵官媒和自媒体的跟进报道，几乎进入了白热化的全民大讨论的地步。

张某环案的平反只是个案，似乎没有什么好的申冤办法和经验复制，但是如果对比其他已经平反的冤案，尤其是十八大以后平反的冤案，进行全面总结，似乎又有一些共性的东西，可以参考。

法治建设和司法理念的进步是大前提

无论是 2013 年平反的浙江叔侄案，还是后面陆续平反的张某超案、于某生案、聂某斌案、呼某图案、李某莲案、张某环案等冤案的平反，都不是因"亡者归来"而宣告无罪，少数出现"真凶再现"也是冤案平反之后的变数。这些案件有个共同的特征就是后来的司法裁判者坚持"疑罪从无"的司法理念，敢于纠正过往的错案。这在过去很长一段时间是不可想象的。我们经常听说在过去办案有"命案必破""限期破案"的高压指标，一旦出现命案，就是大案要案，主管领导，为了破案，不惜一切代价，具体到办案人员那里

的压力，被层层加码，逼着侦查人员采取非常规手段破案。

"刑事法判解"公众号在张某环案平反之后，立即发布了一篇文章《陈兴良、车浩、秋山贤三丨冤案为何发生？如何避免》，文章提道："迄今为止公开报道中被羁押时间最长的申冤者张某环终于在经历了 9778 天的羁押之后，被江西省高级人民法院以原审判决'事实不清、证据不足'为由再审改判无罪。这是继聂某斌案、赵某海案、于某生案等案之后又一次鼓舞人心的沉冤昭雪，尤为可贵的是，此次张某环案的无罪判决未沿袭前述多案中'真凶浮现'和'亡者归来'的平反路径，表明我国司法机关在'疑罪从无'的道路上又迈出了一步。但与此同时，我们也必须重视本案以一个无辜村民长达 26 年（笔者：实为 27 年）的自由为代价所又一次揭露出的我国刑事司法中滋生冤案的诸多沉疴。"不得不说，该文章对本案平反后的司法价值的评判、分析鞭辟入里，入木三分，值得我们法律人乃至全社会的思考和反思。

重视媒体和律师的作用

媒体人和律师是天然同盟军，在冤案申诉过程中，体现得更加淋漓尽致。

一个案件，对媒体来说，最重视的是新闻性，重视稿件的首发和传播范围。而对律师而言，与之正相关的是媒体关注度越高，案件影响力就越大，就越有可能引起办案单位的重视，就越有机会早日平反。

作为律师，代理冤案申诉的过程，其实是非常痛苦的。除了坚持，别无他法。这一点，王飞律师、尚满庆律师等本案全体申诉代理人几乎做到了极致。完全是在践行"但行好事，莫问前程"的良善理念。

律师从接案之初，就要快速、准确、全面地梳理案情，将案件的特点总结出来，形成一个利于传播的案情介绍稿，只要有机会，在任何可以传播的渠道，广泛传播出去。同时，还要争取全面阅卷，形成阅卷笔录，起草申诉代理意见。张某环案我为什么记忆深刻，就是因为在我介入之初，通过去江西省人民检察院和江西省高级人民法院多次反复沟通，很快就获得案卷材料，自从拿到案卷材料之后，我们才能更准确地提出申诉要点。

在阅卷的基础上，我们又提交了申诉代理意见，现在看来，我们提出的申诉理由肯定是获得了法院的认可、采纳。我甚至跟其他同行开玩笑地说，江西省高级人民法院再审判决书说理释法部分，与我写的申诉代理意见高度相似，我认为这是一种荣耀。

当事人及家属的坚持必不可少

张某环案申诉过程中，他的哥哥一直就在南昌工作，每周都去江西省高级人民法院查询、催问案件进展。张某环无罪释放后，有一次在南昌见到我也跟我说，他在监狱里，几乎每一周都在写申诉状。正是他们的坚持，引起了江西省高级人民法院的重视，之后才走上案件平反的快车道。

许多案件当事人，认为把案件委托给律师了，剩下的就是律师的事，实际上，律师不可能有太多时间，每周都去过问案件，家属极力配合，就能有效弥补这一缺陷，只有当家属与律师形成合力，申诉工作才有可能取得实效。

张某环的哥哥后来还学会发微博，每当案件取得新的进展，都会在微博披露，这也有利于媒体继续跟进报道。

回顾冤案，总结与反思

西北政法大学第一期《刑事辩护周刊》导语中提道："黑格尔说，人类唯一能从历史中吸取的教训，就是人类没有从历史中吸取任何教训。每一个刑事案件，都映射了人性与生命的悲欢；每一场刑事辩护，都是一门对抗、妥协、说服的艺术；每一次刑事司法改革，都记载了法治之路的变迁与发展。这一切，都值得被记忆！但人类的记忆是短暂的。近年来我们曾热议过许多令人深刻的案件，如快播案、药家鑫案、张扣扣案……或许当时提起这些熟悉的案件名称，我们都会了然于胸。但随着时间的推移，或许在记忆深处还残存一两个画面、或许还有只言片语闪现，像一帧一帧零散的胶片，很难拼凑，再难还原，记忆也将逐渐淡去。虽然，互联网是有记忆的，但碎片较多，需要整理。我们要做的，就是将这些有意义、有价值的刑事辩护领域的点滴，经过收集、甄别、整理，将碎片化的记忆整合、分类，最后呈现在您面前。"

实际上冤假错案的平反，也值得回顾与反思。

前面提到的"刑事法判解"微信公众号，开了一个"冤案回顾系列"栏目，截至目前共刊载了9个已经平反的冤案，我一直都在关注着。

其中第一期刊载的是于某生案件，在该期文章的导读中提道："刑事司法关系公民的生杀予夺，每一起冤案都引人深思。实际上，中国的法治建设，目前欠缺的不只是技术和学术，更是良知与底线。"

52岁的于某生既不幸又幸运，他终于等来了冤案昭雪的一天，重获自由的于某生说："法律本身没有问题，只是运用法律的人，有时还有着私念和偏见。希望我的遭遇能让执法者把视野放得更远，让与我有相似苦难的人获得自由。如果我的经历能换来司法的进步，我愿意做一块铺路石，这不是摆高姿态，是心里话。"

其中第五期刊载的是浙江叔侄案。文章中提道："为了深刻反思冤错案件的病灶病根，浙江法院剖析了发生冤错案件的 7 个特点、5 条教训，提出了 6 项对策、11 条建议。5 条教训包括：办案轻程序，程序正义理念没有受到足够重视，办案程序存在明显瑕疵；办案重实体，理念上有罪推定、疑罪从轻，公平正义难以实现；办案人员对鉴定意见的分析判断出现偏差；对检察、侦查机关配合多，制约少，应该排除的非法证据不敢不便排除；综合判断证据的能力尚存不足。11 条建议包括：建议侦押分离；建议公安部尽快出台侦查机关对被告人审讯全程录音录像制度的实施细则；建议公安机关全面整顿'狱侦耳目'，使之合法、适度；建议最高人民法院牵头，与公安部、最高人民检察院联合制定一个关于死刑案件证据补查的规定等。"

浙江张氏叔侄案还有一个细节特别值得关注，在宣判无罪的法庭上，张某平对法官说："你们今天是法官和检察官，但你们的子孙不一定是。如果没有法律和制度的保障的话，你们的子孙也可以被冤枉，也可能徘徊在死刑的边缘。"然后他扭头叮嘱侄子："站直了，别哭！"法警走过来为张某解开手铐，他很快把囚服换掉。离开监狱时，他一眼也没有回头看。他说，要彻底忘记那原本不属于自己的高墙电网，"只想回家"。

综合以上，不难看出，冤案平反是有积极意义的，但是我们不能为了平反而平反，更多的是汲取教训，防范冤假错案的再发生。我们更希望冤案平反能够制度化，专门化，去存量，防新增。

冤案何以产生，又该如何避免

我们不妨再仔细翻阅前面提到的文章，探究冤案如何产生，又该如何避免更有价值。陈兴良老师在文中提道："尽管难以实现，我仍然要说，司法的最高境界是无冤。"文章中重点写了张氏叔侄案，留有余地的判决给冤案的发生留下了祸根；写了于某生案，有罪推定的思想导致了冤案的产生；写了赵某海案，几乎每一个冤案背后都徘徊着刑讯逼供的阴影；写了佘某林案，该案政法委的协调是造成冤案的体制性原因。陈老师的文章应该非常具有权威性和专业性，写出了冤案何以产生的深层次原因，循着原因找对策，如何避免冤案的再次发生，也许就有前车之鉴和应对之策。

纵观日本刑事司法现状，日本学者秋山贤三在上文中也提到：未能恪守超越合理怀疑程度的证明标准是日本刑事司法的最大问题。刑事审判中有两句法律格言："宁愿放走十个坏人，也不冤枉一个好人。""仅为可疑，不可惩罚。"凡冤案不可有，一切刑事手续都是为避免冤案产生而设置。

愿天下无冤，相信是所有法律人的夙愿。申冤前路漫漫，唯有坚持才有希望。

关于张某环案更多细节，许多媒体都有非常翔实的披露，没有必要再重复叙述，那么作为申诉代理人之一，前面提到，我虽然参与了整个申诉过程，但是一直处于敲边鼓的地位，根本不值得一提。唯一值得做的是，可以把申诉代理意见，稍作处理，发布出来，恭请各位批判性阅读。

附：【文书案号】［2018］赣刑申 27 号再审决定书；
［2019］赣刑再 3 号刑事判决书。

正当防卫，故意伤害案李某宇终获撤诉

2021年11月初，大连暴发疫情，社区干部组织全民核酸检测，我的当事人李某宇按照规定前往核酸检测点排队做核酸，在排队过程中，被害人徐某某一家人插队，遭李某宇口头警告，结果招来横祸，遭受不法侵害，被害人父子二打一，李某宇被迫进行防卫，造成被害人轻伤二级，李某宇被刑事立案，最终以故意伤害罪起诉到法院，我们为其作无罪辩护。本案经过两次开庭，最终检察院撤诉，案件圆满解决。

正当防卫，法不能向不法让步

刑法中的正当防卫条款，长时间被人们称之为"睡眠条款"，在过去很长一段时间里，人们遭受不法侵害时，似乎不能还手，一旦还手造成对方损伤很容易被认定为互殴，如果造成轻伤后果，就会被以故意伤害罪立案，最后遭受刑事处罚。人们常说，遇到不法侵害，要赶紧跑，即便不能跑也不能还手。直到近年来昆山龙哥案、山东于某案相继发生后，似乎又一夜之间激活了人们心中的天然正义，法不能向不法让步，正不能向不正让步，不再是谁受伤谁有理，谁能闹谁有理，人们内心的天然正义被瞬间唤醒。

山东于某案二审宣判后，我国著名的刑法学家高铭暄老师曾经在最高人民法院官方微信公众号公开发文，高老师这样评价："于某案的二审审理无疑是近年来具有重要标志意义的法治事件，其意义不仅在于通过公开、透明的审理方式，让公众充分感受到司法的严谨、公开、公正，从而有力增强了法治信仰、树立了司法权威，更大的意义还在于通过让公众充分参与对案件事实、证据以及法律适用问题的讨论，进一步加深了公众对正当防卫这一关涉公民基本权利行使法律条款的认识和理解，从而有效提升了公民的权利意识和守法意识，这在大力倡导民主和法治建设的今天尤为重要，切实体现了司法注重指引、规范人民生活的重要功能价值。对正当防卫的理解与适用，理论和实务界在不法侵害是否存在的判断标准、可以防卫的不法侵害范围、正当防卫限度的认定标准等问题上尚存在一定争议，于某案二审裁判文书在全面查明案件事实的基础上，从防卫的目的、时机、对象、限度等方面对于某行为是否具有防卫性质，能否认定为正当防卫作了全面、深入的分析、论证，既紧扣法律条文规定，又充分吸取了学术界关于正当防卫的有益观点，同时，充分考虑了天理、人情等伦理道德因素，切实体现了人民法院司法裁判遵循'国法'、不违'天理'、合乎'人情'的要求，对类案的审理将起到重要指引作用。"

我国著名刑法学家陈兴良老师也就正当防卫相关话题发文称："我国刑法中的正当防卫制度对于保护国家、公共利益、公民的人身权利、财产权利或者其他权利具有重要意义。在我国司法实践中，对于正当防卫的认定存在一定的偏差，主要表现为正当防卫与普通犯罪的混淆以及正当防卫与防卫过当的混淆。之所以发生这种情况，原因在于对正当防卫性质缺乏正确认识，此外，还与维稳观念和案件考评机制密切相关。为解决正当防卫的司法偏差，应当树立正确的司法理念，并且通过指导性案例和司法解释等方式，形成正当防卫的司法规则。"

此外，2020 年 8 月 28 日，最高人民法院、最高人民检察院、公安部发布《关于依法适用正当防卫制度的指导意见》（以下简称《指导意见》）及典型案例。最高人民法院研究室主任姜启波，最高人民检察院法律政策研究室副主任劳东燕，公安部法制局二级巡视员曾斌出席发布会并介绍相关情况，最高人民法院新闻发言人李广宇主持发布会。

在此次发布会上，他们分别强调："正当防卫是法律赋予公民的权利，是与不法行为作斗争的重要法律武器。1997 年《刑法》修订对第 20 条正当防卫制度作了重大调整，放宽正当防卫的限度条件，增设特殊防卫制度。1997 年《刑法》施行以来，各级人民法院、人民检察院和公安机关依照修改后刑法的规定，依法正确、妥善处理了一大批相关案件，总体上取得了良好的法律效果和社会效果。但是，有的案件对正当防卫制度的适用，也存在把握过严甚至严重失当等问题。近年来，涉正当防卫案件常常引发广泛关注，新闻媒体、专家学者和广大人民群众参与其中，各抒己见，讨论激烈。为积极回应社会关切，大力弘扬社会主义核心价值观，2018 年 7 月最高人民法院《关于在司法解释中全面贯彻社会主义核心价值观的工作规划（2018-2023）》提出："适时出台防卫过当行为适用法律的司法解释，明确正当防卫、防卫过当的认定标准和见义勇为相关纠纷的法律适用标准。"根据该规划要求，最高人民法院启动了文件起草工作。鉴于正当防卫制度的适用关系侦查、起诉、审判三阶段，涉及公安、检察、法院三机关，联合发文有利于更好统一法律适用，经会同最高人民检察院、公安部共同研究，决定以"两高一部"联合制定指导意见的方式，对依法适用正当防卫制度涉及的各方面问题作出系统的规定；同时，与《指导意见》相配套，联合发布七个涉正当防卫的典型案例，结合具体案件，以案说法，有针对性地阐释在适用正当防卫制度的刑法规定和《指导意见》中需要注意的问题。总之，采用"指导意见+典型案例"的方式，是希望收到"点面结合"的良好效果。制定本指导意见，是人民法院、人民检察院、公安机关坚持以人民为中心的发展思想，充分发挥刑事司法职能，积极回应人民群众关切，弘扬社会主义核心价值观的一项重要举措。《指导意见》的公布施行，对于准确理解和适用正当防卫的法律规定，正确处理正当防卫案件，依法维护公民的正当防卫权利，鼓励见义勇为，弘扬社会正气，具有重要意义。"

两次开庭，激烈交锋

李某宇涉嫌故意伤害案，是我在审判阶段介入的一个案件，当事人家属通过我的邻居找到我，一开始是过来咨询，因为他们有自己的律师。我听完家属介绍案情后，认为这个案件应当属于正当防卫，在没有了解全面案情前，又不好武断地下结论。但是家属听完我对案件的分析后，丝毫没有犹豫，立即就决定更换之前委托的律师，与京桥律师事务所重新签订了委托手续。家属说，在没见到我之前，早就听说了我这个人，有许多朋友都向他推荐找我辩护，没想到我邻居给他介绍的就是我。我邻居又是他的外甥，所以，各种机缘巧合，促成案件委托。

案件委托后，家属给了我足够的信任和支持，我完全没有任何包袱和压力，案件最终办成。这也一再证明，案件的结果，很大程度上与家属的信任和支持有很大关系。

全面阅卷后，很快就开了第一次庭，我重点在法庭上发表了李某宇属于正当防卫，依法不负刑事责任的辩护意见，同时，针对被害人提起刑事附带民事诉讼，我一并发表了代理意见（详见辩护词精选部分）。

本以为案件在开完庭后很快有结果，但是诉讼过程中，检察院退回补充侦查一次，主要是对原鉴定意见进行重新鉴定。针对检方重新提交的鉴定意见，我着重发表以下意见：

（一）关于本案鉴定意见的质证意见，辩护人认为本案鉴定意见严重违反程序规定，根据法律规定，不得作为定案根据

本案前后已经过两次开庭审理，在法庭审理过程中，辩护人于4月11日收到法院通知，检察院又补充提交了一份鉴定意见书，辩护人依法复制了该证据。因本案侦查阶段已经就被害人和被告人的伤情同时委托了公安机关司法鉴定机构出具鉴定意见书，并经过法庭举证质证，因此，根据最高人民法院《关于适用〈中华人民共和国刑事诉讼法〉的解释》（以下简称《刑事诉讼法司法解释》）第273条规定，本次检察院补充提交的鉴定意见书实质上属于重新鉴定，而且是检察院退回公安机关委托鉴定机构重新鉴定作出的鉴定意见书。

根据《公安机关办理刑事案件程序规定》第255条规定，对启动重新鉴定必须满足法定条件和严格的程序要求，包括鉴定程序违法、鉴定资质不符合要求、鉴定人弄虚作假或者违反回避规定、鉴定意见依据明显不足等情形，但无论基于该条款中的什么理由，既然公安机关已经重新委托鉴定机构作出鉴定意见书，则充分说明，公安机关在侦查阶段作出的原鉴定意见书存在问题，因此原鉴定意见书无论如何都不得作为证据使用，而且重新鉴定本质上就已经否定了原鉴定意见书的证据资格和证据效力，这是大前提。

总体来讲，辩护人经过审查，认为本次重新鉴定的全过程均严重违反程序规定，主要体现出八大程序硬伤，鉴定不具有合法性、科学性、规范性：

（1）委托程序不合法，缺少委托人签字或单位盖章。重新鉴定意见书附有《司法鉴定委托书》，显示委托人一栏，既无办案人员签名也无委托单位盖章，最起码不符合形式要件，更别谈实质要件。

《司法鉴定程序通则》第16条规定，司法鉴定机构决定受理鉴定委托的，应当与委托人签订司法鉴定委托书。司法鉴定委托书应当载明委托人名称、司法鉴定机构名称、委托鉴定事项、是否属于重新鉴定、鉴定用途、与鉴定有关的基本案情、鉴定材料的提供和退还、鉴定风险，以及双方商定的鉴定时限、鉴定费用及收取方式、双方权利义务等其他需要载明的事项。

《公安机关办理刑事案件程序规定》第 248 条规定，为了查明案情，解决案件中某些专门性问题，应当指派、聘请有专门知识的人进行鉴定。需要聘请有专门知识的人进行鉴定，<u>应当经县级以上公安机关负责人批准后，制作鉴定聘请书。</u>该规定第 255 条同样规定，经审查，发现有下列情形之一的，经县级以上公安机关负责人批准，应当重新鉴定（具体条款略）。

由此可见，无论是原鉴定还是重新鉴定，均需要公安机关负责人批准，签订司法鉴定委托书或者制作鉴定聘请书，本次重新鉴定没有相关负责人批准材料，也没有委托单位盖章，则不排除办案人员没有报批，或者是办案人员私自委托或者鉴定机构私自接受委托。无论基于什么情形，均严重违反程序规定，不符合委托鉴定的形式要件。

（2）本次鉴定本质上属于重新鉴定，《司法鉴定委托书》却对此约定予以否定，不符合重新鉴定的规范要求。

《司法鉴定程序通则》第 32 条第 2 款规定，接受重新鉴定委托的司法鉴定机构的资质条件应当不低于原司法鉴定机构，进行重新鉴定的司法鉴定人中应当至少有一名具有相关专业高级技术职称。可见重新鉴定对鉴定机构和鉴定人的资质均提出更为严格要求，鉴定机构否定本次属于重新鉴定，不排除该鉴定机构不符合相关资质要求的可能性。

（3）委托重新鉴定提供原鉴定机构出具的鉴定意见书作为检材，违反禁止性规定。

《公安机关办理刑事案件程序规定》第 249 条第 2 款规定，<u>禁止暗示或者强迫鉴定人作出某种鉴定意见。</u>

《司法鉴定程序通则》第 18 条第 3 款规定，<u>委托人不得要求或者暗示司法鉴定机构、司法鉴定人按其意图或者特定目的提供鉴定意见。</u>

《公安机关鉴定规则》第 22 条规定，<u>委托鉴定单位及其送检人不得暗示或者强迫鉴定机构及其鉴定人作出某种鉴定意见。</u>

本案中，公安机关办案人员将原鉴定意见书作为鉴定材料提交，而原鉴定意见书已经非常明确认定了被害人构成轻伤二级及轻微伤的意见，且原鉴定意见书系公安机关司法鉴定机构作出，无论是基于工作关系还是其他利害关系，均已实质性达到了暗示甚至强迫鉴定机构按照原鉴定意见书作出鉴定意见书的目的，明显违法律法规反禁止性规定。

<u>另外，原鉴定意见书既然不能作为证据使用，不具有证据资格，本身就</u>

不能作为鉴定材料。

（4）本案两次鉴定材料不同一，不具有合法性，重新鉴定的鉴定材料均为复印件，亦不能确保鉴定材料的真实性，合法性。

《公安机关办理刑事案件程序规定》第 250 条规定，侦查人员应当做好检材的保管和送检工作，并注明检材送检环节的责任人，确保检材在流转环节中的同一性和不被污染。

本案中，经对比两次鉴定材料和被害人急诊病志（复印件）发现，公安机关两次鉴定提交的被害人 2021 年 11 月 8 日大连医科大学附属第一医院的影像资料（CT）片号完全不同，原鉴定意见书中记载片号为：9408157，重新鉴定意见书中片号记载为：2180800756，很明显这是两张不同的影像资料（CT）片，因此，两次的鉴定材料不具有同一性。

另外，《公安机关办理刑事案件程序规定》第 249 条第 1 款规定，公安机关应当为鉴定人进行鉴定提供必要的条件，及时向鉴定人送交有关检材和对比样本等原始材料，介绍与鉴定有关的情况，并且明确提出要求鉴定解决的问题。

本案中，公安机关提供的鉴定材料均为复印件，并不是原始材料，不能确保鉴定材料的真实性和合法性。

（5）鉴定人违反独立鉴定原则。《公安机关办理刑事案件程序规定》第 251 条第 1 款规定，鉴定人应当按照鉴定规则，运用科学方法独立进行鉴定。鉴定后，应当出具鉴定意见，并在鉴定意见书上签名，同时附上鉴定机构和鉴定人的资质证明或者其他证明文件。

首先，鉴定人参照原鉴定意见书开展鉴定工作，违反独立鉴定原则。

其次，据被害人大连医科大学附属第一医院急诊病志（复印件）（11940364，2021 年 11 月 8 日）记载，诊断被害人伤情：鼻损伤，鼻骨骨折。根本没有记载其双侧鼻骨骨折，完全是原鉴定人人为在资料摘要科目中增加的表述，鉴定过程和方法不符合规范要求，不排除重新鉴定阶段，鉴定人受原鉴定意见书的影响作出了错误的判断和认定。

（6）鉴定在场人员出现了不明身份人员，同样不符合规范要求。根据鉴定意见书显示，鉴定在场人员包括范某瑞、徐某新、王某民三人，其中徐某新和王某民经核实系公安机关工作人员，范某瑞是何许人也，至今身份不明，既不是公安人员，也不是鉴定人员，为何出现在鉴定现场，是否对本案鉴定存在干扰未知。

（7）两份鉴定意见书的结论存在矛盾。经比对，原鉴定意见书认定被害人外伤致左侧鼻骨二处骨折，其损伤程度属轻伤二级，而重新鉴定意见书则认定被害人本次外伤致其双侧鼻骨骨折的损伤程度属轻伤二级。

依据《人体损伤程度鉴定标准》（5.2.4.o）规定，左侧鼻骨二处骨折，不一定构成轻伤二级，双侧鼻骨骨折则肯定构成轻伤二级。为何两次鉴定意见书出现两种截然不同的意见，根据现有材料无法判断，但是足以表明，针对被害人的伤情起码有两种不同的结论，被害人伤情结论不具有唯一性，则不能排除矛盾，同样该证据不具有可采性。

（8）针对被害人的成伤机制鉴定意见不明确、不规范。鉴定人认定被害人损伤特征符合钝性外力作用所致，他人用拳头击打可以形成。实际上，钝性外力作用所致，他人用拳头击打可以形成，自己用拳头击打也可以形成，他人用脚踢同样可以形成，为何仅认定他人用拳头击打可以形成？很明显鉴定意见具有倾向性，意见不明确、不科学、不规范。

综合以上意见，根据《刑事诉讼法司法解释》第98条第1款第3、4、5、6项规定，鉴定意见不得作为定案根据。

（二）关于本案补充辩护意见

辩护人主要强调两点意见。

第一，原鉴定意见不得作为证据使用，不具有证据资格和证据能力，重新鉴定意见又不得作为定案根据，因此，本案对被害人伤情无法进行认定，指控被告人犯罪的事实不清，证据不足，根据《刑事诉讼法》第200条第1款第3项规定，证据不足，不能认定被告人有罪的，应当作出证据不足、指控的犯罪不能成立的无罪判决。

第二，根据最新司法解释，最高人民检察院、公安部《关于依法妥善办理轻伤害案件的指导意见》第9条规定，人民检察院、公安机关要坚持主客观相统一的原则，综合考察案发起因、对冲突升级是否有过错、是否使用或者准备使用凶器、是否采用明显不相当的暴力、是否纠集他人参与打斗等客观情节，准确判断犯罪嫌疑人的主观意图和行为性质。因琐事发生争执，双方均不能保持克制而引发打斗，对于过错的一方先动手且手段明显过激，或者一方先动手，在对方努力避免冲突的情况下仍继续侵害，还击一方造成对方伤害的，一般应当认定为正当防卫。

本案中，进一步讲，即便认定被害人伤情构成轻伤二级，系被告人李某宇拳头击打造成，李某宇依法构成正当防卫，不负刑事责任，同样应当宣判无罪。

检方撤诉，案件圆满解决

两次开庭后，辩护人一直与主审法官通过电话沟通，在沟通过程中，明显感觉到，主审法官的客观公正和严谨细致，有些问题，通过沟通，基本达成一致意见。

最终，经过努力辩护，检察院向法院提出撤诉，法院经审查，作出准许，并作出裁定。至此，本案终于以检方撤诉结案。基本实现了法律效果与社会效果的有机统一。

通过该案的全方位辩护，我有一个极深的感触，一个案件，要想获得好的结果，离不开司法裁判人员的公正和良心，裁判者能够坚守底线，秉公司法，案件结果往往都不会太差，通常都会以看得见、感受到的方式感受到案件的公平正义。

案件不分大小，努力终有收获

故意伤害案，看起来是个小案，实质对于律师而言，案件本无大小之分，且无论案件大小，每一个案件，都应该是百分之一百的投入。我目前办理的三个故意伤害案件，都取得了百分之一百的成功。王某斌故意伤害案一审宣判无罪，李某宇故意伤害案一审两次开庭后撤诉，姜某故意伤害案，最终判处缓刑。回顾起来，我觉得姜某故意伤害案也很值得记录。

常言道，兵无常法，水无定势。对刑辩律师而言，基本没有什么千篇一律的方法能办所有的案件，也没有一种固定的公式直接套用"解题"。案件不分大小，但程序都是相通的，用心投入，充分融合情、理、法，有时能够起到事半功倍之效。

姜某故意伤害一案，虽然没有太多离奇曲折的故事，但是有些细节问题，值得分享。

2018年9月7日晚10时许，抚顺人姜某妻子与他人在姜某车内通奸，被姜某抓住现行，姜某父子二人处于激愤状态下，将对方打成轻伤。2019年1月13日，父子两均被警方刑事立案，当事一方住院治疗花费1.8万余元，姜某主动提出赔偿5万元希望得到对方谅解，能够取保候审回家过年，但对方提出 20 万元高额赔偿。最终，因谅解没有达成被警方刑事拘留。

自古奸情出人命，但凡奸情案件一旦涉及命案又多半容易引起大家的好奇心，通常都会成为人们茶余饭后的谈资。清朝晚期，小白菜被指控与杨乃武通奸害死亲夫，历时三年平反昭雪，后来被搬上银幕成了千古奇案，人们耳熟能详。

姜某故意伤害案虽未发生命案但确实也因奸情而起。

朋友之托

涉案人姜某，男，汉族，1981 年出生，祖籍抚顺农村，现住大连开发区某小区，因涉嫌故意伤害罪被刑事拘留，被羁押于大连市开发区看守所。

故意伤害案，刑期不是太重，尤其是轻伤害结果的案件，相比其他案件，即使判实刑，也属轻刑案件，所以一般情况下，如果能有自我选择的空间，很少会去代理类似案件，但是姜某案不同。

当初答应代理这个案子也是有几个方面的考虑。第一个原因是这个案件是我在大连的好朋友关某推荐过来的，我们两家平时互动较多，关系亲密，他主动找到我也是对我的一份信任。第二个原因是姜某父子被刑拘后，外面只有他母亲一人为他的案子跑前跑后，当他母亲来到我办公室时，背着大包小包，我问她包里都有啥，她说都是姜某父子两平时穿的衣服，一看就是非常贫困朴实的家庭。她母亲说家里还有个姜某的奶奶常年卧病不起，给姜某父子送完衣服还要赶回抚顺照顾老太太。听到这里我心里多少有些触动，所以当即就决定接受委托，象征性地收取一点费用，权当法律援助。第三个原因是听完家属对整个案件描述的情况后，初步判断姜某其实是个老实人，遭妻子背叛还要让人欺负，天底下没有这样欺人太甚的道理，实在是气愤难平，我必须出手相助，维护正义。

惨遭妻子背叛

经首次会见了解，姜某平时寡言少语，为人忠厚老实，老家在抚顺农村，家境清寒，自幼辍学，十多岁就一直在外打工，后来跟着师傅学徒修车，算是有了一技之长，工资越涨越高，挣的钱都寄回家里贴补家用。因为父母身体都不好，也给了姜某很大的心理压力和负担。

成年后，同龄人都结婚生子，唯独他没有成家，家里催得再急也只能是叹命苦。好在农村也有农村的规矩，经媒人介绍，姜某也顺利地找了个媳妇结了婚。

婚后，两人生了一个儿子，本来日子越过越好，但是姜某母亲与其妻子就婆媳之间的矛盾一直无法调和，姜某无奈只好离开老家，带着妻子孩子来到大连求职。通过打拼，再加上父母搭把手，很快就在大连贷款买了个房子，过上了城市生活。

随着姜某本人修车本领和技术越来越好，他的师父就把他推荐到香港去打工，考虑到妻子孩子没人照顾，姜某一开始不愿意，但是为了多挣钱改善生活，与家人商量后，姜某最终同意被派遣去香港工作。姜某担心妻子一人带孩子辛苦照顾不过来，还特意让他父亲来大连租房帮助一起带孩子，减轻他妻子的工作压力。

姜某在香港工作期间，为节约开支，他每半年回来一次，看望妻子孩子，待几天又返回香港，在香港挣的工资都上交给妻子管理，应该说一家小日子是越过越好。

然而，事情在 2018 年 6 月份有了变化，现有的家庭和谐稳定的局面被残酷地打破。事情的起因是姜某的父亲在大连期间，一边帮着照顾孩子，一边还干些环卫工人的零活，多挣点钱贴补姜某一家。时间长了，姜某的妻子在家根本闲不住，就准备在家附近开一个类似于麻辣烫的小店，让姜某打钱给她投资，姜某劝她不要乱投资，毕竟她没做过生意，为这事夫妻二人吵了一架，最终姜某妥协，他妻子还是租了一个店面，开了个小饭店。

饭店生意自开张以来就不咋好，但是有个陌生男人总去她店里吃饭，熟悉起来后，干脆就在她店里帮忙，一直到很晚。好几次姜某父亲去店里接孩子时看在眼里，总感觉有些不对劲，但也没说破。

有一次，孩子自己被锁在店里，姜某妻子却不见了，这引起了姜某父亲的高度警惕，他稍作分析就判断出，姜某妻子肯定与那个男人出去了。后来问孩子得到证实，孩子也说是他们两人出去了很久一直没回来。姜某父亲虽是农村人，但也是个聪明人，经过跟踪调查，发现姜某妻子和那个男人直接去了出租房里，许久不出来。

姜某父亲一开始想隐瞒，但是思考再三还是决定把这个情况告诉姜某。姜某听到这种事情必然很生气，想立即请假回家，无奈一直没有批准，一直拖到 9 月份才回来。

姜某回家后，并没有马上告诉他妻子，准备抓奸抓现行，到了晚上去店里没有找到他妻子，孩子还是一个人被锁在店里，他就跟他父亲去那个男人的出租房，也没找到，决定先返回店里去接孩子，但是巧就巧在，在他们返回的路上，姜某看到了自己的车停在马路边上，走近一看，正是他妻子和那个男人在车上幽会。

作为男人，姜某拉开车门一顿暴打，结果没控制住，把那个男人打成了轻伤的后果。

赔偿未果，父子被刑拘

姜某妻子自发生被捉奸事件后，一直在医院陪伴她的情夫，出院后又带着姜某的孩子一起玩起了失踪。

姜某的冲动行为造成了被害人的轻伤二级的后果，警方又不得不立案。

迫于无奈，为了息事宁人，即使遭受自己妻子的背叛，但还是不想因为捉奸没有控制情绪造成他人伤害，从而连累年迈的父亲跟着一起坐牢。

在派出所的协调下，姜某主动提出愿意赔偿被害人，希望得到被害人的谅解。可这完全不是一厢情愿的事。对方看到姜某主动提出赔偿，开始坐地起价。第一次要求赔偿40万元，第二次要求赔偿30万元，到最后提出没有20万元免谈。虽然经过多轮协商，但是最终没有达成一致。姜某根本拿不出那么多钱，姜某给出的条件是治疗费他承担，另外赔偿对方5万元，对方不同意。

因为双方不能达成一致，无法取得被害人谅解，警方不得不对姜某父子采取刑事拘留的强制措施。警方即使对姜某父子非常同情，但是也没有其他办法能够帮助到他们。据了解，当初办案人员准备直接给姜某父子办理取保候审，但是报公安分局法治部门没有批准，原因是没有得到对方谅解，不能取保。

媒体关注，引起重视

案件发生的时间刚好赶上年关在即，作为律师，积极做好本职工作，争取让姜某父子能够取保候审回家过个团圆年是我接这个案件的最初目标，我不断地尝试与被害人家属谈赔偿谅解事宜，但是结果证明，完全是无用功。

后来又试图通过姜某的妻子从中调和，毕竟姜某是她丈夫，无论如何也应该有点感情，更何况还有孩子。可是无论怎么做工作，他们就是不给予任何回应，这条道路也就彻底堵死了。

走投无路，只好安排一次会见，把情况跟姜某沟通一下，如果实在不能取保候审，也就当是节前一次慰问。

时年2月1日上午，我按照计划去看守所会见姜某。

会见当天，我与姜某有一段对话，后来发布一个朋友圈，广为流传，也许就是这个朋友圈文案给本案带来了一线转机。

我："对不住啊姜某，过年前你父子二人怕出不来了，我已经尽力！"

姜某："没事，张律师，事已至此，我知道你尽力了，你也不要上火，告诉我家人，我在里面一切都好，不要担心，麻烦帮捎个话，让我妈过年买点好吃的。"

我："现在对方坚持要20万元赔偿，不然不能谅解。你妻子我也联系不上了，电话不接，短信不回。"

姜某："哎，我答应赔他5万元，为啥还要置我们父子于死地呢？他在我的车里睡我妻子，我打人有错，但是我那个时候哪里能控制住啊，再说我也没往死里打，就用拳头打了几下，出出气罢了，谁知道能够造成轻伤，最无辜的事，因为这个事还连累了我60来岁的父亲跟我一起被刑拘。家里母亲小脑萎缩，奶奶瘫痪在床，我一个农村人，怎么能赔的出那么多钱嘛。"

我："通过我们调查，对方实际住院治疗花费1.8万元，我认为赔偿5万元应该是合理数额，但对方说了，低于20万元免谈，所以赔偿问题没法谈成，还有三天过年，时间紧张，各个机关放假，年前恐怕是出不来啦。"

姜某："那我最快什么时候能出去啊。"

我："不好说，现在公安机关已经提请批捕，检察院这边什么结果还不知道，可能要等过完年正月初十左右才能把案件分下去，如果不批捕，元宵节左右能取保出来，如果批捕了，那走程序估计要半年左右时间到法院开庭。"

姜某："还要半年啊，那我12岁的儿子上学的问题咋办啊，因为这个事，我妻子把儿子带走了，消失了，孩子不能不念书啊，还在九年义务教育阶段，我想尽快出去把孩子读书的问题处理好。"

我："我一直在跟你妻子联系，但是没有任何消息，你能提供一些线索吗？"

姜某："我猜，她怕是跟那个男的跑了，那男的住院期间是她陪护的，我拍照了，如果他们确实要好，我也成全他们，但是不能连累我的儿子。如果那男的是真心对待我妻子，我卖房也愿意多赔点钱，让他们好过一点。"

会见结束后，我坐在办公室里琢磨，还能有什么办法可以救他们父子呢？一边琢磨，一边把会见情况进行梳理，顺手发了一个朋友圈。

结果，这件事很快在朋友圈里引起了反响，而且引起了众多媒体的关注，大家一致认为，姜某的行为虽然有错，但是情有可原。

最先报道这个案件的是某报记者发了一篇较为完整的稿件，然后是许多地方媒体的转发。当然，这个事也必然引起了当地公安部门和检察院的关注。

公安紧急报捕，检察院从快审查

事情往往就是如此，任凭个人如何努力，不如关键时刻的一点外力。撬动地球的也许就是那个支点。有了媒体的关注，果真给本案带来了转机，有了媒体的助力，事情就变得公开透明，反而排除了不必要的嫌疑，光明磊落，一身轻松。

实际上，前面提到过，公安机关也在为姜某父子打抱不平，但是案件有硬性规定，他们不得不依法办案，确实有难言之隐。既然没有被害人的谅解，不能直接办理取保候审，那么他们就采取变通做法。

公安机关为了不耽误时间，连夜整理材料，第二天就把材料送到检察院报请逮捕，如果检察院审查认为应当批捕逮捕，那就无可厚非，如果检察院不批准逮捕，那么就有可能取保候审。

我每天都在跟踪案件进展，在第一时间知道公安机关呈报捕信息后，立即给检察长写了一封陈情信和建议不予批准逮捕的法律意见，那时我们律所和检察院一路之隔，都没有通过快递公司，我直接把信件送到检察院门卫处请其转交检察长。

后来据悉，检察长收到信件后，非常重视，立即安排主管批捕业务的副检察长亲办案件，提审嫌疑人，形成材料，并在当天召开检委会讨论案件。

此时，距离过年还有 2 天的时间，时间对我们来说非常宝贵，一刻也不敢耽误。我们在有限的时间里做完了应该做的所有工作，一切都在等待之中，也在煎熬之中。

检察院不批捕，姜某父子释放回家过年

次日一大早我就来到单位，不为别的，只为等姜某案批捕结果，不到最后一刻不知道什么结果，那种焦虑的心情，就好比在医院重症手术室门外等待的家人一般，无法用言语形容，希望是好结果，但是也不排除传来噩耗。

然而，功夫不负有心人，接到公安机关的电话已经快到 11 点了，电话那头传来喜讯，姜某父子没有被批准逮捕，可以办理取保候审释放，每人交5000 元保证金即可。

姜某母亲在抚顺老家，我把这个消息及时告诉了她，让她在家里等着就行。然后，姜某取保候审的手续，都是我在帮他办理。忙前忙后，又过去好几个小时。等一切手续办妥，警察已经提前到达看守所接人。我们在看守所门口办的交接。看着姜某父子穿着拖鞋背心从大院走出来的那一刻，我也为自己感动，为了这一刻，没人知道我们到底花了多少心血和努力。

与警察告别时，警察主动过来跟我握手，并细声跟我说，这么些年来你是我遇见最认真负责的律师，姜某父子幸亏遇见了你们。听到这样的话，我心里无比开心。

姜某老家来了一个亲戚，开车过来接他们，我把他们送上车后，也开车回家了。眼看着就要过年，家里的年货啥也没准备，才发现，自己过于投入案件，忽视了家庭，内心又无比惭愧。

我趁商场打烊前，赶过去买了一些年货，采购过程中，接到老父亲的来电，不断地催问我今年过年回不回老家，我用略带沙哑的声音轻声回复老父亲，今年肯定是不能回去了，因为回老家的最后一趟航班在今天早上就起飞了，要回家只能等到明年。我也给老父亲交了个底，我们一家在大连挺好，不用惦记，同时也嘱咐他们自己照顾好身体，过个好年，便匆匆挂断了电话。

不负嘱托，案结事了

姜某父子取保候审，并不意味着案件就结束了。但是能够让姜某父子取保回家过年，第一阶段的目标肯定是实现了，也对得住朋友关某的信任和嘱托。

接下来，需要彻底解决案件，有效化解矛盾才是根本。

很快案件到了检察院，并且短时间内就起诉到了法院，我们争取在检察

院不起诉的愿望又落空了。

案件有没有无罪空间，如果没有无罪空间又该如何辩护？摆在我们面前，必须作出选择。最终与姜某父子商量，还是从法、情、理三个方面展开辩护，争取从轻处罚。法院经过审理，最终采纳了我们的意见，认定构成犯罪，但可以判处缓刑。姜某案在没有赔偿谅解的前提下，取得这样的结果，来之不易！

姜某的妻子在案件作出判决后一直没有出现，带着姜某的儿子躲了起来。再后来听说她主动提起离婚诉讼，姜某同意离婚，案件彻底结束了！

不管怎么样，不负朋友所托，不负法治理想，维护了社会正义，也许这是我坚持做刑事辩护律师的理由之一！

附：【李某宇文书案号】 ［2022］辽 0291 刑初 302 号；大开检刑不诉［2023］183 号。

【姜某文书案号】［2019］辽 0291 刑初 388 号。

借力打力，制造毒品案白某记死刑改判

白某记等人家族式制毒、贩毒一案是我从事刑辩的第一案，也是我经历的一审判处死刑的第一案，最终为白某记保住性命，应该说案件辩护取得成功。

很多人会提出疑问，一个制毒贩毒案件的当事人，罪大恶极，即使保命成功又有什么值得说道呢？与律师的专业水平又有什么必然联系呢？带着这些疑问，我觉得有必要把这个案件的前因后果，来龙去脉交代清楚，也许就能明白，律师在这个案件中所付出的努力！

一审死刑，岂敢贸然接案？

曾记得，在见到家属并拿到一审判决书的那一刻，内心突然感觉到紧张起来，翻到判决书最后一页，看到第一被告人一审判处死刑的结果，压力陡然增加，而且全案其他被告人都有亲戚关系，怪不得称之为家族式制毒贩毒案件。

面对这样的案件，第一感觉就是基本没有空间，而且我之前从来没有代理过死刑案件，不敢贸然接案，所以初步看完案件一审判决书后，我就直接跟家属说，这个案件恐怕不好办，制毒贩毒案件我国一直持高压态势，何况这还是毒品数量惊人，家族式制毒贩毒案件，哪里还能找到无罪或者罪轻的辩点？我内心是非常想直接拒绝这个案件。

家属听完我下结论不准备接他们这个案件，立即也是紧张起来，他们一直在强调，白某记他们都是冤枉的，都是被警察陷害的，你一言我一语，念叨个没完，又夹杂着地方方言，基本听不清他们在说什么，尤其是到了深夜，又冷又饿，我就打算先行休息，抽空再细看判决书，第二天再做最后决定。但实在是架不住家属的执着，从濮阳老家赶到郑州来也好几百公里，如果就这样打发他们走，又于心不忍。所以一直在耐着性子听他们絮叨。

看完某电视台采访视频，彻底改变想法

也许就在一瞬间，就在那不经意间，某些有用的信息就会被装进耳朵里，反馈到大脑后，瞬间又打起了精神。

有位家属无意中说到，张律师，这个案件很大，在白某记刚抓不久，某电视台就来看守所专访过白某记，并且在某电视台滚动播出过。

案件刚查办不久就被某电视台关注到，说明什么问题呢？带着疑问，我让他们把某电视台采访的视频链接找出来，端坐在电脑前，一遍遍地观看起来。

真是天无绝人之路，在看第三遍的过程中，我发现了案件的问题，简直就无法抑制内心的激动，随即就把电脑合上了，告诉家属，这个案件有希望，回去准备律师费，签好委托手续，我和北京的王飞律师就一起过来帮你们代理二审辩护。家属听完确实非常高兴，但也是丈二和尚摸不着头脑，一头雾水地带着笑意拍手鼓掌，似乎找到了救星。我告诉他们，时间不早了，赶紧去休息，但是他们迟迟不肯离去，恨不得立即就签约，能够感受到他们的朴素是真感情的流露。等他们离开后，我又彻底睡不着了，翻来覆去想着这个案件怎么去撬动。

二审全力阻击

第二天，我把跟家属见面和对案件掌握情况与王飞律师做了通报，根据我的判断，这个案件完全有希望在二审改判，简单说明理由后，王飞律师也决定接受委托参与辩护。

与家属作简要沟通后，告知我们不对案件作任何承诺，如果还是坚持委托，那我们就正式代理。家属很快把钱凑够了，签了委托手续。我能隐约感受到，等待我们的又是一场激烈的抗争。

案件一审有被告人判处死刑，二审上诉，根据法律规定，是一定要开庭审理的。

对这个二审案件如何辩护，我们商议后制定了辩护纲领等"三部曲"。

初次来到河南省高级人民法院，联系主审法官，提交手续并申请阅卷。恰巧这个案卷移交给河南省人民检察院，经法官沟通后，我们又来到河南省

人民检察院，阅卷工作还算顺利。

这里特别值得怀念的是，这是我第一次来到河南省高级人民法院办案，对该院有几个特别深刻的印象。第一，律师凭律师证，经登记就可以直达法官办公室，找法官见面沟通案件，这在其他省市法院我是没有享受过这种待遇。要知道，在其他省市，哪怕是最基层的法院，律师也是很难见到法官的，往往都有一道铁门将律师与法官隔离开来，有时联系不上法官，电话也打不通，连法院的大门都进不去。许多时候律师非常无奈又没有更好的解决办法，干着急。而在河南省高级人民法院律师可以直达法官办公室，这确实让我当头一惊。后来了解到，这在河南全省法院都是这样，更是让我为之震惊不已。第二，我们在法官办公室清晰看到，每一名法官办公桌前都有一副家属的嘱托等字样条幅，这也是少见的一项举措，应该是法院的整体部署。我认为，法官面对家属的叮嘱在工作时还是会有一些顾虑和约束的。从内容看，多半都是鼓励的话，也有警告的话，还有一些公平正义，防止腐败等殷切寄语。看上去，让人耳目一新，倍感亲切！

关于白某记一案，我们的二审策略就是发回重审，不能让他们直接维持原判，否则非常被动，围绕这一目标，带着问题阅卷，我们发现了案卷中的种种问题。我们有序有计划地开展了以下工作。

（1）申请回避，或者由省高级人民法院指定异地管辖。

（2）申请调取一审期间向河南省高级人民法院请示报告及答复，同时调取卷宗第九卷，光盘 11 张。

（3）申请调取白某记的手机 QQ 聊天记录及其他手机信息。

（4）申请调取公安机关技术侦查卷。

（5）申请公安机关继续对外号"老五"布控与侦查，通过画像技术和辨认等措施/查询宾馆等住宿信息。

（6）申请对涉案毒品成分/含量进行重新鉴定。

（7）起诉某电视台，存在虚假夸大报道，误导观众，侵犯名誉权。

（8）调取涉枪案件原始卷宗对枪支进行重新鉴定。

（9）对涉案毒品数量进行重新统计分类。

（10）对涉案人员进行地位作用分析，排除家族式影响力，共犯影响力。

（11）对白某记的影响力，社会危害性进行剖析。

（12）针对某电视台的媒体报道，提取对白某记有利信息（9月份已经技术侦查，为何不采取行动？存在数量引诱等问题，这种毒品在河南当地是少见的，当事人不明知是存在合理解释的）。

（13）找到赵某某核实"老五"的身份确实存在。

（14）会见涉枪案件的当事人，对当年涉枪案件重新审理。

（15）核实白某记的立功线索。

围绕以上工作，我们展开了细致且有效的辩护准备，案件有了明确的方向。

撤销原判，发回重审

如果说刑辩就是一场无硝烟的战争，那么不战而屈人之兵自然就是敌我交锋对抗的最高境界。

白某记一案，在二审阶段，法官最终作出裁定，撤销原判，发回重审。当然，这样的结果给了我们更大的信心，也不是完全不战而胜，反倒是使出了洪荒之力，艰难跋涉最终在法院未开庭的情况下，直接作出了发回重审的裁定。

这一结果，来之不易。

那么，是什么原因促使法院如此主动释放"善意"呢。我想主要有三个方面的原因。

第一，原一审法院在第一次开庭后，又将案件退回检察院补充侦查，待检察院补充侦查返回法院后，法院没有安排开庭，对检察院重新收集的证据，法院采取了逐个提审被告人的方式要求被告人单方发表意见，对于其他辩护人也是一样，要求他们分别提交书面质证意见，然后就进行了判决。根据法律规定，这种情况违反《刑事诉讼法》的规定，应当直接撤销原判，发回重审。

第二，通过阅卷中可以发现，公安机关侦查阶段使用了技术侦查手段，但是案卷中没有看到任何与技术侦查有关的材料，原一审遗漏关键证据，对案件查明事实并定罪量刑有重大影响，我们建议二审直接发回重审。

第三，原一审法院在未宣判之前，就将案卷整体移送到省高级人民法院，请示省高级人民法院如何具体定罪量刑，辩护人看不到副卷内容，不知道省高级人民法院如何回复，违反了案件独立审判原则和两审终审的原则，申请河南省高级人民法院整体回避，指定异地管辖。

不排除，主要是基于第一条理由，直接影响到二审主审法官的心证和判断。只要发回重审，案件又回到起点，那就一切从头再来。

重审再发力，改判成必然

推倒重来，未必是坏事。相反，类似于这种案件，发回重审就给了一次宝贵的机会，如何抓住这个难得的机会，又是摆在眼前的困扰，办案件，犹如解一道数学题，公式基本固定，但是解题方法至关重要。学会借力打力，或者重新建模，事情往往会蹚出一条明路。

除了案卷以外，前面提到，促使我们接受委托的另一个关键因素就是某电视台某法治频道在侦查阶段对本案的采访报道。

既然一审已经判了第一被告人的死刑，没有比这更坏的结果了，所以排除压力，全力以赴就是我们的工作全部。

重新审查某电视台的采访视频，一遍又一遍，最终获得了有用信息和价值。

2015年1月25日，某电视台新闻频道，以《专访家族式制毒团伙：讲述毒品毁灭整个家族全过程》为题进行了时长半小时的视频报道，同时附有文字稿件。

该报道开篇就提道："如果说在的偏远农村，几个大字不识的农民通过复杂工艺提取了高纯度化学合成毒品，你肯定将信将疑，大打几个问号，但这样的事情就发生了。不仅如此，还牵出了一个成组织、家族式制毒团伙。最终，祖孙三代十几口子都因制毒贩毒锒铛入狱，更因毒品家破人亡。2014年12月13日，山东济南公安机关和濮阳公安机关联合采取收网行动，在山东省章丘市境内打掉了一处特大制毒窝点，抓获了白某记在内的7名制毒犯罪嫌疑人，缴获了高级化学毒品甲卡西酮17公斤，以及大量的制毒原料和生产设备。这起案件也是山东、河南近年来所破获的制毒案件中，制毒流程最完整、工艺最复杂，缴获毒品纯度最高、数量最多的一起案件。与以往此类案件不同，制造这些高级化学毒品的团伙成员都是农民，而且窝点很隐蔽，设立在了偏远的农村。"

相信大家看到开头就对这个案件已经有了定性，这就是一伙"十恶不赦"的贩毒团伙，不值得为其辩护。

但我们是辩护律师，还是要理性看待问题，要牢记自己的职责和使命。

视频里接下来的内容主要是对白某记和警方的专访，主要内容还是希望看到白某记怎么悔罪认罪，流下悔恨的泪水，悔不当初等等之类的调性。

但是，魔鬼藏在细节之中，在视频 14 分钟左右，警方的一句台词引起了我的高度关注："在非法暴利的驱使下，从 2014 年 9 月开始，白某记花费 8 万多元，陆续在河南以及网络上购买了制毒原料和生产设备，并伙同家住山东的表哥齐某存，在章丘市（今章丘区）最偏远的水寨镇托寨村一片树林中，建起了制毒窝点并开始制造毒品。事实上，从白某记购买原料和制毒设备之初，就已引起了河南濮阳警方高度重视，在他把窝点转移到山东之后，河南警方迅速联合山东警方展开了侦破行动。"尤其是最后一句话，必须反复咀嚼消化。

"事实上，从白某记购买原料和制毒设备之初，就已引起了河南濮阳警方高度重视。"我把这句话单独复制出来，相信大家一定明白我的用意。这句话如何去理解它，如何去从中挖掘辩点，考验辩护律师的专业水准。原一审辩护过程中，没有人发现这个问题，更没有人提出疑问，导致一审被判死刑，但是到了我这里，这样的有价值的信息，是决不允许从眼皮底子下溜走的。

我从三个方面去分析它的价值：第一，白某记说他一开始不知道是造毒品，如果一开始就知道肯定不会干，他是受一个陌生人外号叫"老五"的蛊惑才开始的，而且自始至终都不知道捣鼓的东西是毒品。"老五"跟他说，让他生产一种像咖啡一样提神醒脑的化学产品，"老五"负责高价回收。"老五"帮他出资购买原材料和设备，提供配方，白某记找地方就行，白某记经不住高价诱惑，没搞清楚具体生产什么东西就直接答应下来。后来警方抓捕时，却不见"老五"身影，"老五"提前获得信息，跑了。白某记就怀疑"老五"就是警方的线人或者就是警察。如果真如白某记所判断，白某记都没有制毒主观故意，完全是被诱导。第二，案卷中显示有通过技术侦查措施，但是技术侦查卷宗却不见踪影，这又是为何，有什么见不得光的或者必须保密的文件吗？如果有，根据《刑事诉讼法》规定，也应当呈交法庭质证，才能作为定案根据，如果涉密可以考虑采取保护措施，但就是不能秘而不宣，却用来指控犯罪，这是《刑事诉讼法》严格禁止的。完全不排除白某记的合理怀疑就是真事。第三，诚如警方所说，即使白某记有制毒贩毒主观故意，那么在他购买原材料和设备之初就引起了警方高度重视，为何在发现之初警方不直接收网破案呢？那时白某记最多是犯罪未遂，更不可能生产出毒品，并实际销售到市面上。白某记后来生产数量大，而且流入市场的毒品到底又是谁买走了？如果都可以这样执法办案，先"养鱼"，待"鱼"长大再杀，宣判死刑。这不就是典型的钓鱼执法吗？

无论上面那一种情况属于可能，白某记都罪不至死。

我们把这个视频内容复制下来，当作关键证据向重审法院提交，并附有详细的质证意见，当然，视频中还有故意夸大宣传甚至虚假宣传的成分，最后，从战略出发，我们又把某电视台告上法庭。

在重审阶段，辩护工作比二审阶段要复杂繁重，我们在河南几个看守所来回调查取证，并且寻找当年的证人要求提供"老五"的线索，帮助警方破案。

在法庭上，据理力争，丝毫不让，最终，法院作出判决，采纳辩护人的意见，白某记改判死缓。能达到这样的目标，基本完成预判，我们第一时间把这个消息告诉朱明勇律师，朱律师很快就发来祝贺的信息，因为是他推荐的案件，获得他的肯定，当然是一件非常值得欣慰的事。朱律师后来在某自媒体《见证人物》栏目对我的一期专访中接受记者采访还特别提到这个案件，办得非常成功。

警察索贿获刑

让我们万万没有想到的事情，在这个案件中，侦办民警在侦查阶段居然向白某记的父亲索贿几万元，结果白某记的父亲录音保存了证据，不管出于什么目的，这个警察在办案中，居然还敢枉法索贿，算是彻底颠覆了我的认知。后来，经过调查，办案民警也自认索贿，经法院审理最终获刑。为他惋惜，也为他不明事理，不讲法治而感到悲哀。

写在最后

白某记这个案件，从一接触到最后重审宣判，整个环节都是处于高度紧张的工作状态之中，毕竟是一审宣判死刑的案件，如果在我们办案过程中，二审维持原判，等死刑复核阶段再发力恐怕就为时已晚。

我们辩护人坚守阵地，稳扎稳打，步步为营，真是没有放过任何一个有价值的线索和问题，甚至要将控方的证据合理转化为辩方的有利证据，可想而知难度还是很大。

但是，又没什么特别的绝招，都是基本的常规动作，都是依据法律规定行使的权利，这也再次证明，有些权利是靠争取来的，甚至是斗争来的，就是坚持不懈，奋斗不止。

还是长期坚守的那句话："奉法者强，不止为赢。"

白某记案，给了我很大的锻炼和提升空间，更难能可贵的是认识一群志同道合的律界"战友"，并肩作战，守望相助，共同成长进步，

刑辩路上，有你有我！

附：【文书案号】［2016］豫刑终 638 号刑事裁定书；
［2017］豫 09 刑初 29 号刑事判决书。

全民关注，倒卖车票案刘某福二审判决后获释

说起刘某福案件，确实有太多太多的心里话想与大家细说一二，既有之前网络上已经公开披露过的细节，也有一些不为人知的幕后故事。

该案因一篇媒体报道引发全民关注，后来央视《法治在线》栏目的三次报道，起到推波助澜的效应，将该案彻底引爆舆论。

本案二审另首席辩护人仲若辛律师曾经撰文《无罪辩护｜打折的正义——刘某福倒卖车票案》中提道："打折的正义，指实报实销也。实报实销者，关多久判多久也。判有罪理据不足，判无罪缺乏底气，故虽还人自由但仍须戴罪在身，实无罪也。"仲律师认为，该案最终"实报实销"，属于打折的正义。

顺着仲律师的思路，不妨进一步把话题引开。

如何介入该案

2019 年 9 月 17 日，南昌铁路运输法院一审判决认定刘某福犯倒卖车票罪，判处其有期徒刑 1 年 6 个月，并处罚金 124 万元，没收犯罪所得 31 万元和作案工具（包含电脑和手机）。

刘某福不服一审判决提起上诉。

刘某福的原一审辩护人曾庆鸿律师，我们多年前认识并且是微信好友，他把案件的结果发到了朋友圈，引起了媒体的关注并报道，我在媒体报道中仔细看了案件的经过，认为该案判决刘某福有罪，实在牵强。

单从媒体报道肯定不能全面掌握案情，案件已经引起了我的极大兴趣，我与曾律师通过微信私下沟通，并且谈了一些自己的看法和观点，也引起了曾律师的共鸣。

刘某福本人坚持上诉，出于对案件负责的态度，曾律师提出二审换个律师去办，换个思路，可能效果会更好一些。曾律师首先推荐由我去代理，但

是也提到家属经济困难，没有任何报酬，只能是援助。基于同行的推荐和对本案的兴趣，我丝毫没有犹豫就应承下来。

后来，在办案过程中，在南昌偶遇仲律师，我又邀请仲律师与我一起接受委托代理该案二审，没想到他非常爽快地答应了我的邀请，仲律师戏说是我在南昌机场请他吃的"小炒黄牛肉"打动了他的胃，不管如何，要感谢他中途的加入并鼎力支持！

刘某福其人其事

刘某福，江西井冈山人，初中毕业后一直在外地打工，2017年回到家乡，陪伴年事已高的父母。为了谋取生计，刘某福开始替人在网上实名抢购火车票。

据警方通报，赣州铁路公安处打击票贩小分队2019年2月初通过网络巡查发现有人在网上发布购买火车票的信息，民警分析判断可能有人利用网络收集旅客身份信息订、取火车票后高价倒卖。警方锁定了刘某福，后将其抓获。2019年3月19日，刘某福以涉嫌倒卖车票罪被逮捕。

2019年9月10日，江西刘某福倒卖车票案一审在南昌铁路运输法院公开开庭审理。南昌铁路运输检察院起诉指控，2017年7月，刘某福以1500元~4500元不等的价格在网上购买抢票软件，以30元/万个的价格购买"打码"，以2740元的价格购买了12306网站实名注册账号935个，用于在12306网站上进行抢票操作。此外他还购买了两部手机，用于接单和打广告。抢票成功后，刘某福根据所抢购火车票的车次、乘车时段及运行到达车站等不同情况，向购票人分别收取50元至200元不等的佣金。从2018年4月至2019年2月，刘某福先后倒卖火车票3749张，票面数额123万余元，获利31万余元。

2019年9月17日，南昌铁路运输法院一审宣判。判决认定刘某福行为构成倒卖车票罪，判处其有期徒刑1年6个月，并处罚金124万元，没收犯罪所得31万元和作案工具（包括电脑和手机）。刘某福不服判决，提起上诉，要求改判无罪。

媒体关注，刑法学界讨论激烈

该案一经宣判，引起社会广泛关注和讨论。

多名刑法学家认为，实名制下倒卖车票罪应予废除，刘某福依法不构成犯罪。

其中，中国政法大学阮齐林教授接受《华商报》记者采访时表示："不记名的车票，如果买来加价卖出，就是倒卖车票；如果是记名的，是事先委托，帮忙上网订票抢票，就不该被判刑。"

西北政法大学冉巨火教授接受记者采访时认为："实名制下倒卖车票罪应予废除，因为实名制下代购车票的行为不具备法益侵犯性。"

新京报记者注意到，早在 2013 年，一对夫妻替农民工代购火车票收费就引起争议。中国政法大学何兵教授在访谈中同样提到，火车票实名制后，倒票的客观性就不存在了。"如果有人未经我同意，搞到一张火车票，再倒卖给我，我不要，他不就废了吗？"何兵说。

何兵教授认为，代购收费是一种正常的民事交易行为，目前只规定代卖火车票经过许可，并没有规定代购需要特许。

中国政法大学教授罗翔接受《新京报》记者采访时认为，从历史解释角度，立法的时候的确是为了打击非实名制购票。网络时代，问题的关键取决于如何理解倒卖，他认为如果大平台的抢票服务不构成犯罪，那么个人的开发行为也不宜以犯罪论处，否则有违平等原则。

除此之外，还有诸多如澎湃新闻、红星新闻等媒体争相报道此案，引起舆情关注。

南昌铁路运输检察院检察官撰文发布于官网

在我们代理该案二审过程中，发生了一件比较戏剧性的事，我们检索到南昌铁路运输检察院郭丹鹏检察官的两篇论文，一篇是《网络实名制购票后倒卖车票罪案件的司法认定》，发表在《中国检察官》2013 年第 8 期，另一篇是《实名制购票情况下倒卖车票案件的法律规制》，发表在《人民检察（铁检版）》2014 年第 2 期。上述文章也登载在南昌铁路运输检察院官网。文章认为，在实行实名制网络购票后的倒卖车票行为，不符合倒卖车票罪的犯罪构成要件。也就是说，南昌铁路运输检察院的官网文章，或者说南昌铁路运输检察院的检察官也认为刘某福是无罪的。法庭辩论时我们提到上述文章，出庭检察员回应说，那是该检察官个人观点，不代表该检察院。

当然，我们除了检索以上文章外，还大量检索了知名学者的论文和既往生效判例，总体来看，多数支持无罪的观点。

同类案件检索到不起诉案例

刘某福释放半年后，2020 年 7 月，最高人民法院出台《关于统一法律适用加强类案检索的指导意见（试行）》，更多律师开始注重类案检索。实际上，该案二审阶段，我们就已经全面开展了检索工作，其中就包括案例的检索。

经中国裁判文书网的检索发现，新疆哈密和内蒙古海拉尔两地的某铁路检察院，对类似行为直接认定为不构成犯罪，均作出了不起诉的决定（哈铁检公诉刑不诉［2019］2 号）、（黑海铁检刑不诉［2015］1 号）。

通过仔细分析检察院的说理部分，可得知，要么是认为被不起诉人的行为不构成倒卖车票罪，决定不起诉，要么就是认为事实不清，不足以证明行为构成犯罪，作出的不起诉决定。无论基于何种原因，最终都是无罪释放。

回到刘某福案中，其案情与检索到的类案高度相似，尽管我们国家不是判例法国家，但是应该说具有一定的参考价值，完全可以实现同案同判的社会效果。非常遗憾的是，我们提交的案例，也没有被重视。相反，刘某福案的判例倒是成了反面的入罪案例被广泛采纳。

央视《法治在线》栏目的三次采访报道

二审开庭前，我和仲律师一起前往南昌，开展阅卷，会见工作，同时也向承办案件的检察官、法官当面陈述意见，争取在庭前解决一些事项。最主要的一项工作是申请对刘某福的取保候审，但是非常遗憾遭拒。

在驻扎南昌工作的期间，接到央视《法治在线》栏目记者的邀约，准备就刘某福案件于二审开庭前采访辩护人。我们最终约在赣江边的一家酒店见面，采访就此展开，很快刘某福案就在央视《法治在线》栏目播出，这是该案第一次有国家级媒体报道，引起较大轰动。

随后，该栏目又进行了 2 次专题报道，第二次是二审开庭过程中，央视的视频设备就架在法庭正中央，全程录播。而且该案法庭安排了同步直播，通过广泛传播，点击量迅速飙升。

第三次是该案二审宣判后，主要是记者对主审法官的一个采访报道，由于是央视的权威媒体，足以引导舆论。

国家级媒体三次专访报道，不得不说国家层面或者说中央某些部门对该案的重视程度。因为刘某福最终被判有罪，必将对此类案件有标杆的价值和意义。从另一方面来说，刘某福的案例起到了消极的评价意义。

二审开庭，控辩双方辩论激烈

2019 年 11 月 30 日，刘某福倒卖车票案二审在南昌铁路运输中级人民法院公开开庭审理，检辩双方针对刘某福有偿代人抢票的行为性质及是否构成犯罪展开激烈辩论。

刑事案件二审开庭率比较低，该案不但公开开庭，而且还在网上同步直播，使得控辩双方的争锋第一时间就能被外界所知悉。

出庭检察员认为，关于携程等第三方平台的购票行为是否构成犯罪与刘某福行为入罪没有关联。刘某福在抢票过程中使用了抢票软件，并收取费用牟取经济利益，具有倒卖车票的主观故意。而且，刘某福实施了倒卖车票的客观行为。虽然生活中常见的倒卖车票是先倒入车票，但倒入只是表面的构成要件，卖才是本案的实行行为，其核心就是高价变相加价。本案中，刘某福没有出售火车票的资质，他应当遵守 12306 网站上对于售票业务的相关规定，即只能收取 5 元手续费。然而，刘某福每张收取 50 元至 200 元的费用，明显超出了正常的劳务费用范畴，其行为是披着民事合法外衣倒卖火车票行为。其倒卖火车票 3749 张，涉案票面金额 123 万余元，非法获利 31 万余元，属于倒卖车票情节严重。

刘某福的两位辩护人均为其做无罪辩护。

仲律师认为，实名制下的代购行为不符合倒卖车票罪的构成要件。首先，从侵犯的客体来看，倒卖车票罪不仅扰乱了车票的销售市场秩序，还破坏了国家对车票的管理制度。而实名制下的代购行为是人们为了节约时间节约金钱或为了便利而主动委托他人的行为，是当事人双方基于自己真实的意愿而实施的行为，且这种行为并未被法律所禁止，因此是一种合法的行为。这种行为既没有损害到公民购票的权利，也没有扰乱车票的市场销售秩序，更不可能破坏国家对车票的管理制度。

其次，倒卖车票罪的客观方面表现为先购入车票后出售的行为。在实名制下，火车票是特定物，上面记载着旅客的信息，只有票、证、人三者一致，持票人才能进站上车，他人是无法使用该车票的。代购人基于事先约定为他人购买车票，从订票成功之时火车票的所有权人就是旅客本人，整个过程中火车票的所有权并未发生转移。被告人出卖的只是上网购票的服务及条件，对方给付的对价是在购票过程中的服务费，而车票本身并没有加价转让。所以，刘某福的行为不符合倒卖车票罪的客观方面特征。

仲律师指出，车票实名制后火车票上开始记载旅客的本人身份信息，这就意味着实名制后的车票已经成为特定物，除却旅客本人外，他人根本不可能使用该张车票，行为人自然也就不可能先取得该张车票的所有权，再将其加价转手倒卖给不特定人。刑法为什么没有规定倒卖机票罪，很重要的一个原因就是机票实行得是实名制，理论上根本不存在被转手倒卖的可能。

我作为第二辩护人，除了认同仲律师的无罪意见外，又补充发表相关意见。

我认为，刘某福利用软件替人抢票的行为是替人"代购"，非"代售"。实名制下，整个购票流程，都是刘某福利用实际乘客的真实身份信息登入铁路官方 12306 网站进行抢票。乘客购买火车票的行为其实就是与铁路公司签订乘客运输合同的行为。买卖双方，自始至终都是乘客与铁路公司，这中间没有发生主体的变化。乘客自己也是这样买，刘某福相当于中间的传递手，帮助乘客购买车票，这种行为就是一种乘客与刘某福之间的民事委托代理行为，就是所谓的"代购"，而不是帮助铁路公司"代售"。这与刑法意义上的"倒卖"是有根本性区别的。

再次，刘某福在"代购"过程中，收取了一定比例的佣金，这符合市场规律，刘某福可以选择收钱，也可以选择免费提供帮助，这属于市场调节和道德约束范畴，刑法目前没有条文对此加以限制。另外，确实还有一些代购行为是刘某福免费做的，没收取任何费用，甚至于，有时候，刘某福被乘客欺骗，帮人垫付购票款后，没收到相应票款，不但没有挣取佣金，还搭进车票钱，这也与倒卖车票具有明显区别。刘某福与铁路公司没有任何隶属关系，根本无法控制票源的多少与有无。因此，不能把刘某福的行为视为"代售点"行为，不能用火车"代售点"最高只能收取 5 元加价的限制来约束刘某福这种"代购"行为。

最后，同刘某福代购车票类似的加价抢票软件，目前市面上至少有 50 家，包括携程、腾讯、阿里巴巴、高铁管家、飞猪等软件，都在帮人加价抢购车票。他们的加价幅度也远远超过铁路公司规定的"代售"最高加价 5 元的标准，故他们也不可能是获得铁路公司的许可和授权的"代售点"，同样是和刘某福一样的"代购"行为。刘某福在一审过程中，将以上信息举报到公安部，但赣州铁路公安处的回复是，尚未查实。在此不讨论其他公司是否违法犯罪，但这种选择性执法，值得注意。

尽管争辩激烈，但是二审并没有完全采纳辩护人的意见。

二审宣判，改判"实报实销"

2020 年 1 月 9 日，农历腊月十五，南昌铁路运输中级法院二审公开宣判。二审判决认定刘某福犯倒卖车票罪，改判其有期徒刑 11 个月，并处罚金人民币 124 万元。二审改判的刑期自 2019 年 2 月 12 日起至 2020 年 1 月 11 日止。判决两天后，刘某福刑满获释，回家过年。

当时宣判时我在澳门参加一个慈善公益活动，所以我本人没有参加宣判，仲律师一人到场，据说，即使是宣判，也搞得非常隆重和正规，这在其他案件中是难得一见的。

判决的结果就是由一审的 1 年 6 个月改判成 11 个月，减少 7 个月的刑期。其他罚金刑没有变化。之所以改判 11 个月的刑期，我们认为是考虑到刘某福已经被羁押了近 11 个月，所以不得已的一种选择，既不能判少了，又不能维持原判。另外，春节临近，判决生效不久即服刑完毕，也算是二审法院释放的一种善意，毕竟中国人还是比较讲究过年与家人团圆的。

当然，这份判决还是非常值得研究，刘某福的案情没有发生变化，既然认定其行为构成犯罪，在其他情节没有变化的情况下，改判的依据又何在？如果不构成犯罪，这种"实报实销"式无罪判决，俗称打折的正义是否经得住考验呢？

二审宣判前的秘密提审

收到二审判决书后，我立即就对该判决书评判说理部分进行了研究，发现一个很有意思的线索。判决书正文中间部分，夹杂着这么一句令人玩味的句子："二审期间刘某福自书认罪认罚，表示在以后的创业、工作中要守法。"

要知道，二审我全程参与其中，但我完全不知道刘某福在二审期间有什么自书材料，更没有听说他自愿认罪认罚。如果他自愿认罪认罚，我想我们也不会在法庭上轻易地去做无罪辩护。这中间到底有什么误会或者纰漏呢？

带着问题，我又联系了已经释放在家的刘某福，向他了解详情。

刘某福告诉我，他确实写了一个认罪认罚的材料，那是在二审宣判前几天，主审法官亲自到了南昌铁路看守所去提审他，主要是表明他现在认罪认罚就可以立即宣判，他可以立马回家过年。刘某福考虑家里的父亲身患癌症，母亲残疾，经法官劝说，表示认罪认罚。这一段细节，之前没有披露，也算是给刘某福的妥协作个说明。

我作为辩护人，完全尊重刘某福的个人决定，换位思考，这也是逼得没有办法，牺牲小我，顾全父母。

针对上诉人刘某福及其辩护人的辩解和辩护意见，法院主要评判了三点理由：

（1）我国铁路运输具有社会公益性质，体现在国家为了国计民生对运输价格的严格管控上，体现在公民的平等购票权上。本案中，刘某福使用抢票软件，通过自动破解 12306 网站的登录验证图片，实现多账户同时登录、多线下单、重复登录不间断刷单、自动移除冲突乘客等功能，取得了在 12306 网站抢票的优势，侵害了其他旅客平等的购票权，扰乱了铁路客运售票秩序。

（2）根据 1999 年最高人民法院《关于审理倒卖车票刑事案件有关问题的解释》的规定，"倒卖车票罪"是指高价、变相加价非法倒卖车票或者倒卖坐席、卧铺签字号及订购车票凭证，情节严重的行为。倒卖车票罪不以车票所有权的转移为犯罪构成要件，比如，最高人民法院法研〔2015〕29 号"复函"认为，以营利为目的，冒用他人身份信息囤积实名制火车票，只要已支付票款，无论车票是否实际售出，均可以认定为倒卖车票罪既遂。因此，构成倒卖车票罪的关键，一是行为非法二是高价、变相加价行为，非法囤积后倒卖、不具备代办铁路客票资质为他人代办铁路客票并非法加价牟利的都构成倒卖车票违法犯罪。

（3）民事活动应当遵守法律法规，不得损害国家利益和社会公共利益，不得扰乱社会经济秩序。实名制后修订的《铁路法》第 27 条明确禁止倒卖旅客车票，《刑法》第 227 条明确将倒卖车票情节严重的行为入罪，如上所述，刘某福的行为已违反法律的禁止性规定，与其他出售劳务获取价值的行为有本质区别。

综上所述，刘某福的行为构成倒卖车票罪。刘某福不知其行为构成犯罪属于对违法性的认识错误，不影响对其定罪处罚。

写在判决宣判后

此刻，2020年1月10日23：59，再过几小时，刘某福就要走出看守所恢复自由，可以回家过年。此案，刘某福本人也许会随着案件被载入历史……

二审判决书判定，刘某福的刑期由一审的1年6个月改判为11个月，罚金没变。

此案要说辩护成功，那么二审法院还是作出了有罪判决，辩护意见未被采纳，肯定谈不上成功。

要说不成功，二审法院在事实证据没有发生变化的情况下，又把一审的判决改了。理论上讲，二审无论如何改判，原一审判决都是错误的。既然纠错了，这可以说是律师的功劳，也可以说是二审法院的功劳。

这个案件在春运前一天宣判，似乎都是安排好的，央视摄像机对准法庭拍摄，庭后法官接受央视采访大谈为何要判刘某福有罪，一切的一切，都显得严肃而庄重。很明显，刘某福成了反面案例，要的就是这种警示教育。无问西东，只求多福，但愿所有人都能通过铁路官方网站购得一张回家过年的车票，但愿不会再有人因为倒卖车票被判刑入狱。

附：【文书案号】［2019］赣71刑终8号刑事判决书。

刑事合规，污染环境案汪某超不起诉

　　企业合规，是企业通过优化治理结构、健全规章制度、强化合规文化、有效防治合规风险的管理体系。对于涉案企业认罪认罚并承诺实行或者改进合规的，检察院可以根据其合规有效性依法作出不批准逮捕、变更强制措施、不起诉的决定，或者提出从宽处罚的量刑建议，向主管行政机关提出从宽处罚的检察意见。

　　因此，企业合规不起诉的刑事司法政策，在最高人民检察院的大力主导下，以迅雷不及掩耳之势在祖国大地全面开花。

合规改革动向

　　"法治是最好的营商环境。"2020年以来，最高人民检察院创新司法政策，研究部署涉案企业合规改革试点，在规则和工作机制建设上取得了初步的成效，适应了我国经济发展的内在要求和发展趋势，得到了党政机关和社会各界的普遍支持和积极评价。

　　2020年3月，最高人民检察院在上海浦东、金山，江苏张家港，山东郯城，广东深圳南山、宝安等6家基层人民检察院开展企业合规改革第一期试点工作。

　　2021年3月，第二期改革试点范围较第一期有所扩大，涉及北京、辽宁、上海、江苏、浙江、福建、山东、湖北、湖南、广东等十个省（直辖市）。

　　数据显示，经过两期改革试点，10个试点省（直辖市）份检察机关共办理涉企业合规案件766件，其中适用第三方监督评估机制（下称"第三方机制"）案件503件；部分非试点省份检察机关主动根据本地情况在试点文件框架内探索推进相关工作，办理合规案件223件，其中适用第三方机制98件，案件类型不断丰富、拓展。

2022 年 4 月，最高人民检察院会同全国工商联专门召开会议正式"官宣"，涉案企业合规改革试点在全国检察机关全面推开。据最高人民检察院有关人士指出，在办案过程中，各试点检察院准确把握改革内涵，将涉案企业合规改革与贯彻少捕慎诉慎押刑事司法政策、落实认罪认罚从宽制度有机结合，同步衔接推进涉企"挂案"清理，加强行刑衔接，确保了办案政治效果、社会效果、法律效果有机统一。

重大改革都必须要于法有据，但也不能畏首畏尾。全国检察长（扩大）会议、学习贯彻全国两会精神电视电话会议上，最高人民检察院原检察长张军特别强调："原则上有条件的县级检察院，今年都要大胆探索，尝试办理几件企业合规改革案件。""无论是民营企业还是国有企业，无论是中小微企业还是上市公司，只要涉案企业认罪认罚，能够正常生产经营、承诺建立或者完善企业合规制度、具备启动第三方机制的基本条件，自愿适用的，都可以适用第三方机制。"

制度建设

涉案企业必须针对涉案合规风险，制定专项合规整改计划，完善企业治理结构，健全规章制度，形成有效的合规管理体系。涉案企业的合规管理体系是否有效，不仅要看在一定时间内有没有再度发生违法犯罪行为，还要按照既定的标准进行评估。这种有效性评估通常是由第三方组织进行的。对于小微企业，也可以由企业进行自评，定期报告合规管理情况。第三方组织的评估和企业的自评经检察机关审查同意后，才能作为处理案件的重要参考。涉案企业合规改革试点必须在法治轨道上进行。

最高人民检察院高度重视试点工作规则建设，2021 年 3 月 19 日印发《关于开展企业合规改革试点工作方案》。

自 2021 年 3 月制发第二批涉案企业合规改革试点工作方案以来，推动涉案企业合规第三方监督评估机制委员会先后制定了《关于建立涉案企业合规第三方监督评估机制的指导意见（试行）》《〈关于建立涉案企业合规第三方监督评估机制的指导意见（试行）〉实施细则》《涉案企业合规第三方监督评估机制专业人员选任管理办法（试行）》《涉案企业合规建设、评估和审查办法（试行）》等规范性文件，为涉案企业合规改革提供了基本规则。同时，最高人民检察院先后制发了三批涉案企业合规改革典型案例，选编了《涉案企业合规改革试点参考文件》，包括《涉案企业专项合规计划及其相关制度》《常用企业合规制度》《涉案企业专项合规计划有效性评估和审查重点》三份文件，供各地检察机关办理涉案企业合规案件参考。

典型案例

2021 年 6 月 3 日，最高人民检察院举办"依法督促涉案企业合规管理将严管厚爱落到实处"新闻发布会，发布企业合规改革试点典型案例四起。其中有张家港市 L 公司、张某甲等人污染环境案；上海市 A 公司、B 公司、关某某虚开增值税专用发票案；王某某、林某某、刘某乙对非国家工作人员行贿案；新泰市 J 公司等建筑企业串通投标系列案件。四起案件中，三件不起诉，一件缓刑。

2021 年 12 月 8 日，最高人民检察院发布第二批企业合规典型案例。该批典型案例以适用第三方监督评估机制为重点，着力反映企业合规流程、第三方机制的启动与运行、合规整改效果、检察机关的主导作用以及典型意义等。与第一批企业合规典型案例相比，该批典型案例涉及面更广，内容更丰富。该批典型案例共 6 件，分别是：上海 J 公司、朱某某假冒注册商标案；张家港 S 公司、雎某某销售假冒注册商标的商品案；山东沂南县 Y 公司、姚某明等人串通投标案；随州市 Z 公司康某某等人重大责任事故案；深圳 X 公司走私普通货物案，海南文昌市 S 公司、翁某某掩饰、隐瞒犯罪所得案。

2022 年 7 月 21 日，最高人民检察院发布第三批涉案企业合规典型案例，这也是 2022 年 4 月最高人民检察院部署在全国范围全面推开涉案企业合规改革试点工作之后，首次发布涉案企业合规典型案例。该批典型案例从检察机关近期办理完结的案件中选出，充分考虑大中小微不同企业类型合规特点，既有针对大中型企业开展的专项合规，也有对小微企业开展的简式合规，典型案例更具代表性。本批典型案例共 5 件，分别是：上海 Z 公司、陈某某等人非法获取计算机信息系统数据案；王某某泄露内幕信息、金某某内幕交易案；江苏 F 公司、严某某、王某某提供虚假证明文件案；广西陆川县 23 家矿山企业非法采矿案；福建省三明市 X 公司、杨某某、王某某串通投标案。案例分别涉及互联网企业数据合规、证券犯罪内幕信息保密合规、中介机构简式合规、矿区非法采矿行业治理、高科技民营企业合规等方面。

2021 年 3 月至 2022 年 6 月底，全国各地检察机关累计办理涉企业合规案件2382件，其中适用第三方监督评估机制案件1584件，对整改合规的606家企业、1159人依法作出不起诉决定，较改革试点全面推开前增长明显。最高检第四检察厅负责人表示，这批典型案例在探索适用合规改革的全流程办案机制、准确区分单位与责任人责任、推动刑事检察与公益诉讼检察业务实质性融合、制发检察建议等方面，都取得了良好成效，对推动涉案企业合规改革试点深入开展，更具有示范指导意义。

小试牛刀

刑事合规改革势如破竹，无论是从党中央的决策部署还是最高人民检察院规则的制定和典型案例的发布，都充分表明，对于涉企案件，既要防止"办理一个案件，垮掉一个企业，毁掉一个行业"的悲剧发生，也要依法践行"严管厚爱"的司法理念。作为律师，一定要顺应历史潮流，沿着司法改革的路线开展、拓展相关业务。

2020年11月初，某公司法定代表人汪某超来到律所，咨询法律事务，我接待的当事人。据汪某超反应，其公司在4月末，被公安机关在工作中调查发现，公司在生产经营过程中，存在将油墨废水未经彻底处理直接对外排放，造成了周边土壤污染。经大连市金普新区（金州）生态环境分局下发的《关于大连经济技术开发区信诚纸制品有限公司非法排放污染物危险废物属性认定的说明》认定，该公司在生产过程中使用水性油墨对包装物进行印刷，印刷产生的含水性油墨废水在未上废水处理设施前未经处理排至外界环境。经鉴定，排外废液属于有机溶剂废物，危害性为Ⅰ，毒性（Toxicity，T）。案发后，汪某超自动投案。公安机关经侦查终结，以汪某超涉嫌污染环境罪，于2020年11月5日向检察院移送审查起诉。

经过我们进一步调查了解到，该公司实际上是采购了污水处理设备，也与第三方签订了废墨回收处理协议，一般情况下，不会出现油墨废水乱排现象，其主观恶性不大，主要问题出在思想上放松，法律意识淡薄，工作中不仔细造成的污染事件，完全可以通过整改作出补救措施，消除影响。

当年，最高人民检察院在中国6个基层检察院开展企业合规改革第一期试点工作，我敏锐捕捉到该案可以尝试运用新的司法政策进行辩护。

随后2020年12月26日，辽宁省人民检察院等十机关制定了《关于建立涉罪企业合规考察制度等意见》，为本案直接适用企业合规考察制度提供了法律依据和制度保障。

自查整改

我们经与当事人商量，决定尝试与办案检察官协商，通过认罪认罚，主动缴纳行政处罚罚款 10 万元争取从宽处罚，最好是通过合规考察作出不起诉决定，后来通过努力，最终也说服了办案检察官对本案开展合规考察，因此本案也是在大连市开发区检察院适用合规考察制度的第一案。

在办案过程中，我们责令公司要主动做好环保工作记录，按照检察院的要求，在检察院的主导和指导下，作出环保情况说明，环保工作总结，在整改阶段，提交了环保整改报告书。

考察验收

通过为期三个月的自我整改，同时也通过检察院指派的合规辅导人的辅导，该公司人员认识到偷排、乱排的严重性及危害性，深刻认识到这种行为的错误及对环境带来不可逆的负面影响，在考察期内，该公司的错误行为得到有效改正，并承诺今后合法合规排污。

2021 年 7 月，经大连市金普新区（金州）生态环境分局复查，该公司车间内收集清洗废水的铁槽内潜水泵及私设的偷排暗排管已经完全拆除，其违法行为已经整改完毕，在不定期的检查中，该公司企业环境管理规范，没有再发现环境违法问题。最终，该局向检察院出具了环境违法整改情况的意见，获得检察院的认可与支持。

召开听证会，不起诉结案

2021 年 9 月，我们接到了检察院的通知，要求出席听证会，代表公司和汪某超参与答辩。检察官称，该案通过三个月的合规考察，符合不起诉的要求，检察院需要召开一场听证会，听取意见后再决定是否起诉。最终，通过听证会广泛听取意见，大家一致同意检察院对汪某超作出不起诉决定。检察院直接作出了不起诉决定，该案获得圆满成功，有效保障了公司的可持续发展。

结　语

在最高人民检察院的主导和推动下，企业刑事合规改革试点全面铺开，我们作为律师必须顺应时代变革，努力迎合改革，主动适应并适用新的刑事政策，为当事人谋取合法权益，为社会法治建设贡献力量。

在改革过程中，各种声音都有，有人提出，刑事合规改革是检察院一厢情愿，没有法律依据，没有制度保障，不断地提出质疑，甚至持反对态度。也有不少专家学者为其摇旗呐喊，站台背书，认为这是一项合乎潮流，顺应民意，与国际社会接轨的一项利国利民的司法政策，要坚决执行下去。

我们也经常听到检察机关对合规改革的金句频出，涉民营企业家犯罪能不捕的不捕，能不诉的不诉，能判缓刑的判缓刑。要更加注重立足监督办案，依法能动履职，切实找准案件背后反映的行业监管漏洞和社会治理问题，加强与行政主管部门沟通，通过制发检察建议等方式，促进防范相关案件再次发生，促进从个案合规提升为行业合规，努力实现"办理一起案件、扶助一批企业、规范一个行业"。最终目标是让更多民营企业"活下来、留得住、经营好"。也许我们现在释放更多的司法善意，就能挽救一个企业，拯救一个行业，规范一个制度。

附：【文书案号】大开检诉刑不诉［2021］Z76号不起诉决定书。

法律援助，兢兢业业展现律师风采

法律援助是党和国家的实事工程、民心工程、阳光工程。开展法律援助，彰显人间正义。法律援助让人人平等地站在法律面前，律师参与法律援助工作是与社会文明共同成长，与民主法治共同进步的有力表现。

作为一名律师，只要时间允许，就要积极投身公益事业当中，接受法律援助工作便是实现自身公益目标最有效的途径。自从加入律师行业的第一天起，我便如此要求自己，如果有足够的时间，每年至少要完成3件以上的法律援助案件，成就小我，奉献社会。

实际上，律师提供法律援助工作，既是相关制度的要求，也是实现自我价值的大好平台和机遇。随着《法律援助法》于2022年1月1日颁布施行，越来越多的案件需要律师的援助和司法救助。最高人民法院、最高人民检察院等联合出台了《关于进一步深化刑事案件律师辩护全覆盖试点工作的意见》，最高人民法院、司法部印发《关于为死刑复核案件被告人依法提供法律援助的规定（试行）》，中共中央办公厅、国务院办公厅印发《关于加快推进公共法律服务体系建设的意见》等，这些制度都要求律师要大力参与其中。

回顾过往，我认为曾经参与的三个法律援助案件，既实现了律师参与公益事业的目标价值，又充分的维护了法律的正确实施，并保障了当事人的合法权益，努力使当事人感受到法律的公平正义。

85岁老人监外执行案

2018年8月15日，我作为法律援助律师参与到一个85岁老人李某贤申请暂予监外执行案件当中。

李某贤是河北省滦平县一名农民，2016年她因犯寻衅滋事罪，被法院判处有期徒刑2年6个月。刑期自2016年11月18日起至2019年3月21日止。

那时，她已经 82 岁高龄。

据李某贤的女儿关某侠称，李某贤刚来河北女子监狱服刑时，她还能时常见到母亲，2017 年 5 月，李某贤发生腰椎骨折疾病，面对此种情况，家属两次申请对其保外就医遭到监狱拒绝。

到了 2018 年 7 月，李某贤在监狱再次发生腰椎骨折。河北女子监狱在回应拒绝李某贤保外就医时称："2018 年 7 月 18 日，李某贤又述腰疼，经监狱医院问诊，自述能自己吃饭、翻身、穿衣洗漱、大小便，观察其能够自主行动；经 CR 检查，诊断为自发性第一腰椎压缩性骨折、腰椎退变、左髋关节退行性病变，遵医嘱服药治疗、卧床静养。"该回应称，李某贤的实际状况尚未达到保外就医严重疾病范围规定的标准，也不符合《暂予监外执行规定》第 33 条"生活不能自理"的规定，不具备保外就医条件。

后来此事，经媒体报道后，引发热议，持续发酵。85 岁高龄的老人李某贤，需要有专业的律师帮助，我应邀立即参与了该案的代理工作。鉴于家属经济困难，我们申请为她提供法律援助获得支持。

8 月 15 日，我和另一名律师一同前往河北女子监狱会见了李某贤，会见结束后，及时回应了社会关切，向媒体客观地介绍了会见的情况："老人从精神面貌来看还算可以，除了耳背沟通不畅，反应迟钝外，脸色和气色还可以，没有想象中糟糕。在会见期间，李某贤全程坐在轮椅上，律师中途试图让她站起来并走两步，但她本人表示必须扶着桌子或者有人搀扶才能站立行走。在会见过程中，李某贤称监狱工作人员对她十分关心，安排监室组长照顾她。"正是因为有了畅通的信息，才逐渐消除了人们的误解。

2018 年 11 月 19 日，滦平县张百湾司法所曾向关某侠就李某贤拟实行非监禁刑罚进行社区矫正一事进行了审（裁）前调查评估，向关某侠了解其母亲的一贯表现、犯罪行为的后果和影响等情况，关某侠称"母亲非常友善，也认识到原来做法上的错误，希望母亲能早日回家团聚，同意进行社区矫正"。

河北省石家庄市中级人民法院于 2019 年 1 月 24 日作出的刑事裁定书显示，李某贤在服刑期间"认罪悔罪，积极接受改造，确有悔改表现，根据其现实改造表现假释后没有再犯罪的危险，其服刑期限已达原判刑期二分之一以上，其原居住地社区矫正组织已表示接受其矫正，对其监督管理，符合法定假释条件"。

次日，李某贤被获准假释出狱实行非监禁刑罚，进行社区矫正，由河北省女子监狱送往家中。至此，该案实现了法律效果与社会效果的有机统一。

未成年少年故意伤害案判二缓一

我参与的另一个法律援助案件的当事人是个未成年少年，事发时还在某技术院校学习。

收到司法局法律援助指派后，我第一时间约见了当事人和其母亲，向其了解案件事实。在交谈中，明显感觉到当事人的悔过心态。

因为涉及未成年人，我始终保持一种安慰的心态与他们交谈，试图打开他们的心结。后来经过了解，发现当事人本质上还是一个积极好学的阳光男孩，但是在成长的道路上，缺乏父母的关心与呵护，青春叛逆期间，结识了一些辍学青年，逞强好胜，走上了虚荣好斗的错误道路。出于哥们儿义气，在某次酒后与他人聚众闹事，参与群殴打斗当中。造成对方人员重伤的结果。

根据法律规定，故意伤害致人重伤，量刑在 3 年以上有期徒刑。如果不能获得谅解，大概率就是实刑。那么这个年轻学生的前途恐怕就要被葬送。

所以，接到这个案件，我还是挺有压力。如果我确定这个孩子还有挽救的必要，我就会不遗余力地去做好一切辩护工作。

在办案过程中，我通过检索案例，制作量刑建议表，与承办检察官友好坦诚地沟通，结果得到了检察官的高度认可，所以，在办案中，遇到好的办案人员，有些工作开展起来既有效果又有意义。检察官和法官完全采纳了我的意见，在审判阶段，直接作出了"判二缓一"的判决。当事人又重返校园，毕业后，刑罚执行完毕，丝毫不影响他毕业找工作。

现在回顾这个案件，我仍然会为自己的努力感到骄傲和自豪，毕竟我的法律援助工作是有价值和意义的。

未成年人强奸案获撤销案件

有一起未成年人强奸案，我受司法局指派参与法律援助，给我留下了深刻的印象。

记忆当中，案发时，当事人是刚满 15 周岁生日的小男孩，被害人也是个刚满 12 周岁的花季少女。两人都是某学校的学生，男孩因为与家长赌气，逃学在外。

两人在学校期间就通过朋友介绍相互认识。有一次，男孩和女孩在某 KTV 见面，加了 QQ 建立联系。后来两人频繁通过网络交流，确立了男女朋友关系。

两个未成年人，随着交流的深入，感情逐渐升温，后来到旅店同居，发生性关系。案发当天早上，女孩第一次离家出走，夜不归宿，家长到处找人，经全程地毯式搜索后，在某旅店找到了男孩和女孩。

女孩家长见状，立即要求男孩打电话通知家长过来协商解决此事，男孩拒绝，并且提出一人做事一人当，他会对女孩负责。家长听完更是气愤难耐，最终选择了报警。

在公安机关，男孩家长赶了过来，主动要求赔偿 20 万元，希望与女孩家长达成谅解。但是女孩家长没有同意。警察也很为难，尽管女孩未满 14 周岁，但是明显两人是自愿发生性关系，男孩也是未成年人，根据司法解释规定，这种偶尔发生性关系的行为，可以不作犯罪处理。可是迫于女孩家长的压力，男孩还是被立案，并被采取了刑事拘留措施，关押在看守所。

我接到法律援助指派以后，第一时间去看守所与当事人会见，了解更多细节问题。

在会见过程中，了解到，他们虽然都是未成年人，但是女孩对其感情很深，在公安机关一直要求警察不要拘留男孩，她完全自愿，没有受到任何胁迫、欺骗。而且据我调查，在男孩出事后，女孩还在其 QQ 空间每天发布动态，希望警方对男孩从轻处罚，她会等他回来之类的话。我把这些证据收集以后，立即连同不批捕法律意见书交给了办案检察官，最终检察官认为该案犯罪情节轻微，可以不作犯罪处理，不予批捕，男孩得以无罪释放。后来经与女孩家长达成谅解，公安机关最终撤销案件。至此，该案圆满解决。当事双方在法律的约束范围内，争取到最佳处理结果。

不过，作为未成年人来说，心智和身体发育都不健全，也希望通过此案警醒更多的未成年人要对自己的行为负责，务必要洁身自好，要加强法律的学习，保护好自己，保护好他人。

辩词精选（文书节录）

中篇

叶某江不构成参加黑社会性质组织罪
一审辩护词（节选）

《刑事诉讼法》规定，人民法院、人民检察院和公安机关进行刑事诉讼，必须依靠群众，必须以事实为根据，以法律为准绳。同时还规定，可以用于证明案件事实的材料，都是证据。证据必须经过查证属实，才能作为定案的根据。辩护人重点围绕叶某江不构成参加黑社会性质组织罪发表无罪的辩护意见，请合议庭参考并采纳。

一、本案指控叶某江参加黑社会性质组织罪不能成立，根据现有法律规定能直接作出无罪判决

（一）辩护人通过梳理扫黑除恶专项斗争背景下的相关法律规范及总体要求，完全可以得出叶某江不构成犯罪的结论

2000 年《司法解释》第 3 条第 2 款规定，对于参加黑社会性质的组织，没有实施其他违法犯罪活动的，可以不作为犯罪处理。

2018 年《指导意见》规定没有加入黑社会性质组织的意愿，受雇到黑社会性质组织开办的公司、企业、社团工作，未参与黑社会性质组织违法犯罪活动的，不应认定为"参加黑社会性质组织"。

2009 年《座谈会纪要》规定，严格坚持法定标准，各级人民法院、人民检察院和公安机关要严格依照刑法、刑事诉讼法及有关法律解释的规定办理案件，确保认定的事实清楚，据以定案的证据确实、充分，黑社会性质组织的认定准确无误。既要防止将已构成黑社会性质组织犯罪的案件"降格"处理，也不能因为强调严厉打击而将不构成此类犯罪的共同犯罪案件"拔高"认定。

同时，2009 年《座谈会纪要》还规定，为了及时、有效地打击黑社会性

质组织犯罪，公安机关在办案中要紧紧围绕法律规定的黑社会性质组织的"四个特征"，严格按照刑事诉讼法及有关规定全面收集、固定证据，严禁刑讯逼供、滥用强制措施和超期羁押，对重要犯罪嫌疑人的审讯以及重要取证活动要全程录音、录像。

2015年《座谈会纪要》规定，黑社会性质组织犯罪要正确把握"打准打实"。"打准打实"，就是要求审判时应当本着实事求是的态度，在准确查明事实的基础上，构成什么罪，就按什么罪判处刑罚。对于不符合黑社会性质组织认定标准的，应当根据案件事实依照刑法中的相关条款处理，从而把法律规定落到实处。

2015年《座谈会纪要》规定，面对新的形势和任务，各级人民法院应当以审判为中心，进一步增强程序意识和权利保障意识，严格按照法定程序独立行使审判职权，并要坚持罪刑法定、疑罪从无、证据裁判原则，依法排除非法证据，通过充分发挥庭审功能和有效运用证据审查判断规则，切实把好事实、证据与法律适用关，以令人信服的裁判说理来实现审判工作法律效果与社会效果的有机统一。

辩护人将以上相关的法律规定进行梳理，并总结了相关总体要求，下面结合以上法律规定，围绕案件事实展开论述。

根据起诉书指控，本案共计六名被告人，叶某春、叶某2、叶某江、纪某某、孙某某、孙某3。

除被指控黑社会性质组织罪外，还被指控强迫交易、非法拘禁、寻衅滋事另外三起违法事实。

首先强调一点，本案除了指控叶某江参加黑社会性质组织罪外，其他指控均与叶某江无关。

根据以上法律规范的出罪要求，结合起诉书的内容，就算本案真实存在黑社会性质组织，叶某江无任何违法、犯罪行为，因此不能认定为参加黑社会性质组织，应直接宣判无罪。何况，本案根本不存在所谓的黑社会性质组织。

（二）起诉书仅有一句指控"该组织中，叶某江负责资金结算，利润分配等财务工作"就被认定成骨干成员也是错误的指控

经过调查可知，叶某江曾经担任过海城市副食品公司的主管会计，之后与他人合伙经销某品牌啤酒期间，叶某江是出资人，不管财务，由宋某某负

责会计，资金结算。宋某某之后因为身体原因退出，叶某江接管了宋某某的工作。

这里有三个问题值得关注。第一，副食品公司是集体企业性质，不是黑社会性质组织，在副食品公司兼职会计自然不是参加黑社会性质组织。第二，合伙经销某品牌啤酒期间，卖酒这个组织也不是黑社会性质组织。至少无证据证明卖酒的几个合伙人是黑社会性质组织成员。再次强调，经营某品牌啤酒行为在本案中不是犯罪。第三，叶某江在卖酒期间，宋某某担任会计，叶某江之后接任。这个会计任职与黑社会性质组织也没有任何关联。

进一步讲，即使真的存在黑社会性质组织，在组织里面任职会计也不必然就是积极参加者，也不能直接认定为骨干成员，还需要结合任职期间所从事的具体违法、犯罪行为对黑社会性质组织所起作用来认定。

刘汉案起诉书指控刘小平（刘汉妹妹）虽然没有直接参与具体的暴力犯罪，但其作为汉龙集团的财务总监，为组织打理财务，在该组织的犯罪活动中的地位和作用突出，应认定为骨干成员，但是判决书却没有支持公诉机关的指控，反而是支持了辩护意见。湖北省咸宁市中级人民法院［2014］9号判决书判决，刘小平并非积极参加刘汉、刘维黑社会性质组织犯罪活动，所犯罪行相比骨干成员较轻，起诉书指控其为骨干成员不当，刘小平及辩护人意见予以采纳。

刘汉等人黑社会性质组织犯罪案件入选最高人民法院《刑事审判参考案例》（总第107集，办理黑社会性质组织犯罪案件专辑）。根据最高人民法院"类案检索"及"同案同判"的有关规定，此案具有指导意义，可以参考。刘汉案件，无论是从人数规模、指控罪名数量，犯罪暴力程度还是在全国的社会影响力，都超过本案。根据"出罪，举重以明轻"的司法原则，汉龙集团的财务总监刘小平都不被认定为骨干成员，副食品公司的叶某江更不应该被认定为骨干成员。当然，本案还有一个本质区别是汉龙集团被认定为黑社会性质组织开办的公司，副食品公司不是黑社会性质组织，叶某江也从来没有在任何黑社会性质组织中负责过资金结算、利润分配的财务工作，起诉书的指控完全是混淆概念。刘小平最终被认定为一般参加者是因为还有其他的犯罪行为，不是因为担任财务总监而被认定。

综合以上情况，本案中，叶某江不应该被认定为骨干成员，不是积极参加者，也不是一般参加者，没有任何违法犯罪行为，没有参加黑社会性质组织，应当被判无罪。

（三）无事实，无证据、则无犯罪。辩护人通过重点分析本案相关证据，同样可以得出叶某江无罪的结论

叶某江的询问笔录、讯问笔录属于非法证据，应当排除，不得作为定案根据。具体理由详见非法证据排除申请书及补充申请书，在此不再赘述。

除询问、讯问笔录外，指控叶某江犯罪的证据还包括叶某江任职履历、分配表、银行交易明细、啤酒经销合同、啤酒经销协议书、部分证人证言、专项审计报告、营业执照、查封扣押财产清单、立案决定书、不予批准逮捕决定书、释放证明书等证据。

关于以上证据，辩护人已经发表详细质证意见，辩护人也完全同意本案其他被告人的辩护人的质证意见，也不再重复。

公诉机关将叶某江正当经销啤酒的相关材料作为所谓的犯罪证据，但其相互之间与所谓的犯罪根本没有任何关联性，除了证明叶某江的经营某品牌啤酒行为正当合法以外，证明不了任何犯罪事实。

简而言之：叶某江在担任副食品公司副经理，经理期间，与他人合伙借用他人营业执照经营某品牌啤酒获利，公安机关以非法经营同类营业罪抓捕叶某江，扣押查封家庭全部财产，经检察院审查，发现叶某江不符合犯罪主体资格，不予批准逮捕，当天释放。但是，公安机关以叶某江挣钱挣太多为理由，最终还是将其作为黑社会性质组织的骨干成员、积极参加者再次逮捕追诉。

仔细分析，以上证据，均无法证实叶某江与黑社会性质组织有关，公诉机关的指控没有任何证据可以证明并得到印证。

通过以上对相关法律规定及本案中事实、证据梳理，再论述本案叶某江不构成黑社会性质组织犯罪就十分清晰了。

二、本案全案都不构成黑社会性质组织犯罪，完全不符合法律规定的黑社会性质组织的"四个特征"

（一）本案不存在所谓的黑社会性质组织犯罪的"组织特征"

（1）不存在所谓的组织成员明确固定，结构稳定，联系紧密，层级职责明确的组织。

本案中没有所谓的组织者、领导者，也没有积极参加者、一般参加者，

不存在所谓的组织结构。6 名被告人除了部分同事关系外，相互之间没有紧密联系，相互之间也没有任何的层级。叶某江不会听命于任何一个人，也没有任何一个人听命于叶某江。根据起诉书指控的事实，大致可以归纳为三个阶段三件事。第一个阶段是所谓的酒办查扣王某宏等人啤酒这件事；第二个阶段马某平、杨某宝借用副食品公司名义承包经营某品牌啤酒这件事；第三个阶段是叶某江、宋某坤、顾某凡、韩某等人合伙经营啤酒这件事。可是仔细对比分析，可以证明，以上三个阶段三件事都是孤立的，尤其是前面两个阶段两件事与叶某江没有交集，毫无关联。后面这个阶段这件事，前面已经论述了，卖酒与犯罪无关。而且也看不出这里面哪个组织、哪件事与黑社会性质组织有关。

（2）不存在所谓的组织成立时间、成立仪式、标志性事件，在此不展开论述。

（3）不存在所谓的组织要求的人数规模，亦无纪律规约。

2015 年座谈会纪要规定，黑社会性质组织一般要求 10 人以上，层级分工明确，组织成员固定。

但是本案只有在案 6 名被告人，人数要求就不符合规定。也看不出任何组织内部人员管理、职责分工、行为规范、利益分配、行动准则等事项的成文或不成文的规定、约定。公诉机关也没有任何证据予以证明。

（4）叶某江不是积极参加者，也不是骨干成员。

2009 年《座谈会纪要》规定，黑社会性质组织中的积极参加者，是指接受黑社会性质组织的领导和管理，多次积极参与黑社会性质组织的违法犯罪活动，或者积极参与较严重的黑社会性质组织的犯罪活动且作用突出，以及其他在组织中起重要作用的犯罪分子，如具体主管黑社会性质组织的财务、人员管理等事项的犯罪分子。

2015 年《座谈会纪要》规定，骨干成员，是指直接听命于组织者、领导者，并多次指挥或积极参与实施有组织的违法犯罪活动或者其他长时间在犯罪组织中起重要作用的犯罪分子，属于积极参加者的一部分。

结合以上规定，我们清晰看出，叶某江没有任何行为符合该规定。我们分析公诉机关之所以把叶某江认定为骨干成员，应该是适用了以上条文规定，但是公诉机关对该条文的理解、适用完全错误。

最高人民法院法官编写的《2009 年座谈会纪要的理解与适用》对这个问

题有详细规定，2009 年《座谈会纪要》从客观行为方面将积极参加者划分为三种类型：第一种是"多次积极参与黑社会性质组织违法犯罪活动的犯罪分子"。此类积极参加者不仅要求其多次积极参与实施违法犯罪活动，而且在其参与实施的违法犯罪活动中一般应起主要作用。叶某江不符合。第二种是"积极参与较严重的黑社会性质组织的犯罪活动，且作用突出的犯罪分子"。此处"较严重的黑社会性质组织的犯罪"，既包括故意杀人、故意伤害、绑架等严重暴力犯罪，也包括其他一些已造成重大财产损失或者恶劣社会影响的犯罪。叶某江不符合。第三种是"其他在黑社会性质组织中起重要作用的犯罪分子"。需要强调的是，此类积极参加者应是对犯罪组织的人、财、物等事项具有"主要管理职权"，且对犯罪组织的维系、运行、活动确实起到重要作用的成员，不能把凡是参与前述事务的组织成员均认定为积极参加者。这里特别强调，不是所有的财务人员都是黑社会组织成员，可见公诉机关没有正确理解该条文的本质内涵。

另外，辩护人提供了刘汉案的判例，刘小平虽然是汉龙集团的财务总监，但是也没有被认定为骨干成员，积极参加者。叶某江参照刘小平案应直接宣判无罪。

（二）本案不存在所谓的黑社会性质组织犯罪的"行为特征"

2009 年《座谈会纪要》规定，暴力性、胁迫性和有组织性是黑社会性质组织行为方式的主要特征。本案完全不具备暴力性、胁迫性和有组织性特征。

强调一点，在公诉机关出示证明黑社会性质组织行为特征的全部证据中，没有一份指控叶某江犯罪的证据，属于"0"证据，由此也可以得出，本案指控叶某江参加黑社会性质组织罪事实不清、证据不足，根据《刑事诉讼法》的规定，也应当宣判叶某江无罪。

相关证据中，酒办工作人员查酒行为的证言，与叶某江无关。

其他被查扣酒的经销商的证言，与叶某江也无关。

叶某江无任何违法、犯罪行为。

（三）本案不存在所谓的黑社会性质组织犯罪的"经济特征"

本案不存在"以商养黑、以黑护商"的情形。

叶某江经营某品牌啤酒挣取的利润，属于合法正当的经营行为，除了正常分红外，没有用于所谓的组织中购买作案工具，提供经费，发放工资奖励。

叶某江的资金来源、用途、管理、支配、不体现任何组织性，也体现不出非法性，在案的其他 5 名被告人，均没有收到过叶某江的任何钱财。

叶某江也没有将所获经济利益全部或部分用于违法犯罪活动或者维系犯罪组织的生存、发展，经济特征完全不能体现。

（四）本案不存在所谓的黑社会性质组织犯罪的"危害性特征"

危害性特征是黑社会性质组织犯罪的本质性特征。本案不存在"称霸一方"的情形，也没有在"一定行业、一定区域"形成"非法控制"，危害经济、社会生活秩序。也不存在所谓的形成垄断。

叶某江经营某品牌啤酒的行为，是正常的代理销售行为，是合法的民事代理，不是垄断。

以上是对黑社会性质组织"四个特征"的论述，黑社会性质组织是由人组成的组织，黑社会性质组织的各个特征，直接反映到每一个组织成员身上，如果说是组织的特征，必然也是组织成员的特征，指控叶某江犯罪，没有行为特征的证据，也没有危害性特征的证据，四个特征缺两个，单从这一点，也可以直接得出叶某江不是黑社会性质组织成员，与犯罪无关。

2009 年《座谈会纪要》规定了关于黑社会性质组织的认定："黑社会性质组织必须同时具备《立法解释》中规定的'组织特征''经济特征''行为特征'和'危害性特征'。"在具体认定时，应根据立法本意，认真审查、分析黑社会性质组织"四个特征"相互间的内在联系，准确评价涉案犯罪组织所造成的社会危害，确保不枉不纵。

只要有一个特征不符合，就不构成黑社会性质组织犯罪，而本案连一个符合的特征都没有。

三、叶某江不应该被认定为参加黑社会性质组织犯罪，本案查封、扣押、冻结叶某江及家人的财产与本案指控的犯罪无关，应依法甄别，并立即返还

（1）叶某江名下的存款，一部分是经营某品牌啤酒的获利，还有一部分是其他投资收益，经营某品牌啤酒的行为无罪，经营某品牌啤酒挣的钱，自然也不是涉案赃款。

（2）叶某江的老婆郭某艳名下的存款及家里的黄金来源，首先控方没有证据证明其与案件有任何关联，叶某江的家人没有义务说明来源，更何况郭某艳出具了相关说明（当庭出示相关证据），证明了相关财产的合法来源，与

案件无关。

公诉机关将叶某江与妻子郭某艳、女儿叶某等人之间的银行转账流水拿到法庭，试图证明叶某江将资金转给他人的事实，但是仔细分析相互之间的银行流水，可以清晰证明，叶某江与他人之间的银行流水既有转进，也有转出，是双向的。另外，没有任何证据证明相互之间的转账与经营啤酒有任何关系。

（3）没有证据证明叶某江经营啤酒的行为就是犯罪，所获利润就是非法所得。

（4）郭某艳、叶某等人名下的财产与本案毫无关联。公诉机关一直在证明叶某江家有什么财产，但是从不去证明与叶某江犯罪之间的关系，因此，相关材料不能作为证据使用，更不能作为定案根据。针对郭某艳名下的财产来源及扣押的与叶某江无关的黄金来源问题，辩护人当庭作出了举证，郭某艳也出庭作证说明了来源，辩护人经过十多天的庭审，唯一一次感受到公诉人公正司法的言语，就是公诉人向法庭发表的质证意见，希望法庭核实后予以认定。辩护人也认为法庭应当依法甄别认定，案件审理结束后，依法返还与案件无关的财产。

2009年《座谈会纪要》规定，在办案工作中，应认真审查涉案财产的来源、性质，对被告人及其他单位、个人的合法财产应依法予以保护。

2012年《司法解释》规定，对于有证据证明与黑社会性质组织及其违法犯罪活动无关的财产，应当依法立即解除查封、扣押、冻结措施。

2018年《指导意见》规定，对于依法查封、扣押、冻结的涉案财产，有证据证明确属被害人合法财产，或者确与黑社会性质组织及其违法犯罪活动无关的应予以返还。

结合以上规定，本案查封、扣押、冻结的叶某家及家人的财产与犯罪无关，应依法返还。

尊敬的合议庭成员，以上是关于叶某江不构成黑社会性质组织罪以及对相关财产处置的辩护意见，请合议庭合议时参考采纳。

总结陈词

"努力让人民群众在每一个司法案件中感受到公平正义"是司法环节的基本要求，相信本案经过法庭的审理，具体的事实已经查明，叶某江无罪的结果是必然。在整个庭审过程中，合议庭充分保障了被告人、辩护人的诉讼权利，基本实现了审理过程的公正，但当事人要感受到的公平正义，还应该包括案件处理结果的公平正义，当庭宣判叶某江无罪并释放，才是不打折的公平正义，即使不能当庭宣判，在以审判为中心的司法改革背景下，相信法庭能够排除所有不正当因素的干扰，真正发挥维护社会公平正义最后一道防线的作用，独立合议，去伪存真，不拔高、不凑数，依法宣判叶某江无罪。

附：除《刑法》规定之外的扫黑除恶专项斗争背景下的相关法律规范整理

2000 年最高人民法院《关于审理黑社会性质组织犯罪的案件具体应用法律若干问题的解释》（简称"2000 年《司法解释》"）

2002 年全国人民代表大会常务委员会《关于〈中华人民共和国刑法〉第二百九十四条第一款的解释》（简称"2002 年《立法解释》"）

2009 年最高人民法院、最高人民检察院、公安部《办理黑社会性质组织犯罪案件座谈会纪要》（简称"2009 年《座谈会纪要》"）

2010 年最高人民法院《在审理故意杀人、伤害及黑社会性质组织犯罪案件中切实贯彻宽严相济刑事政策》（简称"2010 年《司法文件》"）

2012 年最高人民法院等四部委《关于办理黑社会性质组织犯罪案件若干问题的规定》（简称"2012 年《司法解释》"）

2015 年最高人民法院《全国部分法院审理黑社会性质组织犯罪案件工作座谈会纪要》（简称"2015 年《座谈会纪要》"）

2018 年最高人民法院、最高人民检察院、公安部、司法部《关于办理黑恶势力犯罪案件若干问题的指导意见》（简称"2018 年《指导意见》"）

2019 年最高人民法院、最高人民检察院、公安部、司法部《关于办理黑恶势力刑事案件中财产处置若干问题的意见》（简称"2019 年《司法解释》"）

坚持疑罪从无，防范冤假错案

——王某斌被指控故意伤害一案
辩护词并刑事附带民事诉讼代理词（一）

辩护人结合法庭调查、案卷中证据材料及相关法律规定综合论证，认为本案指控王某斌犯故意伤害罪证据不足，有证据证明 2021 年 3 月 17 日张某利没有左胸 4、5、6 肋骨骨折伤情；其 3 月 30 日检查出的伤情与 3 月 17 日发生的事件没有因果关系；鉴定意见不合法不能作为证据使用，因此不能认定被告人王某斌有罪，应当作出证据不足、指控的犯罪不能成立的无罪判决，同时王某斌不应承担民事赔偿责任。

一、本案指控王某斌犯故意伤害罪事实不清、证据不足，尤其是关键证据不确实、不充分，对所认定的事实不能排除合理怀疑

根据《起诉书》指控，2021 年 3 月 17 日 15 时许，被告人王某斌与被害人张某利因琐事在绥中县前卫镇背荫嶂村下火沟河洼子附近发生争执致厮打。在厮打过程中，王某斌将张某利打伤。经鉴定，张某利左侧第 4、5、6 肋骨骨折为新鲜骨折，其身体损伤程度为轻伤二级。

公诉人为此出示相关证据：（1）书证：户籍证明、前科劣迹查询、病志等；（2）被害人陈述：张某利陈述；（3）证人证言：刘某侠、王某涛、王某柱等人的证言；（4）被告人供述与辩解：被告人王某斌的供述与辩解；（5）鉴定意见：鉴定文书；（6）视听资料。

遵循以上公诉人指控王某斌犯罪事实与指控逻辑，本案可以将事实认定分为四步：第一步要证明王某斌与张某利于 2021 年 3 月 17 日确实发生了打架事件；第二步要证明张某利于 3 月 17 日有明确的左胸 4、5、6 肋骨骨折伤情；第三步要证明张某利 3 月 30 日检出的伤情与 3 月 17 日发生打架事件有因果关系；第四步要证明张某利 3 月 17 日的伤情经鉴定符合轻伤以上级别。这四步是单链递进的逻辑证明关系，对王某斌的定罪量刑，每一步都应当达到《刑事诉讼法》第 55 条规定的证据确实、充分的要求，满足"（一）定罪量刑的事实都有证据证明；（二）据以定案的证据均经法定程序查证属实；（三）综合全案证据，对所认定事实已排除合理怀疑"的条件。

结合法庭调查，当庭出示证据，证人出庭作证及侦查人员出庭说明情况，辩护人认为，公诉人对每一步的事实认定与举证均不能排除合理怀疑，举证逻辑错误，进而导致整个案件事实不能排除合理怀疑。

下面辩护人分别就认定案件事实的关键四个步骤进行论证。

（一）现有证据不足以证明王某斌与张某利于 2021 年 3 月 17 日发生了打架事件，该节事实存疑

庭审过程中，公诉人为证明被告人王某斌与被害人张某利发生打架事件，主要出示了被害人张某利的陈述，证人刘某侠、王某涛、王某柱、任某珍、王某芬等人证言，公安出警过程中拍摄的张某利脖子部位照片，张某利 3 月 17 日住院病志，刘某侠报警记录等证据，公诉人选择性摘录"有罪"证据进行拼凑，既不客观、也不符合最高人民法院《关于适用〈中华人民共和国刑事诉讼法〉的解释》对有关证据审查认定的规定。

1. 被害人张某利对案件关键事实前后三次陈述出现矛盾，与客观证据矛盾，当庭陈述与庭前笔录矛盾，其陈述不能与客观证据相互印证，对其陈述的真实性无法确认。

（1）张某利对案发现场都有谁、王某柱是否在现场并拉架的陈述前后矛盾。

张某利 2021 年 3 月 24 日做了第一次询问笔录（证据卷一第 42 页），回答都有谁在现场时称，"当时有我、王某斌、王某斌媳妇、刘某侠，旁边还有一两个人，是谁我当时没注意"。

张某利 2021 年 5 月 16 日做了第二次询问笔录（证据卷一第 45 页），其陈述："我站起来之后王某斌还踢我，我就向冷库小桥那边后退，这时候王某柱和他媳妇就过来了。王某斌媳妇上来把我俩拉开了。第一次笔录你说现场还有一两个人、是谁我当时没注意，这次你怎么肯定有王某柱和王某柱媳妇，后来我媳妇刘某侠和我说的。"

张某利于 2021 年 9 月 23 日做了第三次询问笔录（证据卷一第 49 页），

其陈述："王某斌、王某斌媳妇、王某柱、王某柱媳妇以及我和我媳妇刘某侠在场，王某斌开始打我时，王某柱和他媳妇在现场，但是距离现场有五六十米远。后来我往冷库小桥那边后退时，王某柱和他媳妇过来了，王某柱还拉架了。王某柱夫妇应该在打架现场，但是距离现场有五六十米远，因为我听见王某柱说：'还寻思你们闹着玩呢。'"

对比张某利前后三次笔录，关于案发时谁在现场的陈述矛盾，如果王某柱夫妇在现场并拉架了，则，张某利第一次笔录不可能说当初还有谁没注意，不需要张某利妻子提醒后才知道是谁。如果王某柱夫妇不在现场，或者张某利第一次笔录所说没有注意到有谁，则张某利后面说王某柱拉架了则是谎言。这样的矛盾不能得到合理解释。

（2）张某利对王某斌如何殴打他的陈述前后矛盾。

张某利3月24日第一次笔录称："王某斌就把我推倒了，王某斌骑在我的身上，用拳头打我脸好几下，还捡起一块石头，用石头砸在我胸部。"

张某利2021年5月16日第二次笔录称："王某斌用石头砸我，砸哪里记不清了，用拳头打我脸部和上身，还用脚踢我了，踢哪里我不记得了，还用手掐我脖子。王某斌用拳头打我，但是打几下，我记不清了。王某斌站起来了还用脚踢了我几下，后来我都看不清了，脑袋迷迷糊糊的，过了挺长时间，我才站起来的。"

对比两次笔录可见，张某利对王某斌如何打他这一情节描述不一致。第一次具体详细，第二次又称记不清，当庭陈述也称记不清。

（3）张某利对案发时是否饮酒当庭陈述与其他证人证言矛盾。

2022年1月13日开庭时，张某利对公诉人和审判长关于案发当天是否饮酒的发问，先是予以否认，在主审法官再三追问下，又称喝了一点，到了下午的庭审又否认喝酒。

张某利妻子刘某侠、证人王某涛证言均证实张某利案发当天有饮酒事实，辩护人对周某等证人调查取证以及王某斌的笔录，同样证实张某利案发当天饮酒。

张某利对于案发当天是否饮酒的事实当庭撒谎，故对其陈述的其他内容的真实性也不能确认。

（4）张某利案发当天住院病志记载受伤部位与第一次陈述不能印证，与客观证据3月17日第一次住院CT检查报告单不能印证。

张某利 3 月 17 日案发当天前往绥中第二医院住院，医院病志记载"左胸下部见一拳头大小红肿，触痛+"。

但是张某利 3 月 24 日第一次笔录称，"身上后腰，牙根疼，脸有伤。后腰是王某斌把我推倒之后碰到了石头，牙疼是王某斌用拳头打的，脸也是被王某斌打的。"在公安机关调查取证时根本没有提到胸部有伤，与病志记载不能印证。

结合 3 月 17 日的 CT 检查报告单，未查见张某利左胸 4、5、6 肋骨骨折的伤情，与张某利第一次陈述没有提到胸部有伤印证。

2. 证人刘某侠与被害人张某利系夫妻，有利害关系；刘某侠证言对于谁在案发现场，张某利哪里有伤，前后矛盾；刘某侠证明张某利系酒后驾车；不排除刘某侠指使王某柱、任某珍二人作伪证；刘某侠并不在案发第一现场。

（1）关于案发时谁在现场，刘某侠证言前后矛盾，且与张某利的陈述不能印证。

刘某侠 2021 年 3 月 18 日第一次笔录称，"当时有王某斌，王某斌媳妇，我，还有几个我不认识的人。"

刘某侠 2021 年 4 月 8 日 20：20～20：37 前往派出所提供王某柱、任某珍两位证人作证，并称："第一次笔录为什么没有提到王某柱和他对象这两个证人，是因为我想着这个事由公安机关调查，当时有监控我就没说，也不想说。"这样的解释显然没有说服力，不认识有谁与不想说有谁的意思简直天壤之别，何况他们原本就认识王某柱与任某珍，不能排除刘某侠指使他人作伪证嫌疑。

对比张某利前面第一次笔录称没有注意有谁在案发现场，第二次笔录称系刘某侠告知有王某柱、任某珍二人在现场。刘某侠第一次笔录里称还有几个我不认识人在现场。第二次笔录又明确提到王某柱、任某珍二人在现场。

张某利前后陈述矛盾，刘某侠前后证言矛盾，张某利与刘某侠之间的笔录内容矛盾，且不能得出合理解释。

（2）关于张某利哪里受伤，刘某侠证言也是前后矛盾。

刘某侠 2021 年 3 月 18 日第一次笔录称："张某利门牙活动了，脖子上被掐出来了红印，还有后腰受伤了。"

刘某侠 2021 年 5 月 25 日笔录称："张某利脖子上有红印子，左侧肋骨疼，腰疼，牙断了。"此时，中国医科大学司法鉴定中心鉴定意见已经作出，所以其改变了之前证言，增加了左侧肋骨疼的表述。

巧合的是，张某利的妻子刘某侠于 2021 年 3 月 18 日第一次做笔录是案发第二天，刘某侠对张某利的伤情根本没提到有胸部受伤，与张某利第一笔录内容相互印证，足以证明张某利 3 月 17 日胸部确实没有受伤。

（3）刘某侠证明张某利案发当天饮酒事实，与张某利当庭否认饮酒矛盾。该节事实不再重复展开论证。

（4）实际上刘某侠不在案发第一现场，不一定目睹案发经过。

刘某侠 2021 年 3 月 18 日第一次笔录称："具体因为啥，我也没听见因为啥，因为当时我在距离他们俩有 50 米左右的地方的坡上站着。"可见刘某侠并不在案发第一现场，其不一定目睹到案发经过。

最高人民法院《关于适用〈中华人民共和国刑事诉讼法〉的解释》第 92 条规定，对被害人陈述的审查与认定，参照适用本节（证人证言）的有关规定。第 87 条规定："对证人证言应当着重审查以下内容：（一）证言的内容是否为证人直接感知；（二）证人作证时的年龄，认知、记忆和表达能力，生理和精神状态是否影响作证；（三）证人与案件当事人、案件处理结果有无利害关系；……（八）证言之间以及与其他证据之间能否相互印证，有无矛盾；存在矛盾的，能否得到合理解释。"

综上，张某利陈述、刘某侠证言对案件关键事实均出现矛盾，不能相互印证，也无法得到合理解释，故根据法律规定，其二人的言词证据不能作为证据使用，不能作为定案根据，不可采信。公诉人选择性的摘录相关证据，不能确保真实性。

3. 证人王某涛并不在案发现场，没有目睹案发经过，其证言无法证实王某斌与张某利是否发生打架。王某涛提到张某利脖子上有红印子，不排除系张某利酒后身体反应。即使张某利脖子上红印子系人为造成的，也不能证明就一定发生了打架。

4. 证人王某芬证言不能作为证据使用，不能作为定案根据。

（1）证人王某芬到庭作证，称在公安机关做了两次笔录，但是每一次笔录都是由一名侦查人员制作完成，第一次是办案民警李某，第二次是办案民警曹某，该二人经过当庭指认，可以明确，但是案卷中的笔录均出现了民警张某的签名，实际上张某并没有参与对其调查取证，取证程序违法。

《公安机关执法细则》（第三版）第 27-04 条第 1 项规定："询问证人、被害人，应当由侦查人员进行。询问的时候，侦查人员不得少于二人。询问开始时，应当依照本细则第 2-02 条规定表明执法身份。"

法庭调查过程中，侦查人员李某出庭说明情况，但是没有提供相关证据证明对王某芬收集证据符合法律规定，对重要情节记不清，侦查人员张某拒绝到庭说明情况。

辩护人经过比对侦查人员李某、张某在案卷中的多处签名，肉眼可见有多处存在差异，不排除有人代为签名的情形存在。

因此，根据法律规定，王某芬的证言不具有合法性，不能作为定案根据。

（2）根据案卷材料证明，证人王某柱，任某珍二人案发当天曾经出现在距离案发现场 200 米左右的冷库附近，王某芬看见他们二人在冷库前面的水泥空地上打完高粱装车，也属正常，不能证明案件事实。

5. 证人王某柱、任某珍证言不能作为证据使用，不能作为定案根据。

（1）证人王某柱的证言系虚假证言。通过王某斌家 2021 年 3 月 17 日 15：15～15：19 时段的监控视频，结合刘某侠报警时间 2021 年 3 月 17 日 15：24，结合证人王某安，姚某平的证言，结合王某斌家与案发现场的距离，足以证明，案发时王某柱不可能在案发现场，故王某柱看到二人打架的证言是虚假证言；通过法庭调查查明，王某柱因为低保和救助房的问题与王某斌有矛盾；王某柱与张某利编造任某珍收王某斌 1 万元的谣传，经与任某珍当庭对质属于谣言；假设王某柱在现场，结合离案发现场的距离、视线、视力、天气因素、路障、地势地貌等因素影响，王某柱也不可能清晰目睹到打架情形；不排除案发 20 多天后受刘某侠指使去派出所做伪证；王某柱编造通过三嫂子姚某平帮还王某安的簸箕的事实，与王某安、姚某平的证言相矛盾；王某柱否认王某斌家门口监控拍摄到的人物系其本人，经王某涛与王某安指认，就是其本人，经过当庭播放当天录像，录像中看到的人物戴的帽子与王某柱当庭所戴的帽子就是同一顶。

以上理由，足以证明王某柱的证言系虚假证言，虚假证言不能作为证据使用，不能作为定案根据。

（2）证人任某珍的证言前后反复矛盾，出庭作证时表现出精神异常，其证言不能作为证据使用，不能作为定案根据。

最高人民法院《关于适用〈中华人民共和国刑事诉讼法〉的解释》第 88 条规定，处于明显醉酒、中毒或者麻醉等状态，不能正常感知或者正确表达的证人所提供的证言，不得作为证据使用。证人的猜测性、评论性、推断性的证言，不得作为证据使用，但根据一般生活经验判断符合事实的除外。

任某珍出庭作证时明显表现出不能正确表达。

任某珍第一次去公安机关做笔录是 2021 年 4 月 9 日上午，其笔录称："在现场，看见两人打架。看不清怎么打的。"

任某珍 8 月 7 日，自己又去派出所作证称，第一次笔录不属实，是虚假证言，当时心脏病犯了，躺在车里什么也没有听见、也没看见，第一次做笔录是胡乱说的，理由是怕穿警服的民警，怕警察"哈呼"她。随后又做一次笔录，仍然称没有看见打架。

案件中任某珍的笔录出现了反复，且相互矛盾，不能做出合理解释，故其证言不能作为证据使用。

6. 被告人王某斌多次供述与辩解与当庭陈述基本稳定，给张某利点了一根烟等细节问题与刘某侠的笔录相互印证，可以采信。公诉人依据王某斌称张某利自己摔趴下，但张某利自称腰部疼痛，仅仅依据张某利是摔趴下不可能会腰部疼痛的猜测性论断，反证王某斌说谎的论证逻辑错误。

首先，张某利腰部疼痛除了张某利自述外，没有其他证据印证，该事实存疑；其次，查看案发现场的环境，路边确实有乱石堆砌的矮墙，张某利醉酒下车摔伤，难免碰到腰部，即使碰到腰部，致伤疼痛也符合常识。

7. 关于 3 月 17 日办案民警出警后为张某利拍摄三张照片及 3 月 17 日绥中第二医院张某利的诊断病志记录了张某利受伤的部位及诊断结果等书证，同样不能直接证明王某斌与张某利发生打架事件，不能保证结论唯一。

（1）通过案卷中案发当天办案民警出警拍摄的执法记录仪内容证实，民警是 3 月 17 日 16：45 在路边碰到张某利的，距离案发 1 个多小时，不排除中途张某利自己造成的脖子红印。

（2）张某利当天饮酒，不排除其脖子红印是饮酒导致的身体反应。

（3）本案主要围绕张某利左胸 4、5、6 肋骨骨折的伤情进行指控，与脖子上的红印不发生必然联系。

（4）《公安机关办理伤害案件规定》第 12 条规定："对已经发生的伤害案件，先期到达现场的民警应当做好以下处置工作：（一）组织救治伤员；（二）了解案件发生经过和伤情；（三）及时登记在场人员姓名、单位、住址和联系方式，询问当事人和访问现场目击证人；（四）追查嫌疑人；（五）保护现场；（六）收集、固定证据。"第 16 条规定："勘验、检查伤害案件现场，应当制作现场勘验、检查笔录，绘制现场图，对现场情况和被伤害人的伤情进行照相，并将上述材料装订成卷宗。"

本案，办案民警没有按照法律规定的程序调查取证，没有对张某利的全部伤情拍照收集证据，致使关键证据缺失，因由办案机关承担相应的责任。

（5）关于 3 月 17 日张某利的住院病志，只是凭张某利的口述记录，与客观证据不能印证，前面已经论述，不再展开。

小结：公诉人围绕王某斌与张某利是否发生打架事件，进行举证并作出辩解，但是根据法律规定，经过对以上证据的全面审查，可以得出结论，王某斌是否与张某利发生打架事件不能得出准确唯一的结论，相关证据不能查证属实，不能排除合理怀疑，不能满足证据确实、充分的证明标准，该节事实存疑。

（二）2021 年 3 月 17 日，张某利前往绥中第二医院住院治疗，首次诊疗病志中的 CT 检查报告单中没有记录张某利有左胸 4、5、6 肋骨骨折的伤情，导致张某利 3 月 17 日的伤情不能明确肯定，该节事实存疑

公诉人主要出示张某利 3 月 17 日在绥中第二医院住院治疗的病志，证明案发当天张某利左胸有受伤，但经过审查，明显证据不足，不能排除合理怀疑。

（1）办案民警出警后，没有按照法律规定程序对张某利的全部的伤情拍照收集证据，没有对其人身进行全面检查并制作笔录。

（2）3 月 17 日张某利住院当天进行了胸部 CT 检查，检查报告单未见左胸 4、5、6 肋骨骨折的伤情。

（3）3 月 19 日，张某利擅自离院前往绥中县人民医院（另一家医院）进行牙部 CT 检查，并没有同时对胸部肋骨进行检查，不符合常理。公诉人辩解可能是牙疼盖过胸疼，这只是一种猜测，不是客观事实。

（4）如果 3 月 17 日张某利左胸 4、5、6 肋骨发生骨折，张某利不可能不疼，不可能会拖到 3 月 30 日再去绥中县人民医院挂急诊科检查，这不符合常理。

（5）3 月 30 日张某利检查出的左胸 4、5、6 肋骨骨折没有发现骨痂，根据医学常识判断（相关依据作为附件提交），一般骨折 2 周左右形成骨痂。既

然没有发现骨痂，就排除骨折发生在 2 周前，足以证明 3 月 30 日检查出的骨折伤情不是 3 月 17 日形成。当天的 CT 检查报告单同时检查出左胸 2 肋骨骨折并形成骨痂，证明当时的医疗技术与设备对是否形成骨痂可以做出明确诊断。

（6）因缺乏客观证据，缺乏伤情照片，因此病志记录的胸部红肿疼痛是否与对应的骨折部位一一对应存疑。不排除病志是出院时综合诊断修改而成，经比对可以发现病志多处有复制粘贴内容，病志本身并不客观。

小结：公诉人现有证据不足以证明张某利 3 月 17 日发生了左胸 4、5、6 肋骨骨折的伤情，不能得出明确且唯一的结论。恰恰有客观性证据证明张某利 3 月 17 日经胸部 CT 检查，未查见左胸 4、5、6 肋骨骨折的伤情。对该节事实，证据不足，不能排除合理怀疑。

（三）张某利 3 月 30 日 CT 检查报告单中检查出的伤情与其 3 月 17 日检查出的伤情不一致，不能证明 3 月 30 日发生的伤情与 3 月 17 日发生的事件有直接的因果关系，不排除张某利在此期间受其他外伤或者自伤造成，该节事实存疑

公诉人并没有举证证明张某利 3 月 30 日检查出的伤情与 3 月 17 日发生的事件具有因果关系，也没有提供证据证明两次检查伤情不一致的具体原因。公诉人主要围绕绥中第二医院的住院病志及中国医科大学司法鉴定中心的鉴定人前来绥中第二医院查看 3 月 17 日的 CT 相片进行举证，但经过对相关证据的全面审查，辩护人认为，张某利 3 月 30 日 CT 检查报告单中出现的伤情与其 3 月 17 日的伤情不一致，不能证明 3 月 30 日检查出的伤情与 3 月 17 日发生的事件具有因果关系，不排除张某利在此期间受其他外伤或者自伤造成，该节事实存疑。

（1）3 月 17 日是案发当天，根据首次诊断病志及 CT 检查报告单显示，张某利 3 月 17 日未查见左胸 4、5、6 肋骨骨折的伤情。

（2）3 月 30 日，间隔 2 周左右，张某利通过急诊检查出左胸 4、5、6 肋骨骨折的伤情，且未形成骨痂，不符合常理。

（3）如果人体三根肋骨骨折，不可能不疼，不可能拖到 2 周后再去检查，这本身违反常识。

（4）张某利当庭自认在住院期间没有遵守住院规定，擅自离院回家取东西，与辩护人申请的证人柴某杰、齐某君出庭作证证言予以印证。不排除在

此期间张某利发生其他伤害或者自伤造成。

（5）张某利妻子刘某侠对司法鉴定人隐瞒了张某利擅自离院的事实，不排除鉴定人陷入错误认识，做出错误判断。

（6）通过鉴定人查看张某利 3 月 17 日的 CT 相片的执法记录仪录像，证实鉴定人反复强调，如果仅仅凭借 3 月 17 日的 CT 片谁也看不出有骨折，但是通过 3 月 30 日的 CT 相片进行对比，不排除 3 月 17 左胸 4、5、6 肋骨发生骨折。这种先有结论再找依据的鉴定方法错误，也不科学。

小结：证明张某利 3 月 30 日伤情与 3 月 17 日发生的事件存在因果关系，是本案证明体系的重中之重。排除因果关系，指控就不能成立。通过对案卷证据的审查，现有证据不足以证明两者之间具有因果关系，不能排除合理怀疑，案件事实存疑。

（四）中国医科大学司法鉴定中心出具的鉴定意见不具有合法性，不能作为定案根据，张某利损伤程度不明确，成伤机制不明确，不能得出张某利有轻伤以上损失程度的结论，该节事实存疑

1. 2021 年 3 月 18 日，案发后第二天，绥中县公安局即委托绥中县公安局司法鉴定中心对张某利伤情进行鉴定，3 月 31 日，该鉴定中心以超出鉴定能力范围为由不予受理。

2. 法院审理阶段，辩护人又申请法院委托鉴定机构重新鉴定，该机构同样以超出鉴定能力范围为由不予受理。为何一个简单的伤害案件会出现这种情况，要引起高度重视和怀疑。

3.《公安机关鉴定规则》第 17 条规定："本级公安机关鉴定机构有鉴定能力的，应当委托该机构；超出本级公安机关鉴定机构鉴定项目或者鉴定能力范围的，应当向上级公安机关鉴定机构逐级委托；特别重大案（事）件的鉴定或者疑难鉴定，可以向有鉴定能力的公安机关鉴定机构委托。"

（1）办案民警在本级公安机关鉴定机构不予受理后，没有按照法律规定继续逐级委托上级公安机关鉴定机构进行鉴定，而是擅自委托社会鉴定机构鉴定，鉴定程序严重违法。

（2）办案民警李某平当庭辩称当地发生的刑事案件禁止委托当地公安机关鉴定机构鉴定，显然是违反法律规定的。

（3）办案民警李某当庭辩称是因为中国医科大学司法鉴定中心比较权威，选择该机构没有与被告人和被害人商量，是为了实现公正。实际上，被害人

参与了鉴定过程，对鉴定机构不可能不知情，即使认为该机构权威，也不能突破法律规定，违反法律程序办案。

4. 鉴定委托人没有单位盖章的鉴定委托书。

5. 检材没有 2 名送检人签名，李某平自称送检人，但没有其签字。

6. 《公安机关鉴定规则》第 17 条规定了刑事案件的司法鉴定由公安机关鉴定机构进行，故经费应当由办案单位承担，但是本案由张某利支付鉴定费 2000 元（有发票），违反规定，由被害人支付鉴定费不能确保鉴定意见客观公允，也属违法行为。

7. 经查证，该鉴定机构鉴定人前来绥中第二医院查看 3 月 17 日的 CT 片，张某利额外支付 3000 元（无发票），李某平当庭称这个钱没有经过派出所的手，不排除这是鉴定人账外私自收取好处费，这无法确保鉴定意见客观公正。鉴定人依法应自行回避。

8. 因 3 月 17 日的 CT 相片原始数据无法拷贝存档，检材不充分，按照《司法鉴定程序通则》第 15 条第 2 项规定，发现鉴定材料不真实、不完整、不充分或者取得方式不合法的，鉴定机构不得受理或者终止鉴定。

9. 该鉴定机构鉴定过程中，没有按照规定程序对张某利伤情复查，张某利左胸 4、5、6 肋骨是否有伤存疑。

10. 该鉴定机构有能力但未对成伤机制及因果关系进行鉴定，这是本案关键要素，不排除故意逃避真相的可能。

小结：综合审查鉴定意见，主要存在鉴定主体不合法、鉴定程序不规范、鉴定方法不科学、鉴定意见不准确等问题。根据《关于适用〈中华人民共和国刑事诉讼法〉的解释》第 98 条第 2 项规定，鉴定人违反回避规定，鉴定程序违反规定，鉴定过程和方法不符合相关专业的规范要求，鉴定意见与案件事实没有关联等情形，鉴定意见不得作为定案的根据。

以上是辩护人对案件事实四个关键步骤的论证分析，结论是案件事实存疑，证据不确实、不充分，不能排除合理怀疑，指控王某斌犯罪不能达到《刑事诉讼法》第 55 条规定的证据确实、充分的要求，满足"（一）定罪量刑的事实都有证据证明；（二）据以定案的证据均经法定程序查证属实；（三）综合全案证据，对所认定事实已排除合理怀疑"的条件。

本案出现诸多疑点，均无法查证属实，尤其是 3 月 17 日的伤情不能确定，3 月 30 日的伤情与 3 月 17 日的事件无法证明有因果关系，鉴定意见不合法，不能作为证据使用，应引起合议庭高度重视。

为将复杂问题简单化，把问题充分说清楚，辩护人制作了《王某斌故意伤害罪一案证明逻辑及证据链分析》（PPT 格式打印）进行说明，作为该辩护词的附件，供合议庭评议时参考。

二、本案系被害人张某利酒后对王某斌寻衅滋事，对挑起事端负有主要责任，即使王某斌与其发生肢体冲突，也属于正当防卫范畴，且未超过必要限度，具有阻却违法事由，王某斌同样不构成犯罪

（1）有充分的证据证明张某利案发当天中午大量饮酒并酒后驾车的事实。

（2）张某利 3 月 24 日第一次做笔录时称，"因为我和王某斌提自来水补助的钱了。王某斌就过来说：'干嘛啊？'我就说：'去年自来水补助的钱咋还没给我？'王某斌说：'没有。'后来我又说了一句比较难听的话，具体说啥我忘了。"

可见，本案的起因是张某利和王某斌要自来水补助钱，王某斌说没有之后就对其进行辱骂，双方产生口角。结合张某利酒后驾车的事实，并结合王某斌称张某利家的房子是违建，张某利怀疑是王某斌举报被强拆，那么不排除本案是张某利对王某斌怀恨在心，借助酒劲对王某斌辱骂，属于典型的无事生非，辱骂他人的寻衅滋事。面对正在发生的不法行为，王某斌有权采取自我防卫，且未超过必要限度，即使本案王某斌致伤张某利，也因正当防卫阻却违法事由，王某斌不构成犯罪。

三、坚持疑罪从无原则，存疑证据应作出有利于被告人的认定，切实防范冤假错案

（一）坚持疑罪从无原则，是《刑事诉讼法》明确规定的要求，也是保障被告人人权的具体体现

疑罪从无原则是现代刑法"有利于被告人"人权保障理念的具体体现，是《刑事诉讼法》第 12 条（"未经人民法院依法判决，对任何人都不得确定有罪。"）所规定无罪推定原则的派生标准。疑罪从无在审判阶段要求，既不足以证明被告人有罪，又不能证明被告人无罪的，应推定其无罪。确立和坚持疑罪从无的原则彰显了现代刑事司法的文明与进步，能够有效减少和避免冤假错案的发生。

《刑事诉讼法》第 200 条第 3 项规定，证据不足，不能认定被告人有罪的，应当作出证据不足、指控的犯罪不能成立的无罪判决。

（二）经检索，有大量案例甚至是已平反的冤案均贯彻落实疑罪从无原则，作出了无罪判决

近年来，经再审程序，各地司法机关陆续平反了聂某斌故意杀人案、刘某林故意杀人案、李某莲投毒案、呼某图案、张氏叔侄案、张某环故意杀人案等冤假错案，这些案例均体现出疑罪从无原则在司法实践中的贯彻落实。

《新京报》曾于 2020 年 8 月 26 日发表专题报道《38 名冤案 "平反者" 画像：29 人改判历经 10 年以上》（相关报道作为附件提交），报道指出："2014 年以来，全国两会最高人民法院工作报告、最高人民检察院工作报告中，连续 7 年提及多个典型的冤错个案，呼某案、陈某案共被提及 4 次，聂某斌案等共被提及 3 次，同时多次强调罪刑法定、疑罪从无原则。"

报道指出："26 起案件中，曾被判故意杀人罪、强奸罪的冤案'平反者'最多。在法院判决的 25 起案件中，有 18 起案件最终改判，主要原因是当年事实不清、证据不足。有 5 起案件在改判前发现不能排除他人作案的可能，其中有 4 起案件的真凶落网。"

报道还指出："2020 年最高人民法院工作报告提到，2019 年，各级法院按照审判监督程序再审改判刑事案件 1774 件，坚持罪刑法定、疑罪从无、证据裁判，依法宣告 637 名公诉案件被告人和 751 名自诉案件被告人无罪。2020 年最高人民法院工作报告也提及了一例成功防范冤错案件的案例——范某应案，陕西法院依法宣告范太应无罪，避免了重大冤错案件发生。范某应曾于 2013 年 3 月 2 日因涉嫌故意杀人罪被刑事拘留，同年 4 月 3 日被检方批准逮捕。2014 年 12 月，陕西省延安市市中级人民法院审理'范某应案'，以事实不清、证据不足为由依法宣告范某应无罪，检察机关提出抗诉，附带民事诉讼原告人提出上诉。2015 年，陕西省高级人民法院裁定驳回抗诉、上诉，维持无罪判决。2018 年 7 月，真凶张某缘被抓获归案。2019 年 5 月，陕西省高级人民法院对参与此案审理的 6 名审判人员予以记功表彰。"

综合以上分析，王某斌案事实不清，证据不足，坚持疑罪从无原则，做出无罪判决既有法律依据，也有司法实践中的案例可供参考，同时也是最高人民法院多次强调的内在要求。判决王某斌无罪于法、于情、于理有据。我们不能一边根据疑罪从无原则平反陈年冤假错案，一边又没有根据疑罪从无

原则作出无罪判决从而制造出新的冤案，如此恶性循环，司法难以进步。

（三）坚持疑罪从无原则，是有效防范冤假错案的必然要求

1. 中央政法委 2013 年出台《关于切实防止冤假错案的规定》，其中第 7 条规定："严格执行法定的证明标准。只有被告人供述，没有其他证据的，不能认定被告人有罪和处以刑罚。对于定罪证据不足的案件，应当坚持疑罪从无原则，依法宣告被告人无罪，不能降格作出'留有余地'的判决。对于定罪证据确实、充分，但影响量刑的证据存在疑点的案件，应当在量刑时作出有利于被告人的处理。"

2. 2013 年，最高人民法院印发《关于建立健全防范刑事冤假错案工作机制的意见》，其第二部分规定，严格执行法定证明标准，强化证据审查机制。其中第 6 项规定，定罪证据不足的案件，应当坚持疑罪从无原则，依法宣告被告人无罪，不得降格作出"留有余地"的判决。定罪证据确实、充分，但影响量刑的证据存疑的，应当在量刑时作出有利于被告人的处理。

四、辩护人最后对公诉人在法庭上提到的辩护人曾经与其协商，争取促成被害人与被告人达成和解，从而在检察院审查起诉阶段作出存疑不起诉的决定一事进行回应

辩护人接受该案件委托时，王某斌已经被检察院批准逮捕，羁押在绥中县看守所。

在审查起诉阶段，辩护人通过阅卷，与王某斌核对案件事实后认为，本案指控王某斌犯罪事实不清，证据不足。考虑到王某斌在押，又是同村民之间发生的邻里纠纷，且即使不排除王某斌构成犯罪的前提下，本案也只是一处轻伤害的故意伤害案件。

根据《刑事诉讼法》第 175 条第 4 款规定，人民检察院认为证据不足，不符合起诉条件的，应当作出不起诉的决定。

同时根据《刑事诉讼法》第 290 条规定，对于达成和解协议的案件，公安机关可以向人民检察院提出从宽处理的建议。人民检察院可以向人民法院提出从宽处罚的建议；对于犯罪情节轻微，不需判处刑罚的，可以作出不起诉的决定。人民法院可以依法对被告人从宽处罚。

基于以上因素的考量，结合相关法律规定，有效化解邻里之间的矛盾，促进社会和谐稳定，辩护人曾与公诉人打电话协商和解不起诉事宜。公诉人

表示同意辩护人提出的和解方案，让辩护人先去做这个工作，但是最终能否作出存疑不起诉决定，他自己不能决定，需要上报领导同意。

被告人家属听完我的建议后，通过中间人找到了被害人协商和解事宜，被害人也同意和解并出具谅解书，要求不追求被告人刑事责任。

辩护人2021年11月17日第一时间将这个情况再次与公诉人打电话沟通，公诉人明确答复，他们有考核指标，王某斌已经被批捕，捕后不起诉、捕后缓刑、捕后轻刑都不行。

公诉人明确答复，经与领导汇报，不能作出存疑不起诉决定，必须起诉。辩护人提出的和解不起诉方案也就没有继续进行。之所以在此特别提到这一点，是因为辩护人认为，司法工作人员应当保持客观公正的立场，摒弃错误的司法理念和观念，就案件事实本身是否构成犯罪严格按照法律规定进行审查认定。如此，才能坚守维护公平正义的防线，防范冤假错案的发生。

五、关于本案刑事附带民事诉讼的民事赔偿责任的代理意见，简要概括如下

（1）本案刑事附带民事诉讼被告王某斌不认罪，且相关刑事指控也不能证明王某斌构成犯罪，张某利损伤后果与王某斌没有直接的因果关系，因此，刑事附带民事诉讼原告张某利提出的诉讼请求不能予以支持，应直接驳回其全部诉讼请求。

（2）张某利系酒后对王某斌寻衅滋事，张某利对案件发生负有全部责任。

（3）关于张某利支付的鉴定费2000元，因本案的司法鉴定本应该由办案机关委托公安机关鉴定机构鉴定并承担相关费用，因此，不应当由王某斌承担。

（4）其他张某利治疗费用凭证，请合议庭在审查其真实、准确的前提下依法认定。

以上，是本案的辩护意见及代理意见，请合议庭审查并采纳，对王某斌作出经得住检验的公正判决，谢谢。

王某斌涉嫌故意伤害一案补充辩护意见（二）

本案经第一次开庭审理并召开第一次审委会后，法院向检察院作出了补充侦查的建议，由此充分说明一点，在本次（第二次）庭审前，经合议庭合议并召开审委会讨论后基本认定对指控王某斌犯罪事实不清，证据不足。再结合本次庭审查明情况，辩护人认为，本案仍然可以认定指控王某斌犯罪事实不清，证据不足。

现就本案两次开庭审理查明的事实与相关证据和法律规定，发表补充辩护意见，请采纳。

一、检察院补充侦查超过一个月的期限未向法院移送案卷材料，严重违反刑事诉讼程序的规定，其提交的新材料依法不能作为新证据出示，不具有合法性，不能作为定案根据，法院可以根据现有的材料作出判决、裁定

《刑事诉讼法》第 205 条规定："依照本法第二百零四条第二项的规定延期审理的案件，人民检察院应当在一个月以内补充侦查完毕。"

《关于适用〈中华人民共和国刑事诉讼法〉的解释》（以下简称《刑事诉讼法司法解释》）第 274 条第 3 款规定："补充侦查期限届满后，人民检察院未将补充的证据材料移送人民法院的，人民法院可以根据在案证据作出判决、裁定。"

回到本案，据了解，法院于 2022 年 4 月 7 日召开审委会，当天便将案卷材料及建议补充侦查材料移交给了检察院，从次日起算，至 5 月 7 日一个月的补充侦查期限完毕。该期限是法定期限，没有任何理由中止、中断，因此 5 月 7 日之前检察院应当将补充案卷材料移送人民法院，但是公诉人经法官助理多次催促没有在此期限内移送，直到 5 月 24 日，辩护人收到补充材料，检察院以上行为已经严重违反了程序规定，根据相关法律规定，超期补充材料不能作为证据出示，不能作为定案根据。

出庭公诉人辩称受疫情影响而延迟没有任何法律依据。补充侦查期限是法定期限，不能中止、中断。另外，疫情原因不属于不能避免、不能克服的不可抗力的原因，在侦查阶段，办案民警自驾前往沈阳去找鉴定机构，补充侦查阶段为何不能再次自驾前往？再者，公诉人称受邮寄的影响导致延迟也没有提供任何证明材料，疫情原因的辩解于法无据。

二、鉴定人违反回避规定，《鉴定意见》及相关补充资料不能作为定案根据

经本案第一次庭审调查，办案民警李某平证言和被害人张某利当庭陈述、张某利提交的鉴定费发票等证据（详见第一次庭审笔录）完全可以证实一个事实：鉴定机构违法收取了张某利的鉴定费 2000 元；鉴定人私自收取了张某利的好处费 3000 元。因此也就不排除张某利是通过贿买等非法的方式取得《鉴定意见》。本次庭审张某利又辩称 3000 元是给专家的诊断费，可是本案鉴定人前往医院根本就不是出诊，而是司法鉴定行为，其当庭辩解又进一步印证了违法支付鉴定人 3000 元好处费的事实。

因鉴定人私自收取被害人好处费，与被害人产生了利害关系，严重影响本案公正审理，应当回避。

《刑事诉讼法司法解释》第 28 条规定："审判人员具有下列情形之一的，当事人及其法定代理人有权申请其回避：……（三）索取、接受本案当事人及其委托的人的财物或者其他利益的；（四）接受本案当事人及其委托的人的宴请，或者参加由其支付费用的活动的；……（六）有其他不正当行为，可能影响公正审判的。"

《刑事诉讼法司法解释》第 38 条规定："法官助理、书记员、翻译人员和鉴定人适用审判人员回避的有关规定，其回避问题由院长决定。"

可见，因为本案鉴定程序违法，鉴定人违法收取被害人鉴定费及好处费，属于法定回避事由。请合议庭着重审查并依法作出回避决定。

另，《刑事诉讼法司法解释》第 98 条规定："鉴定意见具有下列情形之一的，不得作为定案的根据：……（二）鉴定人不具备法定资质，不具有相关专业技术或者职称，或者违反回避规定的；……（五）鉴定程序违反规定的；……"

本次开庭，审判长当庭同意了辩护人关于与鉴定意见有关的补充材料不能出示的申请，足以表明，法庭完全认可辩护人提出的鉴定人应当回避的理由，既然本次补充材料因鉴定人违反回避规定不能出示，显然，在案的《鉴定意见》也因鉴定人应当回避而不能作为定案根据。

三、通过审查本次庭审辩护人提交的新证据，足以证明鉴定人明确表述依据张某利3月17日CT相片是不能作出张某利当天有骨折的认定，不排除侦查阶段鉴定人作出的《鉴定意见》是通过不正当、不合法的形式出具的

辩护人通过审查在案视频资料，发现在鉴定阶段，鉴定人前往绥中县第二医院查看张某利3月17日CT相片，为此，辩护人将该部分视频节选作为新证据提交法庭。通过该新证据证明，鉴定人在查片过程中多次强调一个基本事实：凭张某利3月17日CT相片根本不能认定有左胸4、5、6肋骨骨折。

两名鉴定人在视频中多次强调："如果要直接看，谁也认定不了""谁也诊断不了骨折，把谁叫来诊断都诊断不了，是回头看只能说这里像""我们要是拿这个片诊断呢，是诊断不了，谁也诊断不了骨折，这是回头看这种好像是有点，有点跟别人不一样""就是这么看，只能说诊断不了骨折，这个咱根本就定不了""这玩意就像做那什么的，就是马后炮，谁都知道结果了，回过来看你我才知道"。

通过该视频证实，鉴定人其实也无法根据张某利3月17日的CT相片对其伤情进行认定，相信合议庭审查以后会发现《鉴定意见》是怎么做出来的，就非常清晰明了。

另外，在案证据《鉴定意见》，认定张某利左侧第4、5、6肋骨骨折为新鲜骨折，其损伤程度为轻伤二级。

但是现有证据完全证实，由于张某利的3月17日胸部CT相片根本没有显示左侧第6肋骨前肋，因此其左胸第6肋骨前肋在3月17日是否存在骨折无法判断。

既然张某利3月17日的CT相片根本没有显示左胸第6肋骨，《鉴定意见》又提到了其左胸第4、5、6肋骨骨折为新鲜骨折，因此可以得出结论，《鉴定意见》根本不是依据张某利3月17日的CT相片作出的，又或者《鉴定意见》本身就是错误的。

结合鉴定人收取被害人好处费，该《鉴定意见》不排除是鉴定人人为作出来的假《鉴定意见》，根本不能采信。

四、《鉴定意见》不能作为定案根据，补充新材料又不能作为新证据出示，则本案关键事实缺乏证据支持。事实不清，证据不足，根据法律规定，可以建议检察院撤回起诉，也可以直接作出证据不足，指控犯罪不能成立的无罪判决

《刑事诉讼法》第 200 条规定，在被告人最后陈述后，审判长宣布休庭，合议庭进行评议，根据已经查明的事实、证据和有关的法律规定，证据不足，不能认定被告人有罪的，应当作出证据不足、指控的犯罪不能成立的无罪判决。

本案，既不能完全证明王某斌与张某利于 2021 年 3 月 17 日 15 时许发生了打架斗殴，也不能证明张某利 3 月 17 日造成了左胸 4、5、6 肋骨骨折的伤情，更不能证明当天的伤情构成轻伤二级以上的标准，具体理由详见辩护人第一次庭审后提交的书面辩护意见，在此不再展开。结合本次庭审，辩护人特别强调，《鉴定意见》不能作为定案根据，本案没有《鉴定意见》必然导致证据不足，指控犯罪的证据链断裂，完全不能达到《刑事诉讼法》规定的认定犯罪事实清楚，证据确实、充分的证明标准，不能排除一切合理怀疑。

五、根据科学知识和常识判断，假设张某利存在左胸 4、5、6 肋骨骨折，不排除其是 2021 年 3 月 30 日当天形成

第一，如果张某利 3 月 17 日左胸 4、5、6 肋骨骨折，通过查询百度百科都能知道，三根肋骨骨折不可能不疼，更不可能下地干农活，也不能间隔 14 天后再去做检查。

第二，如果 3 月 17 日发生骨折，间隔 14 天，骨头部分自行愈合，为何还要在 3 月 30 日前往绥中县医院挂急诊科检查？

第三，张某利及妻子故意对鉴定人隐瞒在绥中县第二医院住院期间擅自离院回家的事实，致使鉴定人作出了错误的鉴定。

第四，根据医学常识及《人体损伤程度鉴定标准》相关书籍记载，骨折一般 2 周左右形成骨痂，如果张某利 3 月 17 日发生骨折，至 3 月 30 日刚好 2 周时间，应当出现骨痂，但是 3 月 30 日的 CT 相片根本没有显示骨痂。又隔 2

周，4 月 14 日张某利的 CT 相片倒是记载了类似骨痂影像表现，因此，完全有理由怀疑其是 3 月 30 日造成的骨折。

以上种种可疑甚至是违反常识性的表现，应当引起合议庭的高度注意，本案不是一个普通的故意伤害案，绝不排除是一种人为制造出来的假案。

另外，关于张某利主治医师杨某涛的证言及补充提交的《鉴定聘请书》对本案不能形成认定犯罪事实的补强证据，相关质证意见见本次庭审笔录。

在本次庭审质证阶段已经发表的意见不再重复，辩护人坚持第一次庭审后提交的书面辩护意见及证明逻辑分析说明材料，以上是为补充意见。总体来讲，本案指控王某斌犯罪事实不清，证据不足，应当依法宣判王某斌无罪，请依法评议并采纳。

王某斌案补充辩护意见（三）

王某斌被指控故意伤害罪一案，前后经历三次共计5天的庭审，辩护人主要结合本次（第三次）庭审查明情况发表补充辩护意见，之前两次发表过的辩护意见不再重复，请一并参考采纳。

本次庭审公诉机关向法庭提交了四份新证据并通知鉴定人出庭作证，辩护人认为，公诉机关提交的新证据不具有合法性、真实性和客观性，本案鉴定人和鉴定机构违反法律关于回避的规定，法庭应当依法作出鉴定人回避的决定，鉴定人作出的鉴定意见不能作为定案的根据，指控王某斌犯罪事实不清，证据不足，应当依法对王某斌作出无罪判决。

一、公诉机关新补充证据不具有合法性、真实性和客观性

（1）公诉机关违反了《刑事诉讼法》第205条规定的应当在一个月内完成补充侦查的法定期限的规定，补充侦查程序不合法，所收集的证据亦不合法。

（2）新证据内容则完全证实了鉴定人私自收取了被害人家属刘某侠3000元费用的事实。鉴定人辩称与派出所民警对接，不收取被害人的钱，但客观事实摆在面前，不容狡辩。前卫镇派出所所长李某平也曾表述，鉴定人收取的3000元钱没有经过派出所的手，怎么支付是被害人与鉴定人直接商谈的。

（3）鉴定人在询问笔录中承认收取该3000元费用是没有任何法律依据的。

（4）以上证据是辩护人在第二次庭审当中揭露了鉴定人违法收费问题后，公诉机关采取的一种事后补救措施，以期掩盖鉴定人的种种违法鉴定的问题。

（5）无论是刘某侠，还是鉴定人的询问笔录，或者是前卫镇派出所出具的情况说明，以及中国医科大学开具的3000元发票，均不能相互印证控方的

待证事实，恰恰相反，可以证实他们的证言和所谓的情况说明等材料都是不真实的，是人为炮制出来的假证。

比如，刘某侠称派出所民警李某在无其他人在场的情况下，把3000元还给她了，足以证明他们是在编造谎言。无论前卫镇派出所经费如何紧张，其作为侦查机关，不可能也不应该向被害人"借钱"办案，李某也不应该独自一人前往被害人家里还钱而不保留任何证据，派出所称已经把钱还给刘某侠，却没有任何相关的财务凭证。仅凭刘某侠证言和派出所的情况说明，显得苍白无力。

再比如，鉴定人称，其不知道给她支付3000元的人是张某利妻子，可是通过警方执法记录仪记录的视频中可以证实，鉴定人询问了刘某侠关于张某利住院、出院情况，根据常识都能判断，鉴定人明显知道在场的女士肯定是张某利的家属。

（6）中国医科大学与中国医科大学司法鉴定中心是两个独立的法人机构，中国医科大学本身不具有司法鉴定资格，其收取鉴定费、出诊费等费用并出具发票属于违法收费行为。鉴定人辩称中国医科大学司法鉴定中心没有财务章，显然是欺骗，根据企业设立、登记等相关规定，独立法人成立后，就应当立即刻制公章、财务章、发票章、法人章一套印章，用于开展业务或经营活动。中国医科大学司法鉴定中心是独立的营利机构，怎么可能没有相关印章？除非他们一直在非法开展鉴定业务。而且根据鉴定人的回答可以证实，其收取3000元后并没有立即上缴所属单位，而是在公诉人于2022年7月12日找他核实情况，鉴定人私自收费的问题曝光后，在公诉人的要求下才由中国医科大学开具的发票。此时距他私自收费过去了一年零三个月之久。鉴定人在回答辩护人关于收取费用问题一概采取回避姿态或者抵触情绪，不予正面回应，进一步印证鉴定人收取的3000元是不正当的收费行为。

二、鉴定机构违法收取被害人鉴定费，鉴定人违法收取被害人财物行为，违反《刑事诉讼法》关于回避的规定，依法应当由法院院长作出鉴定人回避决定，鉴定意见不能作为定案的根据

（1）本案属于刑事案件，在侦查阶段，全部侦查活动由公安机关负责，包括鉴定费等一切侦查费用应当由侦查机关承担，不存在也不应当由被害人"垫付"费用从事侦查活动的情况。

本案由中国医科大学直接收取了被害人张某利 2000 元鉴定费显然是违法，检索全国案例，还没有找到一份刑事案件中鉴定意见，是由被害人在侦查阶段支付鉴定费而作出的。另外，因鉴定机构违规收取被害人鉴定费导致整个鉴定机构与被害人产生了重大利害关系，其出具的鉴定意见也不具有合法性和公正性。

（2）现有证据完全可以证实，鉴定人在鉴定过程中，违反规定会见了被害人家属刘某侠。

（3）鉴定人违反规定收取了被害人家属刘某侠的 3000 元费用，已经形成证据链。

（4）回避程序是不可逆程序，既然 5 月 30 日第二次开庭时法庭已经作出了关于鉴定意见有关的证据材料都不能出示，则足以表明合议庭是认可辩护人关于鉴定人应当回避的意见，因此，无论如何，在法院院长对回避事项未作出实质性决定前，鉴定人都不应当再出现在第三次法庭庭审，也不应当继续出示有关证据，辩护人对本次庭审中鉴定人未处理回避事项前出庭并接受询问与鉴定意见有关的问题的程序持有异议。

无论是鉴定机构或者鉴定人很显然都违反了《刑事诉讼法司法解释》第 28 条第 1 款第 1 项和第 3 项的规定，与本案被害人产生了利害关系，足以影响本案公正审理。根据法律规定，法院应当作出鉴定人回避的决定。

三、关于鉴定意见，同样不具有客观性、真实性、合法性，司法机关反复多次委托鉴定机构重新鉴定又不予受理，导致本案指控犯罪的关键证据缺失，证据不足，不能形成证据链

（1）本案唯一一份鉴定意见，因鉴定人和鉴定机构违反回避规定，且鉴定意见不具有合法性、客观性和真实性，根据《关于适用〈中华人民共和国刑事诉讼法〉的解释》第 98 条第 1 款第 2 项和第 5 项规定，该鉴定意见不能作为定案的根据。

（2）据主审法官告知辩护人，检察院于 5 月 30 日第二次开庭后，曾两次委托本省鉴定机构重新鉴定，结果均不予受理，后又尝试委托外省鉴定机构重新鉴定，但从结果来看也是失败告终。检察机关既然启动了重新鉴定程序，则其同样是否定了之前的鉴定意见，否则没有必要启动重新鉴定，只是因为后来没有鉴定机构受理，应当由检察机关承担不利后果。一个简单的故意伤

害案件，不至于五六次委托的其他鉴定机构都超出能力范围只有中国医科大学司法鉴定中心才有这个能力，结合鉴定人种种违法行为，其中的"暗箱操作""人为造假"的勾当不言自明。

（3）鉴定人鉴定过程中，没有对张某利进行必要的人身检查，不符合《法医临床检验规范》的要求。也无法印证张某利有无伤情，伤情位置与受伤部位不能形成一一对应的明确结论。

（4）仅凭张某利3月17日的CT相片，不能直接得出张某利有左胸前肋第4、5、6肋骨新鲜骨折的伤情，这是鉴定人反复强调的，鉴定人又强调他是结合张某利3月30日和4月14日的CT相片综合分析得出的结论。但是，提请合议庭仔细分析鉴定意见中第四大项第三小项"其他检查"中详细描述：

"2021年3月17日绥中县第二医院胸部CT相片（5421）：左侧第2肋骨局部骨质变形，左侧第4肋骨前肋外侧骨皮质变形，左侧第5肋骨前肋内侧骨皮质变形，左侧第6肋骨前肋未显示。"

"2021年3月30日绥中县医院肋骨三维CT相片（光盘）（36132）：左侧第1、2肋骨局部骨质变形；左侧第4、5、6肋骨前肋骨质断裂，断端无骨质密度增高。"

"2021年4月14日山海关人民医院肋骨三维CT相片（光盘）（22418）：左侧第1、2肋骨局部骨质变形，形态较前片无明显变化；左侧第4、5、6肋骨前肋骨质断裂，断端骨质密度增高。"

结合以上描述，结合鉴定人回答辩护人称"段端骨质密度增高"是骨痂形成前的影像表现，再结合司法部和公安部各自编辑的《关于〈人体损伤程度鉴定标准〉的理解与适用》权威书籍知识，一般情况下，肋骨骨痂于骨折后两周左右形成。那么断端骨质密度增高一定是少于两周时间形成。

也就是说，张某利3月17日如果有肋骨骨折伤情，不论几处，至少时隔2周左右，到了3月30日是可以发现出有无断端骨质密度增高，恰恰此时的客观证据，3月30日的CT检查报告明确记载："断端无骨质密度增高"，到了4月14日才表现出断端骨质密度增高，还没有发现骨痂形成，也就是说4月14日检查报告，只能反映出大约2周前的伤情。根据以上分析，完全可以得出张某利左胸前肋第4、5、6肋骨骨折的伤情不是3月17日形成的。

（5）本案另一个焦点问题，张某利即使身上有伤，那么张某利的伤是什么时间、什么原因形成，成伤机制不明，该鉴定意见未进行鉴定。即使当初委托人没有对成伤机制事项进行委托，但是在侦查阶段辩护人和被告人多次要求对张某利的成伤机制进行鉴定，为查明事实，应当启动该鉴定程序。尤其本案是张某利于 2021 年 3 月 17 日醉酒滋事引发，且不排除张某利自伤或者他伤可能性。

尊敬的审判长、人民陪审员，尊敬的审委会委员，本案综合以上辩护意见，结合辩护人前两次的书面辩护意见，完全可以得出指控王某斌犯罪事实不清，证据不足的结论。不知道为何一个如此简单的故意伤害案件，搞得如此复杂。其中不排除本案是人为制造出的假案的可能。恳请合议庭以及审委会委员，能够本着客观、独立、公正的原则，审慎审查证据，严把证据关，事实关，坚持"疑罪从无"，作出王某斌无罪判决，避免出现冤假错案。

邢某被控非法经营罪一案
二审辩护词（一）

一审法院直接适用《刑法》第 225 条第 4 项作出有罪判决，未逐级向最高人民法院请示属于程序违法。有明确的司法解释规定，邢某无证建房、售房的行为在有关部门未制定政策意见及处理办法前，不宜以犯罪追究有关人员的刑事责任。无明确的法律及司法解释规定邢某的行为属于犯罪，一审判决违反罪刑法定原则。邢某的行为不符合非法经营罪的构成要件。类似邢某案件有既往生效无罪判例及最高人民法院发布的无罪指导案例，本案应直接参照适用有关裁判规则。判决邢某有罪与当前党和政府提出的保护民营企业家的政策相背离。

辩护人认为，本案上诉人邢某不构成非法经营罪，建议二审法院直接改判邢某无罪。现分程序辩护、实体辩护、指导案例与当前政策三大部分，分述如下：

第一部分　程序辩护

一、一审法院直接适用《刑法》第 225 条第 4 项作出有罪判决，未逐级请示最高人民法院（以下简称"最高院"），属于程序违法

1. 最高院司法解释规定，直接适用《刑法》第 225 条第 4 项应当逐级向最高院请示。

2011 年 4 月 8 日，最高院作出《关于准确理解和适用刑法中"国家规定"的有关问题的通知》（法发〔2011〕155 号，以下简称《通知》），该通知第 3 条明确要求："各级人民法院审理非法经营犯罪案件，要依法严格把握刑法

第二百二十五条第（四）的适用范围。对被告人的行为是否属于刑法第二百二十五条第（四）规定的'其它严重扰乱市场秩序的非法经营行为'，有关司法解释未作明确规定的，应当作为法律适用问题，逐级向最高人民法院请示。"

本案中，一审判决书中直接援引了《刑法》第225条第4项规定对邢某作出了有罪判决，但是判决书未显示一审法院已经逐级请示最高院后作出该判决，故明显违反该程序。

2. 因违反该程序，有直接改判无罪的生效案例，虽不是最高院指导案例，但对此法律适用问题的裁判要点本案应参照适用。

辩护人经过检索，找到了类似非法经营案生效判决，2018年1月12日，四川省高级人民法院作出的［2016］川刑再2号刑事判决。该案当事人钟某，原一审以组织、领导传销罪判决，经过二审，申诉，后发回重审一审改判非法经营罪，再经历上诉、申诉，2018年最终改判无罪。该判决认定："审判程序上，依据2011年4月8日最高人民法院《关于准确理解和适用刑法中'国家规定'的有关问题的通知》规定，各级人民法院审理非法经营犯罪案件，要依法严格把握刑法第二百二十五条第（四）项的适用范围。对被告人的行为是否属于刑法第二百二十五条第（四）项规定的'其它严重扰乱市场秩序的非法经营行为'，有关司法解释未作出明确规定的，应当作为法律适用问题，逐级向最高人民法院请示。本案于2012年重新审判时该规定已出台，依照该通知的规定，对钟某的行为是否属于非法经营行为，应当逐级向最高人民法院请示，而原审法院未经请示直接以该条规定对钟某定罪量刑，违背了相关程序规定。"最终，该案以证据不足，程序违法直接改判无罪。

该案虽然不是最高院指导案例，但是该案是四川省高级人民法院两次通过再审并直接改判无罪的典型案例，具体案情可能有异，但是就法律适用问题，应当具有参考性，特别是针对《刑法》第225条第4项如何适用的问题，该判决认定，没有经过逐级请示最高院直接作出的判决，属于程序违法，且因该程序违法，直接改判无罪。

3. 因一审法院违反诉讼程序，应直接改判无罪或撤销原判，发回重审。

以上案例因为程序违法，直接改判无罪，当属个例，但针对一审程序违法，《刑事诉讼法》第238条规定，二审法院发现一审法院违反法律规定的诉讼程序，应当裁定撤销原判，发回原审人民法院重新审判。

4. 需要强调的是，最高人民检察院（以下简称"最高检"）同样发布了该程序性规定的司法解释，对法律适用问题，也要求逐级请示最高检。

2018 年 11 月 15 日，最高检发布《明确规范办理涉民营企业案件执法司法标准》，其中提道："二是严格按照法律和司法解释，慎用刑法第二百二十五条第四项'其他严重扰乱市场秩序的非法经营行为'的兜底条款，对于法律和司法解释没有明确规定，办案中对是否认定为非法经营行为存在分歧的，应当作为法律适用问题向最高人民检察院请示。三是严格把握认定标准，坚决防止以未经批准登记代替'违反国家规定'的认定。"

5. 根据《宪法》的规定，对法律适用问题的解释，只有最高院、最高检有权作出，其他基层法院无权作出解释，本案直接适用《刑法》225 条第 4 项，但目前又无司法解释对该项的直接适用作出规定，故原一审法院的作法是越权释法，其不逐级请示最高院属于程序错误，二审法院应及时纠正。

第二部分　实体辩护

二、无证建房、售房行为，不属于《刑法》第 225 条第 4 项的"其他严重扰乱市场秩序的非法经营行为"

1. 对兜底条款的解释，应坚持同类解释规则。《刑法》第 225 条规定的非法经营罪，第 4 项是本罪的兜底条款，对该条款的解释，应坚持同类解释规则，即本罪中"其他严重扰乱市场秩序的非法经营行为"应和前三项"非法经营专营专卖物品、非法买卖经营许可证以及非法经营金融业务等"在行为性质特征、危害结果特征、行为与危害结果的关系特征等方面具有同质性。最高院在指令内蒙古王某军非法经营案再审时也认为："《刑法》第二百二十五条第（四）项是在前三项规定明确列举的三类非法经营行为具体情形的基础上规定的一个兜底性条款，在司法实践中适用该项规定应当特别慎重，相关行为需有法律、司法解释的明确规定，且要具备与前三项规定行为相当的社会危害性和刑事处罚必要性，严格避免将一般的行政违法行为当作刑事犯罪来处理。"

2. 行政违法行为不等同于刑事犯罪，应严格区别。

（1）非法经营罪属于法定犯，对某一行为进行刑事处罚，需要二次评价。按照通说，非法经营犯罪属于法定犯或者行政犯，对某一行为是否属于犯罪的定性，往往需要优先适用行政法的规定，如果行政法规定了其行为只是一般违法，则优先适用行政法的规定进行处罚，如果其行为超出了行政法的处罚范围，具有不可逆不可挽救的社会危害性，符合刑法的打击范围，则需要二次评价，才可以考虑是否追究刑事责任。

（2）无证建房、售房行为的法律后果，可直接适用行政法进行处罚，无刑事处罚的必要。邢某无证建房、售房的行为很明显违反了相关行政管理规定，属于行政违法，对此辩护人没有异议，但不代表行政违法就必然导致刑事犯罪。

原审起诉书指控，邢某违反国家规定，在未取得开发建设资质（五证）的情况下，违规建设楼房并出售，情节严重，构成非法经营罪。

辩护人认为，本案一审的起诉存在逻辑错误。

第一，建房、售房所需要的资质或许可分别有对应的行政管理法规进行规定，无附属刑法规定，包括申请条件、程序及对应的法律后果，辩护人对此制作了表格进行说明。

第二，即使未取得资质，也可以通过事后补办方式，使其合法化。

第三，现有证据表明，类似无证建房、售房的行为，当地政府已经采取措施，补办手续，使其合法化。

第四，正确的做法，也恰恰只有通过行政处罚，责令其补办手续，使其合法化，才能使危害降到最低。

（3）对《刑法》第 225 条第 4 项规定的适用，应根据相关行为是否具有《刑法》第 225 条前三项规定的非法经营行为相当的社会危害性、刑事违法性和刑事处罚必要性进行判断。

房地产开发、销售属于开放性市场，只要具备条件，都可以准入，不存在经许可才能准入市场的问题，其许可制度是针对行业的管理而制定的。因此，也就不存在严重扰乱市场秩序的危害性。

很显然，本案邢某无证建房、售房的行为未对市场秩序造成不利影响，完全不能被评价为与非法经营罪中"非法经营专营专卖物品、非法买卖经营许可证以及非法经营金融业务等"行为有相当的危害程度，因此也不能直接援引此条款指控邢某构成非法经营罪。

三、最高院有明确的司法解释性文件规定，邢某的行为不构成非法经营罪

1. 现有且生效的司法解释性文件规定私自建房、售房行为不宜以犯罪追究有关人员的刑事责任。

2010 年 11 月 1 日，最高院作出了《关于个人违法建房出售行为如何适用法律问题的答复》（法 [2010] 395 号，以下简称《答复》），该《答复》明确提出："你院请示的在农村宅基地、责任田上违法建房出售如何处理的问题，涉及面广，法律、政策性强。据了解，有关部门正在研究制定政策意见和处理办法，在相关文件出台前，不宜以犯罪追究有关人员的刑事责任。"

2. 邢某实施的行为与该司法解释性文件规定的条文相吻合。

邢某在肇源县新站镇，没有建房手续当属违法，但其无证建房、售房的行为与该司法文件规定的内容相吻合，都是在乡镇，农村违法建房出售，对该行为应该如何定性，目前没有出台相关文件，应此，按照该答复规定，不宜以犯罪追究有关人员的刑事责任。

四、最高检同样有明确司法解释规定邢某的行为不构成犯罪

最高检已发布司法解释明确了非法经营罪认定标准，规定法律和司法解释没有作出明确禁止性规定的，不得以非法经营罪追究刑事责任。

2018 年 11 月 15 日，最高检发布《明确规范办理涉民营企业案件执法司法标准》，其中提道："严格适用非法经营罪，防止刑事打击扩大化。"最高检强调，对民营企业的经营行为，法律和司法解释没有作出明确禁止性规定的，不得以非法经营罪追究刑事责任。

五、最高院、最高检均无明确的司法解释规定邢某的行为属于犯罪，一审判决违反罪刑法定原则

现有关于非法经营罪的全部法律法规及司法解释共 22 个，不包含无证建房、售房行为。

辩护人接受本案委托以后，在阅卷的基础上，作了大量的法律法规检索工作，对非法经营犯罪的有关法律法规、司法解释进行了汇编。截至 2019 年 3 月 1 日，除《刑法》第 225 条规定非法经营犯罪外，最高院、最高检一共发布了 21 个关于非法经营犯罪的司法解释或解释性文件，涉及的经营范围和客

体一共有 24 种，具体包括：①违法专营、专卖物品；②违法经营许可证或者批准文件；③违法经营证券、期货、保险、资金支付结算业务；④非法贩卖麻醉药品或者精神药品；⑤非法生产、销售赌博功能的电子游戏设施设备或者其专用软件；⑥非法生产、销售、使用"伪基站"设备；⑦以营利为目的，有偿删除信息服务，或者明知是虚假信息，通过信息网络有偿提供发布信息等服务；⑧非法采挖、买卖麻黄草；⑨生产、销售国家禁止用于食品生产、销售的非食品原料或私设生猪屠宰厂（场），危害食品安全；⑩擅自发行基金份额募集基金；⑪非法经营烟草专卖品；⑫非法使用销售点终端机具（pos机）等方法向信用卡持卡人直接支付现金；⑬擅自发行、销售彩票；⑭擅自设立互联网上网服务营业场所或擅自从事互联网上网服务经营活动；⑮灾害期间，哄抬物价、牟取暴利；⑯非法生产、储运、销售食盐；⑰非法生产、销售盐酸克仑特罗等禁止在饲料和动物饮用水中使用的药品；⑱非法经营国际或港澳台地区电信业务；⑲生产、销售伪劣商品；⑳非法经营国际或港澳台电信业务，扰乱电信市场管理秩序；㉑非法出版、印刷、复制、发行司法解释规定以外的其他非法出版物；㉒非法经营药品或不符合药用要求的非药品原料、辅料；㉓违法经营危险废物；㉔非法买卖麻黄碱类复方制剂或者运输、携带、寄递麻黄碱类复方制剂进出境，没有证据证明系用于制造毒品或者走私、非法买卖制毒物品，或者未达到走私制毒物品罪、非法买卖制毒物品罪的定罪数量标准。

由此可见，无证建房、售房行为，不在以上法律、司法解释禁止经营的范围之内。

回到程序上，既然没有司法解释规定邢某的行为属于犯罪的情况下，一审法院直接适用《刑法》第225条第4项的规定作出有罪判决未逐级请示最高院就必然是错误的。

六、本案邢某的行为根本不符合非法经营罪的构成要件

1. 邢某主观上具有违法性认识错误且缺乏期待可能性。

（1）当地有关主管单位对邢某无证建房行为经集体研究作出了让其先行停工并补办手续后再施工的决定。

2018年8月9日，肇源县住房和城乡建设局出具了一份《关于新站镇龙华小区规划办理情况说明》，该说明提道："2016年5月新站镇协调安监局、

国土局、建设局、规划局等部门对邢伟（此处笔误，实际邢某）建设行为联合执法并研究建设手续办理事宜，决定项目先行停工，由新站镇政府出函，规划部门对此地块出具规划设计条件通知书，土地部门进行土地招拍挂，履行报建手续后再施工建设。"

这次联合执法行动，不但没有对邢某进行任何处罚，而且是提出了切实可行的补办手续的要求，邢某按照要求停工，已经着手补办有关手续，有关单位或部门也在积极配合帮助邢某补办手续。

2016年9月13日，城乡规划局按照联合执法提出的要求，出具了《城乡规划设计条件通知书》，该通知书对规划技术指标提出了要求。

2017年6月7日，新站镇政府提出建设用地审批请示，次日，县政府作出了批示，准许挂牌出让邢某项目所在用地。

同年6月9日，大庆市公共资源交易中心网站挂出了该地块的拍卖手续，7月5日，邢某以其父亲邢某德的名义提出了竞买申请，7月11日双方成交确认，8月8日，签订了《国有建设用地使用权出让合同》。整个过程，邢某都在积极努力配合有关单位的工作。

（2）有手机短信记录显示，当地党委和政府允许邢某复工。

由于停工时间较长，老百姓、回迁户不断催问复工时间，不断前往镇政府、县政府上访等施加压力，邢某非常无奈，一边积极办理手续，一边恳请党委和政府能够通融，希望办手续的同时复工。

2017年5月27日，新站镇原党委书记邢某发发手机短信给邢某："我刚跟刘县长秘书打电话刘县长在市里开会，节后吧（此次应为农历端午节），我领你去找他。"

2017年6月20日邢某发再发短信给邢某："转自 刘县长：党委书记都求情了，我还能说啥，手续同步跟进办理。可以复工。"

通过以上情节，我们可以得出，在联合执法后，邢某在积极补办手续，但迫于回迁户的压力，不得不向原镇党委书记邢某发陈情希望在办手续的同时能先行复工。原镇党委书记通过与县政府分管城建的县长请示，得到的短信答复是手续同步跟进办理，可以复工。

在这种情况下，邢某没有理由再去怀疑继续复工是违法犯罪行为，因此其主观上并无犯罪故意，缺乏期待可能性，更不具有刑事违法性，不能要求其突破一般人的认识，对其要求过高，甚至追究刑事责任。

2. 客观上不具有刑事处罚必要性。

（1）没有任何法律法规规定，无证建房、售房的行为是刑事犯罪，也没有出台相关司法解释将其纳入刑法的打击范围。相反，有司法解释认定该行为不宜采取刑事打击，前面已经重点阐述，在此不再重复。

（2）邢某已经全额缴纳土地出让金，其项目也完全符合规划，并严格按照规划设计条件施工。

邢某所在地项目用地已经通过合法程序拍得，并全额缴纳了出让金，用地手续只差办理国有建设用地使用权证书。

另外，根据新站镇及肇源县两级政府文件显示，龙华小区建设项目完全符合新站镇总体规划，也符合县政府总体规划，没有造成破坏镇、县两级政府的总体规划的不良后果。

2017 年 2 月 6 日，肇源县国土资源管理局对邢某作出了《责令停止违法行为通知书》，同年 2 月 9 日作出了《行政处罚告知书》，7 月 23 日，邢某主动全额缴清罚款 13 769 元，随后，邢某也按照要求补办了用地手续。由此看出，针对邢某非法占地的行为已经被行政处罚，且最高处罚措施也只能是罚款结案，没有刑事处罚的必要性和合法性。

（3）无证建房、售房行为，或者先建房、售房再补办手续的现象，在当地普遍存在，当地政府已经出面协调处理后续事宜，并发布相关文件。

辩护人会见邢某时其介绍，一审开庭前，他本人通过驻所检察室检察官提交了一封举报信，举报当地某一企业无证建房、售房涉及金额过亿，该举报信开庭之前交到了一审法庭，遗憾的是判决书没有认定立功，辩护人认为，邢某的举报行为除了立功以外，还说明一个现象，当地类似邢某的行为普遍存在。该情节请二审法院依法查明。

另外，2018 年 8 月 17 日，中共肇源县委、县政府办公室联合发文《肇源县回迁安置和不动产权证办理工作实施方案》。该方案根据黑龙江省委、省政府办公厅的文件（厅字〔2017〕35 号）及大庆市委、市政府办公室文件（庆办字〔2017〕34 号）制定，目标是妥善解决历史遗留问题，切实维护群众合法权益。该方案提出了任务目标、职责分工及具体的政策措施。其中提到了什么是历史遗留问题，如何办理证件。邢某所在小区符合历史遗留问题，且满足继续办证的条件。因此，按照该文件要求邢某完全可以继续履行补办手续的义务，本案就可以在政府的协调下解决。

3. 本案社会危害性极小。

（1）与施工单位结清工程款，不拖欠农民工工资。

2018 年 1 月 2 日，邢某与施工人赵某宇在肇源县公安局签订了一份《协议书》，约定了工人工资由赵某宇解决，与邢某无关。

2018 年 3 月 18 日，邢某与赵某宇在新站镇政府和肇源县公安局的调解下，签订了《工程结算合同》，约定邢某已经全额支付工程款给赵某宇，包括工人工资、材料款、工程加项费及其他费用。

（2）所在项目已经获准统一办理不动产权证书，回迁户、购房户无后续办证纠纷。

如前所述，肇源县委、县政府办公室联合发文，解决办证问题，龙华小区已经按照文件要求申报办证，解决了回迁户的不动产权证办理，一定程度上，化解了老百姓的不稳定因素，切实维护了老百姓的合法权益，政府的工作是值得肯定的，因此，邢某的社会危害性极小。

七、一审判决邢某 500 万的罚金，缺乏事实根据，属于事实不清、证据不足

1. 非法经营数额不等同于违法所得。

根据《刑法》第 225 条的规定，犯非法经营罪，应并处或单处违法所得一倍以上五倍以下罚金。

通过一审案卷材料可以得知，本案侦查阶段，公安机关委托了大庆天普会计师事务所对邢某非法经营数额进行审计，该会计师事务所出具《审计报告》（庆天普会专审字［2018］005 号），根据该《审计报告》，法院认定邢某非法经营数额为 1731.9773 万元。我们先假设该数据准确，那么一审法院是如何通过该非法经营数额得出的违法所得呢？显然非法经营数额不等同于违法所得，否则，一审法院判 500 万元罚金，完全不到非法经营数额的一倍，明显也是错误的。

2. 细分非法经营数额，邢某的违法所得具体多少，事实不清，证据不足。

首先，邢某购买国有土地使用权支付人民币 1 553 800 元，这是为房地产开发的合法支出，不能计算为违法所得。

其次，根据《审计报告》显示，邢某以房抵债偿还赵某宇的建房工程款合计人民币 1379.1 万元，这个费用是必须应当支付出去的，且以房抵债行为

是民事法律关系，不属于经营行为，不能算成违法所得。

最后，很多购房者，虽然与邢某签订的购房合同，邢某开具了收据，但是实际上是该房已经抵顶给第三人，第三人收走了该款项，故邢某不能实际获得该部分房款，比如孙某彪购买的龙华学府小区 B 区 2 单元 5××室就是这种情况，这种情况还属多数，应当查清。还有部分分期付款没有直接收取，也不能算成违法所得。

综上，邢某非法经营数额 1731.9773 万元，扣除土地出让金 1 553 800 元，扣除抵顶工程款 1379.1 万元，扣除其他非收入型房款及其他合法开支，非法所得具体数额是多少，应当查明。如果非法所得不到 100 万元，按照 5 倍最高倍数计算也不能到 500 万元，那么一审判决罚金 500 万元，没有事实根据，必然导致判罚错误。

第三部分　指导案例与当前政策

八、最高院发布了相关类似的指导案例，指导案例的裁判要点应当在本案中直接适用，为避免诉累，本案应当直接改判邢某无罪

1. 最高院发布指导案例的案号及主要裁判要点及理由。

2018 年 12 月 19 日，最高院发布了 97 号指导案例《王某军非法经营再审改判无罪案》，该案例裁判要点强调："1. 对于刑法第二百二十五条第（四）项规定的'其他严重扰乱市场秩序的非法经营行为'的适用，应当根据相关行为是否具有与刑法第二百二十五条前三项规定的非法经营行为相当的社会危害性、刑事违法性和刑事处罚必要性进行判断。2. 判断违反行政管理有关规定的经营行为是否构成非法经营罪，应当考虑该经营行为是否属于严重扰乱市场秩序。对于虽然违反行政管理有关规定，但尚未严重扰乱市场秩序的经营行为，不应当认定为非法经营罪。"

通过该指导案例显示，王某军收购玉米等粮食，既未办理工商营业执照，也未办理粮食收购许可证，根据当时的法律法规，显然违法行政管理规定，但该案最终通过再审改判无罪。

这说明，第一，无证经营不等于非法经营犯罪，两者不是一一对应的。第二，违反行政管理规定，也不等同于非法经营犯罪。

本案，邢某在乡镇建房、售房行为，既未办理工商营业执照，也未办理所谓的"五证"，显然，其行为违反了行政管理的规定，但不一定必然构成非法经营罪，对入罪有严格的要求。一定意义上，邢某的行为与王某军的行为具有相似性。

2. 本案应当直接适用指导案例的裁判要点及理由。

（1）我们国家虽然不是判例法国家，但是针对指导案例的适用，有明确规定。2010 年 11 月 26 日，最高院发布了《关于案例指导工作的规定》（法发［2010］51 号），该规定第 7 条规定："最高人民法院发布的指导性案例，各级人民法院审判类似案例时应当参照。"

（2）最高院《〈关于案例指导工作的规定〉实施细则》（法［2015］130号）有更加明确的规定。

2015 年 5 月 13 日最高院发布了《〈关于案例指导工作的规定〉实施细则》，该细则规定，各级人民法院正在审理的案件，在基本案情和法律适用方面，与最高院发布的指导案例相类似的，应当参照相关指导性案例的裁判要点作出裁判。并且特别强调，公诉机关、案件当事人及其辩护人、诉讼代理人引述指导性案例作为控（诉）辩理由的，案件承办人员应当在裁判理由中回应是否参照了该指导性案例并说明理由。

九、一审判决邢某有罪与当前党和国家关于保护民营企业的相关政策相背离，应立即纠正

1. 2018 年 11 月 1 日，习近平总书记召开民营企业座谈会并发表重要讲话，其中提到要大力支持民营企业发展壮大，对一些民营企业历史上曾经有过的一些不规范行为，要以发展的眼光看问题，按照罪刑法定、疑罪从无的原则处理，让企业家卸下思想包袱，轻装前进。

2. 最高院、最高检等部门都发布了相关文件，提出切实保障民营企业的合法权益。

2018 年 11 月 5 日，最高院党组召开会议，传达学习贯彻习近平总书记在民营企业座谈会上的重要讲话精神，研究部署贯彻落实措施并发布《充分运用司法手段为民营经济发展提供有力司法服务和保障》，其中提道：凡属法律不禁止的，或者不违反合同约定的，人民法院都应当认可这些行为。对改革开放以来一些民营企业历史上曾经有过的一些不规范行为，要以发展的眼光

看问题，严格遵循罪刑法定、疑罪从无的原则处理，让企业家卸下思想包袱，轻装前进。

综合以上，本案于情于理于法都应直接改判邢某无罪，辩护人认为本案指控邢某非法经营罪不能成立，希望二审法院以事实为根据、以法律为准绳，对本案被告人宣告无罪，让一个无辜的人早日恢复自由。出于保护民营企业家的目的，正确的司法应当是引导其经营行为合法化、正规化、规模化发展，为发展当地经济、解决创业、创新、税收、就业等社会问题贡献力量。

无法，则无刑
罪刑法定乃刑法之精髓

——邢某被控非法经营罪重审一审辩护词（二）

第一部分　罪刑法定

本案指控邢某犯非法经营罪没有法律依据，违反罪刑法定原则。罪刑法定原则是我国《刑法》的基本原则，规定在《刑法》总则部分，贯穿整部《刑法》的适用过程。我国《刑法》第3条规定，法律明文规定为犯罪行为的，依照法律定罪处刑；法律没有明文规定为犯罪行为的，不得定罪处刑。罪刑法定原则不仅仅是我国《刑法》基本原则，国际上，大部分国家的刑法同样规定为基本原则，甚至是唯一原则，古希腊格言："无法，则无刑"，我国著名刑法学教授陈兴良也在其专著《罪刑法定主义》一书表述："罪刑法定乃刑法之精髓。"这充分体现罪刑法定原则的核心价值和对人权的保障，通俗理解，法无明文规定不为罪，法无明文规定不处罚。

1. 现行《刑法》没有规定"五证"不全则构成非法经营罪。

根据起诉书指控，邢某没有取得"五证"建房、售房，违反国家规定，构成非法经营罪。但是，通过检索现行法律及相关司法解释可以得出，《刑法》对非法经营的行为作出了明确的列举性规定，其中并没有列明房地产开发企业在"五证"不全的情况下销售商品房即构成非法经营罪。

《刑法》第225条，采取列举的形式规定了什么行为构成非法经营罪，显而易见，前三项规定跟本案毫无关联，第4项通常理解属于兜底性条款，但是，对第4项的适用，不是想当然更不能随心所欲，最高人民法院和最高人民检察院均对此出台明确的司法解释予以规定。

2011 年 4 月 8 日，最高人民法院（以下简称"最高院"）出台司法解释《关于准确理解和适用刑法中"国家规定"的有关问题的通知》（法发〔2011〕155 号），其中第 3 条规定："各级人民法院审理非法经营犯罪案件，要依法严格把握刑法第二百二十五条第（四）的适用范围。对被告人的行为是否属于刑法第二百二十五条第（四）规定的'其它严重扰乱市场秩序的非法经营行为'，有关司法解释未作明确规定的，应当作为法律适用问题，逐级向最高人民法院请示。"

2. 现有司法解释没有规定"五证"不全建房售房构成非法经营罪。

以上最高院司法解释非常明确，如果有现行司法解释明确规定某一行为构成非法经营罪，可以适用《刑法》第 225 条第 4 项的规定认定，如果没有司法解释规定某一行为构成非法经营罪，则应当作为法律适用问题，逐级请示最高院。那么，辩护人检索了现行所有涉非法经营罪的司法解释，并进行汇编，根本没有规定"五证"不全建房售房行为构成非法经营罪。

3. 相反，现有司法解释明确规定，类似邢某的行为不构成非法经营罪。

2011 年 2 月 16 日，最高院印发《〈关于个人违法建房出售行为如何适用法律问题的答复〉的通知》（法〔2011〕37 号），该通知印发全国各省高院参照适用。《关于个人违法建房出售行为如何适用法律问题的答复》（法〔2010〕395 号，以下简称《答复》）其中规定："一、你院请示的在农村宅基地、责任田上违法建房出售如何处理的问题，涉及面广，法律、政策性强。据了解，有关部门正在研究制定政策意见和处理办法，在相关文件出台前，不宜以犯罪追究有关人员的刑事责任。……"

邢某在新站镇与当地居民置换土地，进行临街房改造并销售的行为，与以上《答复》规定的内容基本相符，因此，本案，同样不宜以犯罪追究邢某的刑事责任。

4. 通过现有司法解释可推断出，本案即使请示最高院，同样可以得出无罪答复。

辩护人通过检索，找到两个省高院就非法经营犯罪向最高院的请示及最高院的答复，一个是上面提到的贵州省高级人民法院就个人违法建房出售如何处理的请示与最高院的《答复》，另一个是广东省高级人民法院就个人发放高利贷是否构成非法经营罪的请示与最高院的《答复》。通过以上最高院的两个《答复》，可以看出最高院的裁判规则是严格遵循罪刑法定原则，明确答复："相关立法解释和司法解释尚无明确规定的行为不宜以非法经营罪定罪处罚。"以上两个案例均依据最高院的《答复》，判处无罪。并且，这两个《答复》均印发全国各高级法院参照执行，所以不是个案适用的问题。

5. 辩护人检索到生效判决案例和最高院发布的指导案例，本案可以参照，可直接适用罪刑法定原则宣判邢某无罪。

经辩护人检索，2018 年 1 月 3 日河北省石家庄市裕华区人民法院官方网站登载了段某某刑事判决书（［2017］冀 0108 刑初 300 号）该案就是直接适用《刑法》第 3 条的规定，宣判段某某无罪。仔细阅读该案判决书，辩护人惊奇地发现该案案情与邢某案几乎雷同，除了人名不一致外，难以找出其他不同之处。段某某原是服刑人员，检察机关按照漏罪起诉，指控其非法经营罪，但法院依然以"现行法律及相关司法解释对非法经营的行为作出了明确的列举性规定，其中并没有列明房地产开发企业在'五证'不全的情况下销售商品房即构成非法经营罪。根据《中华人民共和国刑法》第三条之规定'法律明确规定为犯罪行为的，依照法律定罪处刑；法律没有明文规定为犯罪行为的，不得定罪处刑'"的理由宣判段某无罪，不得不为该院审判人员的担当与智慧点赞。

另外，2018 年 12 月 19 日最高院发布第 97 号指导案例《王某军非法经营再审改判无罪案》（详见附件）。该指导案例的裁判理由："1. 对于《刑法》第二百二十五条第（四）项规定的'其他严重扰乱市场秩序的非法经营行为'的适用，应当根据相关行为是否具有与《刑法》第二百二十五条前三项规定的非法经营行为相当的社会危害性、刑事违法性和刑事处罚必要性进行判断。2. 判断违反行政管理有关规定的经营行为是否构成非法经营罪，应当考虑该经营行为是否属于严重扰乱市场秩序。对于虽然违反行政管理有关规定，但尚未严重扰乱市场秩序的经营行为，不应当认定为非法经营罪。"在第三部分，辩护人还会重点阐述辩护观点，在此不再赘述。

再次检索，2018 年 1 月 12 日，四川省高院就钟某涉嫌非法经营罪作出再审刑事判决书（［2016］川刑再 2 号）。该案，历经多次一审、二审、再审，最终四川省高院以犯罪事实不清、证据不足，程序违法为由，宣判钟某无罪。请合议庭特别关注，钟某案因原审法院直接适用《刑法》二保二十五条第（四）项的规定作出有罪判决，没有按照规定逐级请示最高院，程序违法，再审法院直接宣判无罪。

不得不强调，以上三个案例，一个是最高院再审改判无罪的指导案例；一个是与邢某案极其类似改判无罪案例；一个因程序违法再审改判无罪案例。我们国家虽然不是判例法国家，但是对指导案例的适用最高院有明确的司法解释，2010 年 11 月 26 日最高院《关于案例指导工作的规定》（法发〔2010〕51 号），其中第 7 条规定："最高人民法院发布的指导性案例，各级人民法院审判类似案例时应当参照。"其他虽非指导案例，但为避免同案不同判的现象发生，统一法律适用，提高审判质量，维护司法公正，也应当参照案例的裁判理由和规则。

综合以上，本案判决邢某有罪没有法律规定，但判决其无罪，符合罪刑法定原则，有明确的法律依据。请合议庭重点审查并采纳该意见。

第二部分 起诉标准

《刑事诉讼法》对提起公诉案件有严格的要求和标准，《人民检察院刑事诉讼规则》对该要求和标准更加细化。本案根本不具备起诉条件，不符合起诉要求，不满足起诉标准。

1. 本案指控犯罪，缺乏法律规定大前提，不符合逻辑。

刑法适用是一个司法三段论的过程。司法三段论就是法律规定是大前提，案件事实是小前提，最后在案件事实和法律规定之间来比对，看它们之间是否具有同一性，最终确定被告人是否有罪。刑法方法就体现在这种刑法逻辑三段论推理中。前面已经论述，本案指控邢某犯罪缺乏法律规定，因此缺乏逻辑证成的大前提，那么，可想而知，公诉机关的所有指控都是错误的，完全不能自行证成。这种逻辑错误，主要表现在偷换概念，内涵与外延的理解错误，篇幅原因，在此不再展开赘述。

2. 本案不具备起诉条件，不符合起诉要求，不满足起诉标准。

《刑事诉讼法》第 171 条第 1 项规定，人民检察院审查案件的时候，必须查明：犯罪事实、情节是否清楚，证据是否确实、充分，犯罪性质和罪名的认定是否正确。

《人民检察院刑事诉讼规则》第 330 条规定："人民检察院审查移送起诉的案件，应当查明：……（三）认定犯罪性质和罪名的意见是否正确；……"本案，依然无法回避一个问题，法律没有规定，无相应的刑法条文可以规制邢某的行为构成犯罪，所以，公诉机关的起诉，必然是错误的。

3. 本案认定违法所得事实不清、证据不足，不能达到事实清楚、证据确实充分的起诉要求。

本案，假设构成犯罪，根据《刑法》第 225 条规定，不仅要判处徒刑，还要并处违法所得一倍以上五倍以下的罚金。那么，本案邢某的违法所得到底是多少，没有证据证实，属于事实不清。根据最高院研究室的意见。违法所得并不等同于非法经营数额。最高院研究室经研究认为："非法经营罪中的'违法所得'，应是指获利数额，即以行为人违法生产、销售商品或者提供服务所获得的全部收入（即非法经营数额），扣除其直接用于经营活动的合理支出部分后剩余的数额。"所以，仅从案件的非法经营数额来认定违法所得是错误的。

4. 结合以上，辩护人建议检察院撤回对本案的起诉，并依法作出不起诉决定。

有鉴于以上意见，辩护人建议检察院撤回对本案的起诉，依法作出不起诉决定。根据《刑事诉讼法》第 177 条第 1 款的规定，对没有犯罪事实，没有法律依据的指控，人民检察院应当作出不起诉决定。相对无罪判决而言，这一结果是各方都能接受的结果。

第三部分　违法与犯罪

虽然本案辩护人发表的是无罪辩护意见，但是辩护人并不否认邢某的行为具有一定的行政违法性，其行为虽违反行政管理的有关规定，但尚未严重扰乱市场秩序的经营行为，不应当认定为非法经营罪。行政违法并不当然构成刑事犯罪。不应将一般的行政违法行为一概认定为刑事犯罪，我们应秉持刑法谦抑性。

1. 本案不具有社会危害性。

社会危害性是犯罪的基本特征之一，其程度的大小轻重，是划分犯罪与一般违法行为的依据。《刑法》第 225 条前三项，违反的是专营专卖、限制买卖物品，进出口许可证等证明文件，金融、证券、期货经营制度，以上制度是维护国家特许经营制度。根据第 97 号指导案例的裁判理由，如果直接适用第四项的规定认定犯罪，则该行为应与前三项的危害性相当。但是，本案，邢某无证经营的行为，其危害程度与前三项不具有可比性。房地产开发，销售，我们国家施行的是登记制，符合条件就可允许经营，根本不需要特别许可，也没有数量限制。即使无证开发销售房屋，对社会对国家根本不能造成较大的危害。

邢某虽然没有"五证"建房、售房，但是基本满足实质要求。根据辩护人提交的新证据可以证实：施工之前邢某有向政府请示，施工项目符合整体规划，施工土地出让方式取得使用权，房屋质量符合要求，施工建设得到当地党委和政府的许可，房产证可以办理，动迁户安置妥当，不拖欠农民工工资。其实质危害性几乎为零。

2. 本案不具有刑事违法性。

无"五证"建房、售房虽然违反了行政管理的规定，但根本不能严重扰乱市场秩序，不具有刑事违法性。

涉案所指："五证"具体包括：建设用地规划许可证、国有土地使用权证、建设工程规划许可证、建设工程施工许可证、商品房预售许可证。

那么通过在案证据证实，本案邢某项目符合建设用地规划许可，签订了国有土地使用权出让合同，按照建设工程规划设计条件施工，施工得到了政府的许可。因此，其没有实质的刑事违法性。

退一步讲，对以上"五证"的许可，属于管理性许可，即使没有取得以上五证，根据相关法律法规的规定，最高级别处罚就是行政处罚，可以责令停产停业、罚款，但就是不允许对其处于刑罚。

3. 本案不具备刑事处罚必要性。

根据通说理论，非法经营罪属于行政犯，非自然犯，对某行为处以刑罚应进行二次考量，如果行政处罚足以规制该行为，则不应直接适用刑法处罚。根据相关法律的规定，针对邢某的行为，完全可以在行政处罚的范围内解决，不具备刑事处罚必要性。

另外，据邢某反映，当地类似这种情况非常普遍，如果都抓起来判刑，恐怕对当地经济和社会稳定会造成不利影响。并且，如果查实，假设邢某有罪，也构成重大立功，而且，仅仅处罚邢某也有失公允，恐怕更加不利于社会稳定。

正是基于本案没有刑事处罚必要性，所以当地县委县政府才会发文，积极作为，制定出台相应的政策加以调整，防范类似行为继续发生，采取从旧兼从轻的原则化解矛盾。试想，如果邢某等人都构成犯罪，县委县政府的发文就严重违反了法律规定。

4. 邢某与购房人之间、与施工单位之间，与债务人直接的纠纷，完全是民事纠纷，可以通过民事诉讼或者调解程序解决，政府不应直接干预。

第四部分　刑事政策

保护民营企业，应严格落实罪刑法定原则，坚持疑罪从无，对事实不清，证据不足案件，一律做无罪处理，党中央、国务院和最高司法机关均出台了相应的刑事政策。

1. 习近平总书记重要讲话：2018 年 11 月 1 日，习近平总书记召开民营企业座谈会，并发表重要讲话，其中提道："在我国经济发展进程中，我们要不断为民营经济营造更好发展环境，帮助民营经济解决发展中的困难，支持民营企业改革发展，变压力为动力，让民营经济创新源泉充分涌流，让民营经济创造活力充分迸发。"另外还提道："对一些民营企业历史上曾经有过的一些不规范行为，要以发展的眼光看问题，按照罪刑法定、疑罪从无的原则处理，让企业家卸下思想包袱，轻装前进。我多次强调要甄别纠正一批侵害企业产权的错案冤案，最近人民法院依法重审了几个典型案例，社会反映很好。"[1]

2. 李克强自十八大以来，为使市场在资源配置中起决定作用和更好地发挥政府作用，多次召开国务院党组扩大会议，制定出台一系列改革措施，其中包括：政府机构改革，简政放权，优化营商环境、修改完善法规，取消一系列审批和资格许可，全面实行证照分离，深入推进"放管服"改革等等系列举措，无不是对当前民营企业的发展提供全方位的服务。

3. 最高院、最高检领导及时响应习近平总书记号召，相继学习习近平总书记重要讲话精神并出台具体举措，其主旨主要包括：各级人民法院、人民检察院进一步加大产权司法保护力度，依法平等保护企业家合法权益，切实维护企业家人身和财产安全，为企业家创新创业营造良好法治环境。

---

〔1〕 习近平："在民营企业座谈会上的讲话"，载 https：//www.12371.cn/2018/11/01/ARTI15410790
15074692.shtml，访问日期：2022 年 12 月 8 日。

2022年年两会期间，最高院江必新副院长在部长通道接受采访并发表主题讲话：《从五方面加大力度纠正冤假错案》。讲话提道："在统一裁判理念上下更大功夫。要坚持罪刑法定原则，凡是刑事法律没有规定为犯罪的，一律不得作为犯罪追究。要坚持疑罪从无的原则，凡属于证据不足、事实不清的案件，一律做无罪处理。要坚持证据裁判原则，严格实行非法证据排除规则，对证据不足的，不能认定为犯罪并给予刑事处罚。"

最高检为充分发挥检察职能为民营企业发展提供司法保障于2018年11月15日出台了《明确规范办理涉民营企业案件执法司法标准》。该标准强调："对民营企业的经营行为，法律和司法解释没有作出明确禁止性规定的，不得以非法经营罪追究刑事责任。……严格按照法律和司法解释，慎用刑法第二百二十五条第四项'其他严重扰乱市场秩序的非法经营行为'的兜底条款，对于法律和司法解释没有明确规定，办案中对是否认定为非法经营行为存在分歧的，应当作为法律适用问题向最高人民检察院请示。……"

同时，根据该规定，也进一步印证了公诉机关的起诉根本不符合起诉要求。

从中央到地方，最高司法机关均提出要加强保护民营企业的发展，努力营造民营企业发展的法治环境，在如此刑事政策下，指控邢某非法经营犯罪似乎与中央政策背道而驰。

综合以上，辩护人认为，为切实维护司法公正，确保无罪之人不受法律追究，本案应直接宣判邢某无罪。无罪是本案唯一可以接受的结果。恳请法院尽快释放邢某，让其早日走出看守所，恢复人身自由。今后，应积极引导其合法依规经营，为肇源县的经济建设再建新功！

以上辩护意见，恳请合议庭采纳为感，谢谢！

附：《非法经营罪宣判无罪类案检索报告》

1. 检索人：张进华，辽宁京桥律师事务所律师，系邢某被控非法经营罪一案重审一审辩护人。

2. 检索目的：非法经营罪无罪案例及无"五证"建房、售房行为判决无罪案例与邢某案件对比，参考无罪案例，邢某也应当出罪，实现同案同判，统一法律适用，最终实现司法公正。

3. 检索关键词：非法经营；"五证"；建房售房；无罪。

4. 检索工具：中国裁判文书网、地方法院官方网站。

5. 检索无罪案例（生效案例）

5.1

【最高人民法院指导案例 97 号】

【王某军非法经营再审改判无罪案】（最高人民法院审判委员会讨论通过
2018 年 12 月 19 日发布）

【案号】［2017］内 08 刑再 1 号

【审理法院】内蒙古自治区巴彦淖尔市中级人民法院

【裁判要点】

1. 对于《刑法》第 225 条第 4 项规定的"其他严重扰乱市场秩序的非法
经营行为"的适用，应当根据相关行为是否具有与《刑法》第 225 条前三项规
定的非法经营行为相当的社会危害性、刑事违法性和刑事处罚必要性进行判断。

2. 判断违反行政管理有关规定的经营行为是否构成非法经营罪，应当考
虑该经营行为是否属于严重扰乱市场秩序。对于虽然违反行政管理有关规定，
但尚未严重扰乱市场秩序的经营行为，不应当认定为非法经营罪。

【案件结果】再审改判无罪（2017 年 2 月 14 日）

5.2

【段某某非法经营案】

【案号】［2017］冀 0108 刑初 300 号

【审理法院】河北省石家庄市裕华区人民法院

【裁判要点】

本院认为，被告单位河北开发有限公司、被告人段某某在未依法取得国
有土地使用证、建设用地规划许可证、建设工程规划许可证、施工许可证、
商品房预售许可证的情况下，开发并对社会销售商品房，事实清楚，证据充
分。但非法经营罪是指违反国家规定，从事非法经营，扰乱市场秩序，情节
严重的行为，现行法律及相关司法解释对非法经营的行为做出了明确的列举
性规定，其中并没有列明房地产开发企业在"五证"不全的情况下销售商品
房即构成非法经营罪。根据《刑法》第 3 条之规定"法律明文规定为犯罪行
为的，依照法律定罪处刑；法律没有明文规定为犯罪行为的，不得定罪处
刑"，因此被告单位被告人段某某的行为不构成非法经营罪，故公诉机关的指
控不能成立。

【案件结果】法院宣判无罪（2018 年 1 月 3 日）

5.3

【王某仙非法经营案】

【案号】［2018］鄂 0804 刑再 1 号

【审理法院】湖北省荆门市掇刀区人民法院

【裁判要点】

本院再审认为，原判决认定原审被告人王某仙在未取得相关部门许可的情况下，利用违规受让的村民个人建房用地及私自占用集体农用地在城市规划区范围内进行建房活动并向社会公开销售获利的事实清楚。但其上述行为尚未达到严重扰乱市场秩序的危害程度，不具备与刑法规定的非法经营罪相当的社会危害性和刑事处罚的必要性，不构成非法经营罪。原审判决认定王某仙构成非法经营罪属适用法律错误，原审被告人王某仙及其辩护人提出的王某仙的行为不构成犯罪的意见成立，本院予以采纳。

【案件结果】再审撤销原判，改判无罪（2018 年 7 月 25 日）

5.4

【贾某非法经营案】

【案号】［2017］新 0106 刑初 116 号之二

【审理法院】新疆维吾尔自治区乌鲁木齐市头屯河区人民法院

【裁判要点】

本院于 2017 年 9 月 29 日受理案件后，另行组成合议庭进行审理。2019 年 9 月 10 日，公诉机关以本案证据不足为由，向本院提出撤回起诉。

本院认为，公诉机关乌鲁木齐市头屯河区人民检察院要求撤回起诉的理由符合相关法律规定。

【案件结果】准许乌鲁木齐市头屯河区人民检察院撤回起诉（2019 年 9 月 10 日）

5.5

【钟某非法经营案】

【案号】［2016］川刑再 2 号

【审理法院】四川省高级人民法院

【裁判要点】

本院认为，原判认定原审被告人钟某犯非法经营罪的证据不足，程序违法。

原公诉机关指控原审被告人钟某所犯罪名不能成立，再审出庭检察机关的意见亦不能成立。原审被告人钟某关于其无罪的辩解理由成立，本院予以采纳。

【案件结果】再审撤销原判，改判无罪（2018 年 1 月 12 日）

6. 检索以上无罪案例与邢某案件对比

通过对比以上案例，可以明确得出以上案件与邢某案件属于类案的结论。

段某某案、贾某案与邢某案高度雷同，都是没有"五证"建房售房行为，王某仙案与邢某案几乎雷同，都是与当地村民受让土地，建房售房行为。

王某军案是最高院指令再审改判无罪案件，效力层级最高，而且该案入选了指导案例，该案对非法经营案的认定作出了明确的指导，对非法经营犯罪的认定，应结合非法经营行为与《刑法》第 225 条前三项规定相当的社会危害性、刑事违法性和刑事处罚必要性进行判断。

钟某案也是通过再审改判无罪，其中一个理由是程序违法，该院原审判决直接适用 225 条第 4 项规定入罪，没有逐级报最高院批准，再审直接作为一个理由改判无罪。

7. 检索结论及法律依据

【检索结论】通过对比以上无罪案例，为实现同案同判，统一法律适用，实现司法公正，建议肇源县法院参考以上无罪案例，直接宣判邢某无罪。

【法律依据】

（1）最高院《关于个人违法建房出售行为如何适用法律问题的答复》法〔2010〕395 号（2010 年 11 月 1 日）

一、你院请示的在农村宅基地、责任田上违法建房出售如何处理的问题，涉及面广，法律、政策性强。据了解，有关部门正在研究制定政策意见和处理办法，在相关文件出台前，不宜以犯罪追究有关人员的刑事责任。

（2）最高院《关于准确理解和适用刑法中"国家规定"的有关问题的通知》（法发〔2011〕155 号）（2011 年 4 月 8 日）

三、各级人民法院审理非法经营犯罪案件，要依法严格把握刑法第二百二十五条第（四）的适用范围。对被告人的行为是否属于刑法第二百二十五条第（四）规定的"其它严重扰乱市场秩序的非法经营行为"，有关司法解释未作明确规定的，应当作为法律适用问题，逐级向最高人民法院请示。

3. 最高院《关于案例指导工作的规定》（法发〔2010〕51 号）（2010 年 11 月 26 日）

第七条 最高人民法院发布的指导性案例，各级人民法院审判类似案例时应当参照。

所谓"参照"，包括两点：一是对审理过程的要求，要求法官在遇有与指导性案例相类似的案件时，尽可能地遵循指导性案例的审理思路，在对案件事实认定、裁判依据适用，尤其是对法律规范的选择、理解及适用上，尽可能体现出与指导性案例的一致性；二是对裁判结果的要求，即对于类似案件的判决与指导性案例的判决之间不应存在明显的差别。

4. 最高院《关于统一法律适用加强类案检索的指导意见（试行）》（2020 年 7 月 31 日起试行）

八、类案检索说明或者报告应当客观、全面、准确，包括检索主体、时间、平台、方法、结果，类案裁判要点以及待决案件争议焦点等内容，并对是否参照或者参考类案等结果运用情况予以分析说明。

九、检索到的类案为指导性案例的，人民法院应当参照作出裁判，但与新的法律、行政法规、司法解释相冲突或者为新的指导性案例所取代的除外。

检索到其他类案的，人民法院可以作为作出裁判的参考。

十、公诉机关、案件当事人及其辩护人、诉讼代理人等提交指导性案例作为控（诉）辩理由的，人民法院应当在裁判文书说理中回应是否参照并说明理由；提交其他类案作为控（诉）辩理由的，人民法院可以通过释明等方式予以回应。

十一、检索到的类案存在法律适用不一致的，人民法院可以综合法院层级、裁判时间、是否经审判委员会讨论等因素，依照《最高人民法院关于建立法律适用分歧解决机制的实施办法》等规定，通过法律适用分歧解决机制予以解决。

宋某宝伪证罪一案二审辩护词（节录）

——法之所向，民之所盼，无罪才是案件的终点

关于故意伤害罪

本案指控宋某宝伪证案的前提基础是与本案相关联的故意伤害罪一案已经作出生效判决，并已经查明故意伤害罪一案中的所谓的被害人的伤害由谁造成，有生效判决明确排除不是宋某宝所为。但是现在面临一个非常尴尬的局面是故意伤害罪一案至今没有结论。基于此，辩护人认为有必要先就故意伤害案发表意见。结合庭审情况分析，故意伤害罪一案应当直接作出事实不清、证据不足的无罪判决。故意伤害罪一案全是言词证据堆积起来的证据体系，没有任何客观性证据，故审查言词证据的真实性、关联性成了案件的重中之重。所谓的鉴定意见及书证，均不能证明案件事实，以下分别论述。

一、本案关联案件故意伤害罪一案，事实不清，证据不足，应作出无罪判决，进而指控宋某宝伪证罪失去基础

1. 故意伤害罪一案案中多名证人的证言内容相互矛盾，不能作为定案根据，而且不能形成完整的证据链。

2012 年 4 月 4 日晚约 8 时许，针对刘某臣受伤害一案，平舆县公安局万金店派出所的民警出警处置，并于事后分别对刘某家人、刘某臣家人及其他人员调查取证，形成了多份证人证言。经过认真比对，辩护人发现，就案件中谁打伤的刘某臣，哪些人参与打架的关键事实，出现了多份相矛盾的证言，不能相互印证。辩护人按照刘某臣方证人、刘某方证人、其他证人对相互矛盾的证言进行列举（具体内容略）。

2. 被害人刘某臣的陈述多处矛盾，多处夸大或歪曲事实，不能作为定案根据。

刘某臣的陈述在本案中有多份，但是刘某臣的陈述同样有诸多矛盾不能排除合理怀疑，明显存在夸大或歪曲事实之嫌疑（具体内容略）。

综合分析刘某臣以上笔录，可以证实，刘某臣的证言自相矛盾，案发时间出现矛盾，在场看到参与打架的人数出现矛盾，刘某踢了刘某臣几脚出现矛盾，事后刘某臣骂人的内容与警方出警记录的内容相矛盾，什么人打了刘某超最后也是说不清楚的，与之前的陈述相矛盾。之前根本没有提到刘某说"打死我负责"之类的话，但是 2017 年的笔录，刘某臣，李某丽，刘某振的证言都出奇的一致指认刘某说过这句话，警方提出质疑，他们的答复也是出奇的一致，都说之前警方没问，我也没说，不排除他们在 2017 年做笔录之前互相串通，栽赃陷害刘某。同时，刘某臣证言可以证实，2012 年的打架事件，双方在县委、县公安局的协调下达成和解协议，并已经履行完毕，刘某臣对和解的处理结果满意。后来又因为刘某与刘某振之间的纠纷，刘某臣将故意伤害案旧案重提，目的就是希望通过自己的控告救自己的儿子刘某振。这属于典型的无理取闹，把水搅浑，获得自己想要的结果。

以上是关于故意伤害罪一案的部分言词证据，因言词证据属于主观性证据，具有不确定性的特征，合议庭对言词证据的审查必须持十分谨慎的态度。刘某臣的伤是谁造成，伤情怎么形成的等关键事实，根据各证人及被害人的证言及供述分析，出现了好几个版本，不能得出唯一性、排他性结论；证言自相矛盾，相互矛盾，不能相互印证，因大部分对刘某家人不利的证言均来自刘某臣的家人，与刘某臣及案件的处理结果存在利害关系，由此出现相互串供，故意虚假陈述，歪曲事实之嫌疑，不能排除宋某宝确实参与打架的合理怀疑。

3. 本案唯一客观性证据，案发当年警方出警执法记录仪拍摄内容因侦查机关的过错导致遗失，造成本案事实不清，证据不足，侦查机关对此应承担相应的责任，存疑证据应作对被告人有利的认定。

根据在案证据证实，案发当晚，平舆县公安局万金店派出所出警后，有全程持执法记录仪记录处置过程，这个视频资料虽然不一定能完全还原案发经过，但是对核实案件的关键信息有极大的帮助，非常遗憾的是，这个关键性的客观性证据，被警方遗失。

现在谈追究当年办案人员或保管人员的责任为时过早，也不用去揣测是有人故意隐匿或销毁该关键性证据。我们的终极目标应当是为了查明案件真相，从而有利于合议庭作出公正判决，有了这个视频资料，不一定就能查清事实，但是没有该证据，故意伤害案一定是无法查明。

同时根据在案证据显示，这个视频资料至少有两个部门保管，一处是当年公安机关办案单位，一份是驻马店市公安局联合调查组。案发后，经群众报案，公安民警及时出警并持执法记录仪进行现场拍摄，记录现场一些画面和语音，但是现有案卷没有发现该视频光盘或相关的记录载体，且据原一审法院案卷资料记录，当初市局工作组到达平舆县后，积极开展工作，对出警民警拍摄录像反复观看，并整理成文字资料，故辩护人多次申请法院调取该视频资料，但非常遗憾的是，法院没有采纳辩护人意见。

当然，最为关键的是，经审查刘某臣的笔录，警方曾经质疑刘某臣的供述不真实，提到了关键性内容，刘某臣在警方出警到现场后，一直对着执法记录仪称是三个年轻人打的他，没有提到刘某打他，但是后来做笔录过程中，一直又强调说是刘某打他，这说明警方已经发现了刘某臣是在说谎，也充分证明刘某臣的供述虚假，甚至是栽赃陷害。如果能够出示当年的执法记录仪，当庭对质，所有的真相都会明朗。

根据《刑事诉讼法》的规定，疑点利益应归于被告人，由于侦查机关的责任导致案件关键证据遗失，不能作出对被告人不利的认定这是常识更是法律规定。合议庭应当坚持疑罪从无的原则，果断裁判故意伤害案无罪。

4.驻马店市公安局工作人员对本案无侦查权，该部分人员的取证程序违法，所取得的证据应当排除，不能作为定案根据。

故意伤害案中，出现了大量的驻马店市公安局工作人员参与侦查取得的证据，而且均被一审判决认定为合法证据并作为了定案根据。

根据《刑事诉讼法》及《公安机关办理刑事案件程序规定》，刑事案件由犯罪地公安机关管辖，县级公安机关负责侦查发生在本辖区内的刑事案件。本案发生在平舆县万金店乡，应由平舆县公安机关管辖，由其立案侦查，未见平舆县公安局将本案移送上级公安机关管辖的法律文书，故驻马店市公安局对此案无侦查权，也无调查取证权，驻马店市公安机关工作人员参与的调查均属于取证程序违法，故该部分证据应全部排除。

出庭检察员回应称，上级公安机关可以直接立案侦查或指挥、参与侦查下级公安机关管辖的案件。对此，辩护人不持异议，但是请合议庭注意，上级公安机关可以侦查或者参与侦查下级公安机关管辖的案件，不代表可以随意进行、任意进行，这关系到刑事案件立案侦查的级别管辖问题。上级公安机关可以直接立案侦查，也可以参与下级公安机关侦查的案件。但是前提是要履行法定的程序和审批手续。上级公安机关要么直接立案，有立案决定书，要么指挥、参与侦查，有相应的审批文书。虽然都是公安机关，如果不严格按照法定程序履行工作职责，必然出现上级公安机关的工作人员随意插手下级公安机关案件的情形；必然分不清是上级公安机关的集体决定还是某个别领导的个人决定。本案案卷中既没有驻马店市公安机关直接立案的文书，也没有参与该案的审批或者决定文书，甚至出现了向某个领导单独汇报的材料，不排除是某个领导单独干预的行为，所有驻马店市公安局工作人员参与的取证程序都是违法的，应当排除。

5. 检方提交《关于办理平舆县万金店镇村民刘某臣被伤害案件工作情况报告》不是原件，来源不明，没有制作人签名，公安机关取证程序违法，不能作为定案根据。

（1）《关于办理平舆县万金店镇村民刘某臣被伤害案件工作情况报告》（以下简称《情况报告》）（一审正卷 156 页）不是原件，来源不明。

（2）该《情况报告》的副本制作不能确定与原件相符。

（3）该《情况报告》非由二人以上制作，无制作过程及原件存放何处的文字说明和签名。

（4）公安机关收集程序、方式不符合法律规定，无二名以上侦查员签名，无调取证据笔录或清单，无书证持有人签名，未全面收集与案件有关的书证，调取时间不明，无法确定真伪。

（5）"王某 U 盘"来源不明，原始存储介质未随卷移送，是否真实存在存疑。提取、复制电子数据不是二人进行，不足以保证电子数据的完整性，没有任何提取、复制及原始存储介质存放地点的文字说明和签名。

（6）不能确定提取到的电子数据的内容真实，全面。不符合电子数据的提取程序、方式和技术规范。

该份《情况报告》虽然有侦查员牛某的签名并写明"王某 U 盘恢复后内存储的材料"，表面上看，似乎是从"王某 U 盘"里面恢复的电子数据，但是这个所谓的王某 U 盘来源于哪里不明，原始载体 U 盘并未随卷移送，去向也不明。这个 U 盘是从哪里取来的，现在去了何处，甚至可以怀疑根本就没有这个 U 盘。另外，这个 U 盘是个什么性质的 U 盘，是工作用 U 盘还是私人用 U 盘，为何当年这个数据会存在这个 U 盘里面，而不是打印出来签名存放档案里。

另外，这个《情况报告》没有任何人签名，当年又是谁制作保存的至今是个谜，这无比荒唐，拿一份作者不详的材料的恢复数据内容作为定案的根据，毫无法律依据，必须予以排除。

综合以上，根据《关于适用〈中华人民共和国刑事诉讼法〉的解释〉》第 69 条、第 71 条、第 92 条，第 93 条，第 94 条之规定，该份证据不能作为定案根据。

6. 辩护人庭前会议申请调取的相关证据，法庭均没有调取，不利于查明本案事实。

在庭前会议上，辩护人为了帮助法庭查明相关案件事实，申请法院调取有关证据，具体申请调取的证据名称及理由均以书面形式提交给法庭，但是法院根本没有采纳，辩护人表示非常不可理解。希望合议庭在全面审理该案后，再次考虑辩护人的意见，重新调取关键性证据材料。

7. 本案先后出现三份鉴定意见，但鉴定意见均出现多处矛盾，刘某臣伤情及致伤原因至今不明。

刘某臣故意伤害案中，存在公安机关对双方当事人伤情委托鉴定程序违法的情形，出现先鉴定后委托的荒唐一幕，更荒唐的是随着庭审的不断变化，刘某臣的伤情出现了三份鉴定意见，其中有两份鉴定意见对刘某臣的伤情描述出现了偏差，有鉴定意见描述刘某臣断了 3 根肋骨，有鉴定意见描述断了 5 根肋骨。刘某臣一共断了几根肋骨，就这么简单的事实都出现错误，不能让人理解。

另外，我们都注意一个问题，刘某臣到底有没有伤的问题，或者有伤是什么时间，什么原因造成的。案卷中一直没有相关的证据，三份鉴定意见中也没有描述刘某臣的致伤原因。这个也很简单，重新做个鉴定就一清二楚，遗憾的是法院也没有支持辩护人的意见。

二、故意伤害罪涉事双方在政府部门协调下和解结案，重新提起诉讼程序违法

1. 故意伤害罪一案由刘某臣儿子刘某超无故挑起事端，导致事态升级，

主要责任在刘某臣方。

根据在案证据证实，2012 年故意伤害罪一案，是刘某超酒后到刘某家闹事挑起的事端，刘某超是整个案件发生的主要责任人，过错方。无论是刘某臣家人的证言还是刘某家人的证言对这一基本事实可以确定。事实清楚，证据确实充分。

2. 故意伤害罪一案涉事双方家庭成员以前是合作方，邻居，根据法律规定，此类轻微刑事案件，允许双方和解结案处理。

《刑事诉讼法》第 288 条规定，因民间纠纷引起，涉嫌《刑法》分则第四章、第五章规定的犯罪案件，可能判处 3 年有期徒刑以下刑罚的犯罪嫌疑人、被告人真诚悔罪，通过向被害人赔偿损失、赔礼道歉等方式获得被害人谅解，被害人自愿和解的，双方当事人可以和解。

该法第 289 条规定双方当事人和解的，公安机关、人民检察院、人民法院应当听取当事人和其他有关人员的意见，对和解的自愿性、合法性进行审查，并主持制作和解协议书。第 290 条规定，对于达成和解协议的案件，公安机关可以向人民检察院提出从宽处理的建议。人民检察院可以向人民法院提出从宽处罚的建议；对于犯罪情节轻微，不需要判处刑罚的，可以作出不起诉的决定。人民法院可以依法对被告人从宽处罚。

3. 涉事双方在平舆县政府、公安局、信访局等单位的协调下，达成了《和解协议》，且已履行完毕。

根据卷宗资料证实，刘某、刘某臣（刘某振）两家因经济纠纷产生矛盾，2012 年 4 月 4 日因刘某超酒后挑起事端，发生后续事件，随后，平舆县公安机关介入调查。2012 年 6 月，由平舆县政府领导安排，县委群工委组织牵头，平舆县公安局、万金店乡政府参与协调处理刘某与刘某臣两家纠纷，最终两家于 2012 年 6 月 16 日达成《和解协议》，双方签订息诉罢访协议。2013 年 8 月 20 日，刘某臣和刘某振分别出具收条和申明，《和解协议》履行完毕，且明确双方不再追究责任。同年 8 月 21 日，平舆县公安局找刘某、刘某臣作笔录，询问对公安机关处理结果是否满意，双方均答复满意。至此，两家纠纷彻底解决。

根据《刑事诉讼法》规定，这类轻伤害案件允许双方和解解决，而且当年又确实在公安机关的主持下和解了。针对和解案件公安机关可以撤销案件，检察院可以不起诉。2012 年 6 月刘某臣、刘某两家达成和解，未见公安机关起诉刘某故意伤害案，也未见检察院作出起诉。根据法律规定，必然是在公安机关撤销案件或者在检察院不起诉处理。辩护人庭前会议上申请调取该部分证据材料，遗憾的是法庭没有给予安排。

4. 已经结案的刑事案件，不应再次启动刑事追诉程序，否则违反一事不再罚原则。

2012 年发生的故意伤害案件，已经结案处理，为何又在 2017 年拿出来旧案重提，还是要审查案件背景。

2017 年刘某与刘某振家族因其他纠纷产生矛盾，刘某举报刘某振伪造户口，诈骗社保基金，刘某臣的儿子刘某振被公安机关刑事拘留。刘某臣为了救儿子刘某振，又去公安机关举报刘某，说是刘某违反了和解协议的内容，要求继续追究刘某的责任。

此时，平舆县公安机关完全失去了底线，被刘某臣一闹就完全按照刘某臣的要求办案。目前我国刑法没有规定，刑事和解的案件可以在和解内容都履行完毕的情形下，再次启动刑事侦查程序，这不符合罪刑法定原则，也违反了刑事案件一事不再罚原则。如果允许这么做，没有人是安全的，没有人能避免牢狱之灾。

以上是关于故意伤害罪一案辩护意见，经过法庭的调查审理可以查明，刘某臣被伤害一案就是事实不清，证据不足，宋某宝是否参与打架事实不清，证据不足。根据《刑事诉讼法》之规定，可以直接对故意伤害一案作出事实不清，证据不足的无罪判决。

关于伪证罪

三、指控宋某宝伪证罪，事实不清，证据不足，依法应改判宋某宝无罪

1. 指控宋某宝犯罪的几次笔录应分别考量，2017 年的笔录没有一次笔录属于刑事案件中证人证言。

刘某臣被伤害一案，发生于 2012 年 4 月 4 日，此时，宋某宝不满 16 周岁，警方分别于 2012 年 4 月 9 日，4 月 12 日，5 月 5 日，作了三次笔录。

我们不妨就每一次笔录的性质与内容作详细的分析。

2012 年 4 月 9 日笔录（3 卷 20 页）是第一次笔录，在万金店派出所制作，此时，刘某臣故意伤害案还没有被立为刑事案件，因此不是刑事诉讼程序中的证人证言，而且因对未成年人询问，没有法定代理人在场属于非法证据，所以检方没有将该笔录作为证据提交法庭。

2012 年 4 月 12 日笔录，这次笔录是在宋某宝当年就读的学校制作，笔录上出现了班主任赵某的签字，但是结合赵某的笔录可以证实，询问宋某宝时，他不在现场，应当是询问结束后侦查人员找到赵某签字，因此该笔录也属于违法，应当排除。另外，该笔录内容也证实，宋某宝当年参与打架的事实。

2012 年 5 月 5 日是第三次笔录，该份笔录是驻马店市公安局宋某友和王某制作，侦查主体违法，应当排除。该笔录内容，也证明宋某宝参与打架的事实，到现场 1 至 2 分钟时间左右，在学校时，把打老头的事告诉了班主任。没有看到刘某、刘某某在现场。

针对该份笔录，辩护人重点强调，如果宋某宝没有参与打架，宋某宝此时又确实做了伪证，那么公安机关此时就已经发现了犯罪事实，根据《刑事诉讼法》的规定，发现犯罪应当及时立案侦查，之所以当时公安机关没有立案，有两方面的考量，第一是宋某宝当时不满 16 周岁，未达到刑事责任年龄，不符合刑事立案条件，此时案件就应当结束。宋某宝即使构成伪证罪，此时也应该结案处理完毕。不能因为宋某宝当年未成年不构成犯罪，那就等他成年以后再来追诉，这与保护未成年人的合法权益相违背，也违反《宪法》《刑法》中关于保护未成年人的规定。比如，一个 10 周岁小孩杀人，等他 18 周岁以后再来追诉，这是违法行为。第二是因为刘某臣与刘某家就故意伤害罪一案在公安机关的主持下和解结案，因为故意伤害罪一案都和解了，也就不存在后面的伪证罪的处理。

接下来重点审查宋某宝 2017 年的笔录。

2017 年 9 月 6 日笔录，从该份笔录名称看，属于讯问笔录，不是询问笔录。从内容看，向宋某宝送达了《犯罪嫌疑人诉讼权利义务告知书》并且告知了宋某宝有权委托律师。因此无论是从名称还是内容来审查，此时，宋某宝已经被公安机关列为犯罪嫌疑人，根本不是证人。因此该笔录无论宋某宝说了什么，都属于犯罪嫌疑人的供述与辩解，均不属于证人证言，因此伪证罪根本不能成立。

2017 年起他的笔录同样属于犯罪嫌疑人的供述与辩解，清华大学张明楷教授出版的《刑法学》（第 1082 页）中阐明了学理观点："犯罪嫌疑人、被告人作虚假陈述的，因缺乏期待可能性，没有被刑法规定为伪证罪的主体。"

2. 伪证行为不是连续犯、不可能从 2012 年持续到 2017 年，一审判决定性错误。

根据一审判决书认定，2012 年 4 月至 2017 年 9 月，宋某宝多次自认将刘某臣打伤，宋某宝多次作伪证。

这里首先要搞清楚两个问题，第一，宋某宝是否真的打伤了刘某臣，目前没有证据证实宋某宝没有打伤刘某臣。第二，2014 年的证言如何定性及是否具有连续性的效力。证人证言一经作出，证据已经固定，这个证据的效力本身不具有连续性，目前没有法理或者明确的法律依据认定，伪证行为属于连续犯。所以一审判决对此认定错误。

3. 宋某宝是否构成伪证罪，取决于本案故意伤害案中伤人者到底是谁，针对 2012 年所作笔录，可以分三种情形来分析：

（1）刘某臣的伤就是宋某宝造成的，本案不存在伪证罪。

（2）刘某臣的伤不是宋某宝造成的，宋某宝 2012 年提供虚假证言，因宋某宝 2012 年不满 16 周岁，未达到刑事责任年龄，不应承担任何刑事责任，所有调查程序应当立即终结。

（3）刘某臣的伤分不清是谁造成的，故意伤害案本身事实不清，不能作出有罪判决，故，同样得不出宋某宝提供了虚假证言，宋某宝无论说了什么，均不能构成伪证罪。

4. 证人刘某宝、王某涛证言多处矛盾，不能做出合理解释，不得作为定案根据。刘某宝、王某涛在本案中确定构成伪证罪，写了悔过书，便未再追究，这有失公允。

刘某宝、王某涛二人在宋某宝伪证罪中扮演了重要的证人角色。一开始说看见了宋某宝打伤刘某臣，后来又改变证言说是受到刘某红、刘某元的教唆，提供了虚假证言，再后来又自书悔过书。对比二人前后证言，二人证言前后矛盾，首先可以确定的是刘某宝、王某涛构成伪证罪。《刑法》第 305 条规定，刑事诉讼中，证人对与案件有重要关系的情节，故意作虚假证明，意图陷害他人或隐匿罪证。刘某宝、王某涛正是《刑法》规定的伪证行为。

蹊跷的是，刘某宝、王某涛即使构成了伪证罪，但是通过书写悔过书，就可以免于刑事追诉，退一步讲，如果宋某宝确实构成伪证罪，是不是也写个悔过书，法庭就应该当庭宣判宋某宝无罪。

5. 现有证据不能排除宋某宝案发当天在现场，并实施了殴打行为。

这里又要回到故意伤害案件中，所以说伪证罪与故意伤害案具有直接根本性的联系，需要来回穿梭两案中事实与证据进行论述。

当年宋某宝在现场殴打了刘某臣一事，除了宋某宝多次稳定供述以外，还有其他证人可以证实，证人刘某杰等人明确表示说看到了宋某宝在现场；宋某宝的班主任赵某笔录也证实宋某宝曾跟他说了在放假期间打了一老头；刘某臣也曾在案发后警察出警现场对着警方的执法记录仪说到三个年轻人打的他，宋某宝也是年轻人，不能排除宋某宝参与其中。

6. 警察王某出具的《情况说明》，不能作为定案根据，应当直接排除。王某凭印象，主观臆断作出的结论不能作为定案根据。

一审判决认定宋某宝伪证罪的一份重要的证据是王某出具的《情况说明》。从形式上看，这份《情况说明》有说明人王某的签名，但是不是王某本人出具的，真实性存疑。另外，王某不是本案侦查人员，对其自书《情况说明》，应当由侦查人员对其提取并制作提取笔录。但是，没有看到任何侦查人员的签字并注明提取该《情况说明》的过程。

从内容看，这是王某仅凭印象作出的结论，而且印象中的结论也被他自己给否定了，最后他说到，本人在其中一些细节上无法确定，不能更加详细的描述相关问题。这充分说明，他对整个事件经过是无法完整回忆的。《情况说明》还提到，对宋某宝案发时话单进行分析认定其在该案发生时应在平舆县城附近，与本案关联不大。经法庭调查发现，宋某宝当年根本没有手机，是警方让他留的家属联系方式，所以留给警方的电话根本不是宋某宝使用，也就不存在宋某宝手机行动轨迹。针对王某所说的情况，当年他是否真的启动了调查，现在也不得而知，如果确实启动调查，调查的材料没有随案移送，看不到具体的案卷材料予以证实王某所说属实。另外，通过现有证据可以证实，王某说的情况，根本不属实，公安机关通过委托第三方对"王某U盘"进行数据恢复，也没有找到王某反映到情况及内容。

如果本案中，确实存在"王某U盘"，那么本案应该就里面恢复对全部数据材料移交法庭调查，故意隐匿证据不利于案件查明事实。

7. 侦查机关对宋某宝启动测谎程序违法。测谎程序不是法定的侦查程序，测谎报告不是法定的证据种类，得出的结论不具有科学性，根本不能作为证据使用。

虽然一审判决未将测谎报告作为定案根据，但是公安机关又将测谎报告放进案卷中，给人以暗示，这显然是非常荒谬的。但这也充分证明，侦查机关对宋某宝是否参与打架一事持怀疑观点，侦查机关也认为证据不足，如果证据确实充分，没有必要在 2017 年再来启动测谎程序。

四、重新启动伪证罪追诉程序违反法律规定，已过追诉时效

前面提到了，伪证行为不属于连续犯，2012 年 4 月 4 日故意伤害案发生后，如果宋某宝构成伪证罪，因为未达刑事责任年龄，不能追诉。当年也确实没有启动刑事追诉程序。当年没有启动的刑事追诉程序，按照《刑法》规定，此案追诉时效为 5 年，到 2017 年 9 月 6 日，早已超出了五年的时效，公安机关此时再次启动追诉程序也违法。

关于家族恶势力犯罪

五、宋某宝不是刘某等人家族恶势力成员，全案上诉人均不符合恶势力犯罪的基本要求

最高人民法院、最高人民检察院、司法部《关于办理黑恶势力犯罪案件若干问题的指导意见》（法发〔2018〕1 号）第 14 条规定，"恶势力"是指，经常纠集在一起，以暴力、威胁或者其他手段，在一定区域或者行业内多次实施违法犯罪活动，为非作恶，欺压百姓，扰乱经济、社会生活秩序，造成较为恶劣的社会影响，但尚未形成黑社会性质组织的违法犯罪组织。

恶势力一般为 3 人以上，纠集者相对固定，违法犯罪活动主要为强迫交易、故意伤害、非法拘禁、敲诈勒索、故意毁坏财物、聚众斗殴、寻衅滋事等，同时还可能伴随实施开设赌场、组织卖淫、强迫卖淫、贩卖毒品、运输毒品、制造毒品、抢劫、抢夺、聚众扰乱社会秩序、聚众扰乱公共场所秩序、交通秩序以及聚众"打砸抢"等。

最高人民法院、最高人民检察院、公安部、司法部《关于办理恶势力刑事案件若干问题的意见》（2019 年 4 月 9 日施行，以下简称《意见》）第 4 条规定，恶势力，是指经常纠集在一起，以暴力、威胁或者其他手段，在一定

区域或者行业内多次实施违法犯罪活动，为非作恶，欺压百姓，扰乱经济、社会生活秩序，造成较为恶劣的社会影响，但尚未形成黑社会性质组织的违法犯罪组织。

恶势力一般为3人以上，纠集者相对固定。纠集者，是指在恶势力实施的违法犯罪活动中起组织、策划、指挥作用的违法犯罪分子。成员较为固定且符合恶势力其他认定条件，但多次实施违法犯罪活动是由不同的成员组织、策划、指挥，也可以认定为恶势力，有前述行为的成员均可以认定为纠集者。

恶势力的其他成员，是指知道或应当知道与他人经常纠集在一起是为了共同实施违法犯罪，仍按照纠集者的组织、策划、指挥参与违法犯罪活动的违法犯罪分子，包括已有充分证据证明但尚未归案的人员，以及因法定情形不予追究法律责任，或者因参与实施恶势力违法犯罪活动已受到行政或刑事处罚的人员。仅因临时雇佣或被雇佣、利用或被利用以及受蒙蔽参与少量恶势力违法犯罪活动的，一般不应认定为恶势力成员。

该《意见》第7条规定，"经常纠集在一起，以暴力、威胁或者其他手段，在一定区域或者行业内多次实施违法犯罪活动"，是指犯罪嫌疑人、被告人于2年之内，以暴力、威胁或者其他手段，在一定区域或者行业内多次实施违法犯罪活动，且包括纠集者在内，至少应有2名相同的成员多次参与实施违法犯罪活动。对于"纠集在一起"时间明显较短，实施违法犯罪活动刚刚达到"多次"标准，且尚不足以造成较为恶劣影响的，一般不应认定为恶势力。

该《意见》第8条规定，恶势力实施的违法犯罪活动，主要为强迫交易、故意伤害、非法拘禁、敲诈勒索、故意毁坏财物、聚众斗殴、寻衅滋事，但也包括具有为非作恶、欺压百姓特征，主要以暴力、威胁为手段的其他违法犯罪活动。

恶势力还可能伴随实施开设赌场、组织卖淫、强迫卖淫、贩卖毒品、运输毒品、制造毒品、抢劫、抢夺、聚众扰乱社会秩序、聚众扰乱公共场所秩序、交通秩序以及聚众"打砸抢"等违法犯罪活动，但仅有前述伴随实施的违法犯罪活动，且不能认定具有为非作恶、欺压百姓特征的，一般不应认定为恶势力。

1. 公安机关向法院提交的《情况说明》，明确了宋某宝不属于刘某等人家族恶势力成员。

2. 一审判决对宋某宝是否涉嫌恶势力犯罪判决不明，二审阶段检察机关及审判机关应对此予以明确。

虽然恶势力不属于《刑法》规定的独立罪名，但是，毕竟是对一个人的负面评判，对人的影响是一生的，尤其是对宋某宝，他还年轻，还有大好前途，我们都要秉持实事求是的精神，作出正确评判。因此，法院对宋某宝是不是恶势力成员应当予以明确评判，不能让他本人去猜。

3. 宋某宝与刘某等人没有一次共同犯罪或者违法行为，与恶势力犯罪的基本要求不符。

关于宋某宝是否为恶势力成员的问题，其他意见参考辩护人的质证意见，不再赘述。

尊敬的审判长，审判员，如何践行习近平总书记讲的"要让人民群众在每一个司法案件中都感受到公平正义"这一法治目标，这关乎司法的公信力，更关乎人民幸福感，这不是一句口号，空喊达不到目标，需要我们每一个司法参与人都贡献智慧与力量。

法之所向，民之所盼。为充分维护当事人合法权益，辩护人需要尽职尽责，力争做到精细、专业、全面的辩护，以便帮助法庭查明事实，但仅依靠辩护人的力量是远远不够的，甚至是微不足道的，更重要、更为关键的是，法官、检察官的公正公允，能够坚守法治底线，排除干扰，独立审查、审判，作出正确又经得住法律和历史检验的判决。那么此案，唯有彻底改判无罪，才能最终用看得见的方式来实现公正，才能平息化解不断升级的社会矛盾，才能实现社会的和谐与稳定，才是案件的终点。

以上辩护意见请采纳，谢谢！

关于董某涉黑案
不起诉之辩护意见

基本案情

当事人董某在上海某融资租赁有限公司太原分公司担任库管员一职，上海某融资租赁有限公司主要从事汽车融资租赁业务，在经营过程中，有些租户没有按时支付租金，也不返还车辆，故意毁约。为减少损失，上海某融资租赁公司则委托第三方通过一切合法正当的法律程序追回车辆或者追偿欠缴的租金。有些车辆被追回以后，需要找地方存放，董某就负责租赁停车场并负责接收、保管被追回的车辆，同时将数据上报上海某融资租赁公司总部，如果有人及时清偿欠款，就按照公司指令，放行车辆。

在追回车辆过程中，据说发生了几起第三方公司暴力收车的情况，有人报警，警方立案，对上海某融资租赁公司的高管、业务员等直接责任人实施抓捕，并带回临汾羁押，我的当事人董某也被连带进去。

在侦查阶段，办案单位以诈骗罪、敲诈勒索罪、抢劫罪、组织领导参加黑社会性质组织罪等罪名展开侦查，侦查终结后移送临汾市某区人民检察院审查起诉。我们在审查起诉阶段介入，开展了一系列工作，经过近一年的辩护，最终取得检察院不起诉的实效。

辩护意见（节录）

辩护人接受委托后，与董某有过多次沟通，并第一时间前往检察院阅卷，对案情有了非常清晰的了解。现辩护人结合阅卷情况，根据《刑事诉讼法》

的相关规定，为贵院妥善审慎处理本案，发表审查起诉阶段的辩护意见，望贵院采纳。

根据起诉意见书的指控，董某因涉嫌抢劫罪被刑拘，后因尧都区检察院不批捕变更强制措施为监视居住后又变更为取保候审，最后，董某涉组织、领导、参加黑社会组织罪、诈骗罪、敲诈勒索罪被移送审查起诉。辩护人根据对案情的详细研判后认为，董某根本不构成任何犯罪，而且上海某融资租赁有限公司（下称"上海某公司"）及太原分公司的其他成员都不涉嫌犯罪，建议检察院及时对董某作出不起诉决定。理由如下：

因董某系受太原某汽车服务有限公司（下称"太原某公司"）和上海某公司的牵连被指控犯罪，所以，本辩护意见除对董某个人辩护外，还会涉及全案整体性辩护。

一、要先行厘清概念，有助于对案件准确定性

起诉意见书的指控逻辑是，太原某公司与上海某公司合作经营的汽车融资租赁产品整体涉嫌"套路贷"。为了对案件有准确的定性，那么，首先就要厘清概念，什么是"套路贷"，什么又是"融资租赁"。

最高人民法院、最高人民检察院、公安部、司法部《关于办理"套路贷"刑事案件若干问题的意见》第1条规定："套路贷""是对以非法占有为目的，假借民间借贷之名，诱使或迫使被害人签订'借贷'或变相'借贷''抵押''担保'等相关协议，通过虚增借贷金额、恶意制造违约、肆意认定违约、毁匿还款证据等方式形成虚假债权债务，并借助诉讼、仲裁、公证或者采用暴力、威胁以及其他手段非法占有被害人财物的相关违法犯罪活动的概括性称谓。"

通过概念，可以清晰明知，"套路贷"的主要目的是非法占有他人财物，其特征及手段主要是：假借名义、虚增债务、恶意制造或肆意认定违约、毁匿证据、威胁、恐吓等暴力催收。"套路贷"当然属于违法犯罪活动，应予严厉打击。

什么又是融资租赁，融资租赁是指出租人根据承租人对租赁物件的特定要求和对供货人的选择，出资向供货人购买租赁物件，并租给承租人使用，承租人则分期向出租人支付租金，在租赁期内租赁物件的所有权属于出租人所有，承租人拥有租赁物件的使用权。租期届满，租金支付完毕并且承租人根据融资租赁合同的规定履行完全部义务后，对租赁物的归属没有约定的或者约定不明的，可以协议补充；不能达成补充协议的，按照合同有关条款或者交易习惯确定，仍然不能确定的，租赁物件所有权归出租人所有。融资租赁是集融资与融物、贸易与技术更新于一体的新型金融产业。由于其融资与融物相结合的特点，出现问题时租赁公司可以回收、处理租赁物，因而在办理融资时对企业资信和担保的要求不高，所以非常适合中小企业融资。

通过这一概念，也可以清晰理解，融资租赁的主要目的是融资融物，赚取利润。他的主要特征是：新型金融产业、租赁期内所有权归出租方、承租方有使用权、可以约定租赁期满后所有权归属、可以自行回收、处理租赁物。

通过对比两者概念和显著特征，不难得出，上海某公司经营的汽车融资租赁金融产品行为，属于典型的民商事行为，受民法相关规范调整，跟"套路贷"有显著区别。

上海某公司的经营模式完全不同于"套路贷"：

（1）上海某公司没有非法占有客户钱款、财物的非法目的。因为有太原某公司及薛某飞个人的担保，一旦出现租户逾期的情况，太原某公司会承担相应的担保责任，所以，上海某公司根本没有非法占有他人财物之必要。根据上海某公司与太原某公司和薛某飞本人签订的《连带责任保证合同》可以证明：太原某公司及其法定代表人薛某飞对其推荐的客户，向上海某公司承担连带保证责任，约定在客户违约时，由太原某公司和薛某飞负责偿还所欠租金，保证人取得对违约客户的追索权。同时，上海某公司根本不参与车辆的后续处理。上海某公司的唯一利润点来源于收取租金与购车款的差额。上海某公司最期待的是，所有承租户依法履约，而不是毁约。而且，根据公司统计资料显示，守约客户占了大部分比例，毁约的仅占一小部分比例。

（2）上海某公司没有假借名义签订任何协议，所有协议都是客户自愿签订的。合同中重点条款都有涂黑加粗进行提示，客户作为完全民事行为能力的人，应当知道合同的权利义务，应当知道协议的约束力。根据在案证据显示，上海某公司临汾分公司员工的证言明确提到，有部分客户是仔细阅读合同的，有些人也提出了疑问，但是经解释，最终都自愿签订了融资租赁合同，这根本不能认定是假借名义，欺骗客户。另根据上海某公司与客户签订的《汽车租赁合同》及合同面签照可以证明：①汽车租赁合同系双方平等、自愿签订，是双方真实意思的表示，且不违反法律、行政法规强制性规定，应认定为合法、有效；②合同明确约定业务类型为融资租赁，且在标题及正文中醒目标识，证明客户明确知晓其与某公司形成的是融资租赁法律关系，而非借贷关系；③合同中明确约定在上海某公司支付了融资款后车辆的所有权归上海某公司，该约定符合最高人民法院《关于审理融资租赁合同纠纷案件适用法律问题的解释》第 2 条之规定及行业惯例。再根据上海某公司与太原某公司签订的《代理合作协议》可以证明：双方在合作协议第 5 条"明确保证"第（j）项中明确约定，对于车辆销售的报价、任何提供融资租赁的意向，融资租赁合同、融资租赁申请书、对融资租赁合同的担保或保险合同或建议等，代理商不得向承租人作任何虚假或令人产生歧义的陈述、保证或声明。第（n）项明确约定，代理商、与其关联人员及雇员均不得违反法律法规、本合同约定及行规，进行欺诈性地或非诚信地车辆销售。

（3）上海某公司没有虚增借贷金额。之所以出现融资金额与实际取得金额不一致的原因是，客户应自行承担购买 GPS 的费用。这笔费用是真实发生的，不是虚构的。GPS 的购买安装费，是为保障上海某公司对抵押担保及债权安全而采取的必要措施，由客户承担这部分费用理所当然。另外，一部分是评估费用，这部分费用同样是实际要发生的，不是虚增项目。根据《车辆评估报告》可以证明：车辆评估系在双方自愿的基础上由第三方实施，且是由客户本人委托，因此系双方协商一致的行为，故该部分不能随意认定为虚增借贷金额。

（4）上海某公司没有恶意制造或肆意认定违约的行为。不仅上海某公司自己没有这个行为，而且，上海某公司还特意制定了一套完整的规章制度来约束代理商、第三方公司的行为，确保整个产品在法律允许范围内运行。所有产生纠纷的案例，都是客户赖账而导致违约，上海某公司及合作商不愿意、也不可能、实际上也根本没有"恶意制造违约"。根据上海某公司与太原某公司和薛某飞本人签订的《连带责任保证合同》可以证明："无论在任何情形下，未经债权人（某公司）授权，擅自收回承租人车辆的行为，无任何法律和合同依据，且涉嫌侵犯他人财产犯罪（盗窃、抢劫等）。若保证人违反本合同约定，擅自采取控制、收回车辆等措施，招致司法调查的，债权人将严格依法声明相关事项，由此产生的一切后果由保证人及其他相关参与人员自行负担。"说明上海某公司严格禁止代理商使用违法的方式实现债权、收回车辆。另外，上海某公司与客户签订的协议对于如何履行协议有明确规定，是否违约的判断标准很明确：客户有无按期支付钱款，违约多少期即可行使解除协议的权利，客户对自己是否违约、违约责任、程度一清二楚，根本就不存在"肆意认定违约"。

（5）上海某公司根本不存在"毁匿还款证据"。承租人所有的还款记录都是通过银行授权扣款完成，都有银行流水可查，根本无法做到毁匿还款证据。

（6）上海某公司没有威胁、恐吓等暴力催收行为。正因为上海某公司的债权有太原某公司和薛某飞个人的担保，所以，上海某公司没有催收之必要，何至于还要去暴力催收？上海某公司根据合同约定，委托第三方收车是基于合同的约定，是客户的根本性违约所导致，于法有据。至于收车过程，上海某公司委托第三方公司收车，有严格的要求和限制。根据上海某公司与太原某公司签订的《代理合作协议》可以证明：第5条"明确保证"第（t）项中明确约定，当承租人未能履行融资租赁合同条款时，代理商可根据租赁公司书面授权帮助租赁公司用合法手段检查、持有、跟踪及控制车辆。……未经租赁公司书面授权，代理商不得控制车辆；⑤未经租赁公司另行书面要求，代理商不得向违约的承租人收取其他任何与融资租赁合同相关的款项；⑥代理商违反在协议中所规定或隐含的条款、合同约定、承诺、陈述或保证，应由其自行承担责任，给租赁公司造成损失的，应无条件赔偿；⑦第12条"反商业贿赂及违规举报"中约定，合同各方均不得向对方或对方人员或其他相关人员索要、收受、提供、给予合同约定外的任何利益；⑧第4条"担保阶段"第（a）项约定，代理商对其每一承租人与租赁公司订立的融资租赁合同下对租赁公司负有的全部债务，提供不可撤销的、无条件的连带责任保证担保。另根据上海某公司制作的《收车公司拍摄视频规范要求》及发布该规范要求的邮件截屏可以证明：上海某公司对第三方收车公司有明确要求，即收车过程中不得辱（谩）骂、威胁（恐吓）、推搡、拘禁、殴打、欺骗客户等行为，证明上海某公司对收车过程中的违法行为持排斥、反对的态度。再根据上海某公司对太原某公司及其人员违法行为的报案材料可以证明：上海某公司对相关代理商及其工作人员的违法行为坚持零容忍的态度，因此不可能与代理商存在任何违法、犯罪的共谋。

综合以上分析，应该可以清晰得出一个结论：上海某公司经营的汽车融资租赁业务属于合法合规经营，严控风险，根本不是所谓的"套路贷"，这一点对本案的定性至关重要，在此多次重点强调。要理清概念，区分对待。至于其他公司是否存在个别违法收车行为，不能被评价由上海某公司承担责任。只有先把这个定性搞明白了，才不至于会办错案，辩护人客观上愿意帮助办案检察官一起做个梳理。

二、要准确认定身份和职责，有助于划分权责，罪责一致

根据董某与上海某公司太原分公司签订的《劳动合同》证明：董某于2017年8月15日通过应聘的形式入职上海某公司太原分公司，于当天签订《劳动合同》，担任库管一职，主要职责是：接收、核对、登记、放行涉违约并应公司要求收回的车辆，同时将登记、核对情况上报上海某公司，其权责来源于劳动合同约定和公司上层领导的指令，其按月领取工资。接受公司的考勤和监督。其行为属于依约、依指令履职。

董某有且只属于上海某公司太原分公司员工，与其他公司没有兼职。搞清楚这个问题，接下来的问题就好说明。

（1）董某不构成抢劫罪。根据起诉书指控，董某系因涉嫌抢劫罪刑拘，但是，起诉意见书全篇没有关于对董某涉嫌抢劫的事实认定，而且指控罪名也没有抢劫一罪，辩护人姑且认定是侦查机关改变了罪名，故其不构成抢劫罪，在此不再对抢劫罪进行过多辩护，将来若再有变化，辩护人将根据情况另行补充相关辩护意见。

（2）董某不构成诈骗罪。起诉意见书认定的被害人被诈骗事实，共计245起，没有一起与董某有关。董某就是上海某公司太原分公司的一个仓库管理员，根本不参与业务的推广和签约，也不是太原某公司的兼职员工，不能与诈骗罪牵连上，辩护人百思不得其解。董某诈骗了谁？通过什么方式实施的诈骗？诈骗获取的利益在哪里？是自己完成还是与人合谋？与谁合谋？这些问题，都没有答案。故，辩护人认为，董某没有犯诈骗罪的主观故意和客观行为。其不应该受到相关案件的牵连。

（3）董某不构成敲诈勒索罪。起诉意见书认定的敲诈勒索罪共计56起，同样没有一起董某直接或间接参与其中。同理，指控董某构成敲诈勒索罪也是莫名其妙的。董某一不参与代理商公司的业务谈判，也不参与第三方公司一同前往各地去收车。其职责就是个库管。这样的指控是空中楼阁，不能成立。再者，董某身为上海某公司太原分公司的一名员工，其根本不需要去亲自参与收车与处理后续赎车、卖车事宜。公司的债权只需要通过对太原某公司实现担保权就可以实现债权的清偿。他为何要去掺和后续事宜呢？图啥？需要再次强调的是，董某的职责就是：接收、核对、登记、放行涉违约并应公司要求收回的车辆，同时将登记、核对情况上报上海某公司，仅此而已。他既没有参与其他犯罪的主观故意，也没有实际的参与其他犯罪的客观行为。他只需要完成自己的本职工作就可以领取相应的薪水，这没有任何问题。根据最高人民法院审理相关案件的司法解释，董某的行为也不能直接认定为犯罪。

（4）董某不构成组织、领导、参加黑社会性质组织罪。根据起诉书意见书指控，董某作为一般成员参加了薛某飞等人组织、领导的黑社会性质组织罪。这显然也是错误的。第一，董某不是太原某公司的员工，薛某飞等人不能组织、领导董某，董某根本不可能听他们使唤。一个不听组织指挥的人，不能直接认定他参加了黑社会组织。第二，董某的工资也不是太原某公司和薛某飞等人发放，董某不参与太原某公司的分成和任何经济利益。第三，董某没有参与过任何违法犯罪行为，除了上海某公司与太原某公司有过一段时间共用停车场董某与他们个别人员有过接触外，董某与太原某公司根本就没有任何关联。根据在案证据可以证明：薛某飞等人供述，上海某公司太原分公司与太原某公司之间没有任何业务往来和联系。第四，董某的行为不具有任何社会危害性。董某作为一名员工，帮助公司管理停车场，这无可厚非，即使不是董某去管理，也会有其他人管理，或者外包其他公司管理。车总要有个停放的地方，而且，也不能放任不管。这恰恰说明，上海某公司对涉案车辆是负责任的，对涉案车辆严加看管，没有任何社会危害性。

三、要准确认定合作与合谋的关系，从而为罪与非罪划清界限

起诉意见书的指控逻辑非常混乱，太原某公司的员工涉嫌犯罪，所以上海某公司员工也涉嫌犯罪。这是乱点鸳鸯谱，胡乱扣帽子。

（1）不要主观定罪，要根据客观归责。上海某公司与太原某公司始终是合作关系，两者没有隶属关系，这一点不能跨越。他们之间不存在违法犯罪之合谋。即使太原某公司在某个运营环节出现了问题，也要区别对待，主要看上海某公司什么态度和作用。上海某公司自始至终都反对太原某公司违法经营，违法催收，不能认定上海某公司参与了整个犯罪过程。罪与非罪，必

须有个清晰的界限，不能使用"迷魂阵"式绝户网将鱼和虾米一网打尽。

（2）权责分明，罪与非罪划清界限，就可以非常明确一点，上海某公司没有要求太原某公司去做违法犯罪行为，也没有默认太原某公司可以从事违法犯罪行为，相反，多次下令，下发文件，明确禁止太原某公司采取违法行为。这样，上海某公司自然没有犯罪故意，不能将上海某公司划入太原某公司团伙一并追究刑事责任。

（3）据辩护人了解，临汾公安机关在本案还没有最终作出定性之前，就迫不及待地与客户通电话，要求客户不再继续偿还租金，一旦这一行为被证实，那么临汾公安机关就明显涉及滥用职权。这显然严重损害上海某公司的实际利益，这种未审先判的有罪推定思维，不仅害了当事人，更多的是害了整个汽车融资租赁行业，害了整个社会经济的健康发展，害了当下好不容易建立起来的司法公信。

综合以上，辩护人认为，本案在审查起诉阶段，应全面客观审查，及时作出对董某不起诉之决定，对上海某公司应立即停止侦查，从而，及时纠偏纠错。

老赖不还债，不是"套路贷"。董某不犯罪，"黑"锅不能背。

以上意见，请采纳。

张某环故意杀人罪一案申诉代理意见

本人受所里指派，接受张某环近亲属张某强的委托，担任张某环故意杀人罪一案的申诉代理律师。经过全面阅卷，足以形成内心确信，本案就是一个冤案。本案原审判决据以定罪量刑的证据不确实、不充分；证明案件事实的主要证据之间存在矛盾；张某环有罪供述系通过刑讯逼供等非法方法取得的证据，依法应当予以排除；本案程序严重违法，影响案件的公正审判，根据《刑事诉讼法》的规定，本案完全符合再审的法定情形。现结合阅卷情况发表代理意见如下：

一、原审判决据以定罪量刑的证据不确实、不充分

1. 原审判决称进贤县公安局在抛尸现场提取的带有补丁的麻袋与被告人张某环所述的麻袋特征相符，就断定是被告人张某环用该麻袋作案，在无法证明张某环的口供真实性的前提下，这种认定是不充分的。那个年代在农村用带有补丁的麻袋极其普遍，麻袋属于种类物，供述特征相似或者相符是正常的，但两者是否同一，需要进一步的客观性证据印证。在此，我们都需要厘清一个概念，基本相同不等于完全一致。

2. 原审判决称在张某环家中查找到的作案用的麻绳，约2米长还嵌入一根红头绳，与张某环讲述的基本相同。但回顾本案整个侦查过程中，该绳子并没有进行指纹以及血液的鉴定，无法证明该绳子是用来作案的工具。仅仅依据被告人张某环的供述说家中某处有一个某种特征的绳子曾经用来作案，缺乏证据的客观性。

3. 原审判决称经江西省公安厅刑事科学技术研究所作的化验鉴定书，证明被告人张某环穿过的工作服上沾的麻袋纤维与从下马塘水库打捞上来的麻袋都是黄麻纤维，张某环也供认案发当天穿了该灰色工作服。首先，依据被

告人张某环供述以及其妻子及同村人的询问笔录中已经证实被告人张某环当天穿着该工作服做过农活，搬运禾草，做农活经常会接触到麻袋，难免会搬运麻袋，身上必定会留有黄麻纤维，无法确定该黄麻纤维来源于案发现场打捞的麻袋。其次，没有证据证明该麻袋就是用来装两个尸体的作案工具，仅仅是距离尸体几米处捞起的麻袋，不能证明这个麻袋装过尸体，被告人张某环供述称是用该麻袋装的尸体，但是没有其他科学技术鉴定来证明该麻袋确实用来装运尸体。

4. 原审判决中指出进贤县公安局法医于 1993 年 10 月 27 日做出的人体损伤检验证明，证实被告人张某环左食指和右中指的掌指关节背侧的刮痕手抓可形成。仅仅说明手抓可形成，并不具有唯一确定性，也可能有其他原因被抓伤。若被抓伤经鉴定其皮肤中应当有孩子的皮肉和血液，或者死者指甲一定会留有张某环的皮肤组织，以当时的刑事侦查技术条件应当进行 DNA（当时刑侦技术具备该条件）技术鉴定，应当进行鉴定而没有鉴定，致使该证据不具有排他性，不能排除合理怀疑。

综上所述，据以定案的证据没有形成完整的证据链，不符合定罪量刑的基本条件，案件事实不清，证据不足。

二、证明案件事实的主要证据之间存在矛盾

1. 张某环两次有罪供述的作案地点不同。张某环于 1993 年 11 月 3 日作出的有罪供述中称："我用右手大拇指，食指和中指卡住张某荣的喉咙，将他按在地上，一会儿躺在田埂上不动了。"说明其第一作案现场在张某荣和张某伟玩耍的田埂上。而根据其在同年 11 月 4 日做出的有罪供述中称："我窜到张某荣身边，朝他脸上打了两巴掌，接着用手抓我。当时出血，就把张某荣拖到我屋内，我哥哥张某强的房间里。"该次供述的作案地点是在其兄的房间内。

这两次有罪供述的作案地点完全不同，有罪供述自相矛盾。

2. 张某环两次供述的杀害张某荣的手段不同。1993 年 11 月 3 日张某环做出的有罪供述中称："我用右手大拇指，食指和中指卡住张某荣的喉咙，将他按在地上，一会躺在田埂上不动了，也没出声。我到万水塘水边捡了节尺多点的蛇皮袋做的绳子，用绳子勒住张某荣的口，勒了一会，又到附近荒地里捡一根尺来长的捎带点皮的杉树棍子，用棍子打张某荣胸前一下，背部两下。

打完后，没了呼吸。"而于同年 11 月 4 日的供述中称："我审到张某荣身边，朝他脸上打了两巴掌，张某荣接着用手抓我（左手背部食指根部已结痂）。当时出血，就把张某荣拖到我屋内，我哥哥张某强的房间里，在后间。我先用两个手指在张某荣的额部狠敲了两下，再用手卡其颈部，三四分钟之后，张某荣就不会作声了。把张某荣放在地上倒身躺着，又到屋檐下拿了一根封麻袋口的绳子纺成大人指头粗的麻绳。（约有 2 米长，我家一共有二根这样的绳子，纺绳子时我还用一根红头绳嵌进去，以便做记号。）并顺手持一根尺多长的杉木棍，返回张某荣躺的屋内，我先用木棍在胸部打了二下，又在他背上打了二下。然后再用绳子缠绕张某荣颈口，绕城一圈，顺着张某荣的口角往后颈窝勒的，我握住两头绳勒，打了结，大约六七分钟，张某荣死掉。"前后两次供述的杀害张某荣的方法明显有不同，第一次供述称在万水塘捡了蛇皮袋做的绳子，第二次供述称在屋檐下捡了麻绳，由于第一次供述是由于在村里人议论所了解的情况下认为是用蛇皮袋做的绳子勒死的张某荣，后改口供变为麻绳，麻绳与蛇皮袋做的绳子很容易区分，不是常人所能混淆的。第一次称在张某荣胸前打了一下，第二次改口供称在胸部打了两下，口供逐渐与之后的人体损伤鉴定描述相符，由于侦查机关看到尸体后基本了解孩子死亡情况在先，不排除中间的刑讯逼供，以及诱导性发问，其次在尸体解剖现场被告人一直观看，对于孩子的受伤情况基本了解，供述与实际相符也不难理解。

根据进贤县公安局刑侦大队的破案报告的内容指出用来勒死张某荣的绳子为 5 米长，而被告人两次供述中所称的绳子长度均与其不符，材质不符、长度不符，疑点重重，对于该绳子为作案工具毫无说服力，相信法官也无法形成相当程度的内心确信。

三、原审判决据以定罪量刑的证据属于非法证据，应当予以排除

原审判决认定张某环故意杀人的证据，基本上都依赖于张某环的口供，对其采用刑讯逼供等非法方法获得的被告人供述，证据收集程序严重违法，依法应当排除。张某环于 1993 年 10 月 27 日被收容审查，最初都是坚决否认是自己杀了人，经过几天的刑讯逼供，于同年 11 月 3 日和 4 日其作出了有罪供述，被告人自第二次有罪供述后又坚持自己是无罪的，被屈打成招，实属冤枉。根据卷宗记录，10 月 27 日在进贤县看守所羁押，三四天后转移到长山

派出所羁押，便于11月3日与4日做出了有罪供述，时间节点不能排除这期间侦查人员对其进行刑讯逼供，张某环的有罪供述应当予以排除。

四、原审判决严重违反法定诉讼程序，影响公正审判

1. 对定案至关重要的作案现场未做勘查，作案现场、抛尸现场、作案工具未经指认、辨认，严重违反法定诉讼程序。

1987年3月18日实施的《公安机关办理刑事案件程序规定》（已修正）第64条第1款规定，发案地公安派出所、驻乡人民警察或者保卫组织要妥善保护犯罪现场，注意保全证据，控制犯罪嫌疑人，并立即报告主管部门。执行勘验人员接到通知，应当立即赶赴现场。第65条第1款规定，勘查现场的任务，是查明与犯罪有关的情况，发现和搜集证据，研究分析案情，判断案件性质，确定侦查方向和范围，为破案提供线索和证据。第79条规定，为了确定被告人和物证，经县以上公安机关负责人或者主管部门负责人批准，可以由被害人、目睹人或知情人对可证明有犯罪嫌疑的人和物进行辨认。辨认经过和结果要制作笔录，由侦查人员和辨认人共同签名。辨认被告人，应当按辨认规则进行。

根据原判决、裁定中可以看出警方在侦查过程中，并未对所谓的"作案现场"进行勘查，且未要求张某环指认过所谓的"杀人现场"和抛尸现场，对所谓的"作案工具"麻绳也未进行辨认，均不能确认其与案件的关联性，严重违反法定诉讼程序。

2. 张某环在终审前被羁押了八年之久，严重超期羁押。

张某环于1993年10月27日被羁押，到2001年11月28日才被终审宣判，期间长达8年多，诉讼程序严重违法，过长的审前羁押，导致司法机关难以依据事实和法律作出无罪判决，影响公正审判。而且久押不决，还导致张某环在被判处死刑缓期二年执行以后，先前的羁押期限无法折抵刑期，严重侵犯了其合法权益。

综上所述，代理人认为，张某环故意杀人罪一案，事实不清，原审判决证据不能达到确实、充分的证明标准，本案可以确信是个冤案，望贵院能早日启动再审程序，改判张某环无罪。

刘某福被控倒卖车票罪案二审辩护词

——对一个人的不公就是对所有人的威胁

通过查阅卷宗材料，会见上诉人刘某福，辩护人对本案有了全面了解。辩护人认为，刘某福被判倒卖车票罪属于适用法律错误，刘某福的代购行为依法不构成犯罪。

二审法庭上，另一辩护人发表了本案刘某福无罪的辩护观点，本辩护人完全赞同，持一致意见，为了更充分又不重复阐明观点，本辩护人将围绕争议焦点和回应二审出庭检察员的观点发表以下补充辩护意见，请合议庭采纳。

一、法庭经调查归纳本案争议焦点：刘某福替旅客代购车票行为是倒卖车票还是民事代理行为以及刘某福使用软件替旅客抢票行为是否具有刑事危害性。辩护人认为，刘某福的代购车票行为是典型的民事代理行为，其利用软件替旅客抢购车票不具有刑事危害性，也没有刑事处罚必要性，二审法院应直接改判刘某福无罪

《刑法》第 227 条第 2 款规定，倒卖车票、船票，情节严重的，处 3 年以下有期徒刑、拘役或者管制，并处或者单处票证价额 1 倍以上 5 倍以下罚金。

该法条规定了犯倒卖车票罪如何处罚，但什么是倒卖车票，并没有明确的定义。

1999 年 9 月 6 日最高人民法院出台了《关于审理倒卖车票刑事案件有关问题的解释》规定，高价、变相加价倒卖车票或者倒卖坐席、卧铺签字号及订购车票凭证，票面数额在 5000 元以上，或者非法获利数额在 2000 元以上的，构成《刑法》第 227 条第 2 款规定的"倒卖车票情节严重"。

这一司法解释，对什么是倒卖车票的行为同样没有作出明确定义。

可见什么是倒卖车票，截至目前，并没有明确的法律概念，也没有法条对其作出准确的定义，这就导致本案一审宣判后，出现了巨大争议。可是要解决本案的法律适用问题，这一法律概念必须厘清，否则就违反了罪刑法定原则。

目前，可以确定，没有任何法律规定，有偿帮旅客代购车票的行为属于犯罪，认定刘某福的行为属于倒卖车票的依据不足。

在没有明确定义什么是倒卖车票行为的前提下，我们不妨试图通过文义解释或者查找刑法学教材等方式来对倒卖车票找出通说理论："倒卖是指以原价买进，再以高价卖出车票船票的行为。"即倒卖车票罪中的倒卖，意味着"高价售卖"。所谓"高价售卖"，即并非"高于原价售卖"，而是应理解为"远远高于原价而售卖"。所谓倒卖车票罪应指以牟利为目的，囤积了大量车票或者利用优势控制票源，而后出卖给不特定人的行为。

二、应当分步解析刘某福代购行为的具体流程，最大程度的还原客观事实

通过庭审调查，辩护人对刘某福通过发布广告，替旅客代购车票，成功后收取佣金这一事实不持异议，这也是一审判决认定的事实。

1. 为全面客观查明事实，辩护人认为有必要对刘某福代购行为进行分步解析：

第一步，刘某福购买抢票软件并安装在自家电脑上。

第二步，刘某福通过手机发布固定格式的代购车票广告。

第三步，委托人（旅客）找到刘某福并协商代购车票事宜，刘某福明确告知购票成功后要收取确定金额的佣金。

第四步，刘某福与旅客确定委托关系，旅客按要求发送个人信息和12306账户信息，所需车票信息给刘某福，刘某福利用旅客身份帮其登录12306网站替旅客抢票。

第五步，抢票如果成功，刘某福第一时间通知旅客，是否继续支付票款，由旅客自行决定，不支付票款到时间票源又回到票池。

第六步，旅客可自行登入12306账号支付票款或者委托刘某福代为支付票款。

第七步，旅客支付成功后，代购车票成功，旅客自行前往取票点取票乘车。

第八步，旅客应当支付事先约定的佣金。

至此，整个交易完成。

2. 通过一步一步解析，我们发现整个交易过程刘某福都在以旅客的身份帮旅客购票，这就是一种典型的民事代理行为。

车票是旅客与铁路运输企业（承运人）之间建立的铁路旅客运输合同的凭证，车票实名制以后，使得车票的购买方是确定唯一的，不可私自转让，实名制车票不具有流通性。

同时，也可以分析出刘某福在整个过程中，根本没有出售车票的行为。二审出庭检察员认定其有出售行为是错误的，也没有根据。

在刘某福每一步操作过程中，没有任何一个环节有出卖车票的意思和行为，旅客在购票成功后，已经完全取得车票所有权，不再受刘某福的控制，其没有再向刘某福购买车票的必要和可能，再去买车票一说不成立，就等于是自己花钱买自己的车票，这明显违背生活常识，旅客除车票款外另行支付的款项只能被认定为服务费或者佣金，这都是事先约定好的，不是事后的非法加价。

3. 刘某福的代购车票行为属于民事代理行为，不是倒卖车票。

对行为的定性，既要看行为本身，也要看概念内涵。前面提到了倒卖的通说概念，也阐明了刘某福代购车票的具体流程，不难得出其行为属于民事代理行为的结论。

（1）2014年最高人民法院曾就某全国人大代表提出关于修改倒卖车票罪司法解释的建议时书面作出明确答复："关于对代购车票加收费用，但未超过铁路系统异地售票手续费的行为不宜处罚的意见，我们完全赞同。此种代购车票行为实际属于民事上的委托合同关系，所加收的费用是代购人基于委托行为所收取的合法、合理报酬。代购行为对正常的交通运输、社会管理秩序也无不利影响，相反，如您所言，反而有利于压缩网络票贩子的暴利空间，对此类行为不宜处罚，更不宜追究刑事责任。"

仔细分析这一答复，可以得出三个要点：第一，已经有人建议修改倒卖车票罪的司法解释，最高人民法院也已经认识到倒卖车票司法解释与时代不相符，并正在着手调研准备修订相关司法解释；第二，对该行为定性已经作出明确答复，就是民事代理行为；第三，虽然答复提到了价格限制因素，但是对行为的定性不会因为价格的高低而改变。

（2）我们从行为本身来看，刘某福始终是在以委托人的身份代购车票，这中间其实就是提供了一种中介服务，卖方始终是铁路运输企业，买方始终是委托人（旅客），这与民法通则和民法总则规定的民事代理行为是相符的。

（3）我们在网上也注意到一条新闻，说是四川某地有人将某提供代抢火车票业务的公司告上法庭，要求退回多收的20元的佣金，此案一、二审均败诉，两审法院均认定某公司提供了代购服务，收费合理，是民事代理行为。

下面就刘某福代购车票法律关系分析附图表予以说明：

卖方：铁路运输企业		车票是买卖合同双方的凭证，合同主体始终没有发生变化，购票订单生成并支付票款，合同成立并生效	买方：旅客		代购方：刘某福
1	12306网站售票		1	旅客1	1v1服务，始终是以旅客名义帮旅客登入官方网站代购车票，事先约定佣金，明码标价，童叟无欺，代购成功后支付，刘某福卖的不是车票，而是服务
2	电话售票		2	旅客2	
3	车站排队售票		n	旅客n	
4	经许可代售点售票				
5	经许可代办点售票				

注：卖方可以制定规定约束卖方，但无权约束买方，买方是自己购买还是委托人购买完全自主决定，没有法律进行限制。

4. 刘某福替人代购车票是"一对一"，不是"一对多"。

二审出庭检察员称，刘某福通过发布广告是"一对多"服务，是对不特定人售票，这种说法显然混淆了概念，实名制车票不可能出现"一对多"出售的情形，铁路运输企业有明确规定，一张车票只能卖给一个人，一人一票一号，不可能卖给不特定的多人，这是典型的"一对一"服务，不能以其对不特定人发布广告来得出其代购车票是对不特定人代购的结论，这是两个概念。

这里的特定人与不特定人指的是就某一张车票的出售对象是否特定。

5. 替旅客代购车票不需要铁路运输企业的许可资质，铁路运输企业的相关规定对此无权限制。

庭审中二审出庭检察员反复强调刘某福没有代售车票的资质，这里面的指控逻辑也是错误的。

（1）刘某福是代购车票服务，不是代售车票，这是有实质区别的。代售行为代理的是卖方，代购行为代理的是买方，接受委托的权利主体就不一样，受到的约束也不一样。

（2）代售车票需要获得铁路运输企业许可，但替旅客代购车票没有法律规定需要许可。替旅客代购等同于旅客自己购票的法律后果，不需要其他人许可。

（3）对私权，法无禁止即自由，只要法律没有禁止性规定就可以从事相关服务，不需要获得许可资质。刘某福替旅客代购车票，也是利用旅客真实身份信息前往铁路运输企业官方网站进行交易，完全遵守相关规定进行，没有任何违反其对购票的相关规定，不能用铁路运输企业对代售行为的规定对刘某福进行约束，这里再次强调刘某福是代购服务不是代售服务，铁路运输企业的规定对此无权限制。

6. 刘某福替旅客代购车票收取服务费的定价不应受到铁路运输企业的限制。

（1）既然铁路运输企业不能利用其代售规定约束刘某福的代购行为，那么自然对刘某福代购如何收取佣金也是不能约束的，不受其代售每张加价不能超过5元的限制。

（2）刘某福所从事的服务属于个体经营的一种方式。根据《价格法》第3条第1、2、3款规定："国家实行并逐步完善宏观经济调控下主要由市场形成价格的机制。价格的制定应当符合价值规律，大多数商品和服务价格实行市场调节价，极少数商品和服务价格实行政府指导价或者政府定价。市场调节价，是指由经营者自主制定，通过市场竞争形成的价格。本法所称经营者是指从事生产、经营商品或者提供有偿服务的法人、其他组织和个人。"同时《价格法》第6条规定："商品价格和服务价格，除依照本法第十八条规定适用政府指导价或者政府定价外，实行市场调节价，由经营者依照本法自主制定。"

可见，刘某福作为个人经营者，完全可以自己决定提供代购服务的价格，这不违反法律规定，其根据供需平衡和提供服务的成本自行定价是符合市场规律的。刘某福对报价是事前行为，不是事后行为，明码标价，童叟无欺，没有隐瞒和欺骗的意思，也没有强迫和胁迫的意思，委托人完全根据良心自愿支付，故其收取的佣金不是非法所得。

7. 刘某福抢票行为对铁路运输企业不具有实质性危害。

（1）刘某福替人代购车票也是前往官网去买，除此之外，没有其他渠道可以买到实名制车票，也就是说，刘某福替人代购的车票都是正规合法的车票，都是从官方售出的，刘某福自己无法造出或者变出车票，刘某福无法控制票源，或者控制订票信息。

（2）铁路运输企业卖出的车票，每天基本是固定的，其车票数量是有限的，这是铁路运输企业本身的承运能力决定的，很多人买不到票，是客观实际状况，不是刘某福造成的，这些票，该怎么卖还是怎么卖，卖票的途径和方式不受任何影响，也不受抢票的影响。

（3）刘某福代购成功的车票，都是有实际需要的旅客购买，这些车票，没有被浪费或者作废，每一张车票都发挥了其应有的价值。铁路运输企业当然希望每一个人都能买到车票乘车，但是当只有1张车票的时候，出现了两个人购买的情况下，只能是先来后到的原则，卖给某一个人，另外一个人就买不到车票，这种矛盾的出现，不是刘某福抢票造成的，是客观原因造成的，不能将该后果归责于刘某福的抢票行为。

8. 刘某福的行为对其他旅客购票不具有实质性危害。

搞明白"一票难求"的真实原因后，我们会发现，其实刘某福的代购行为对其他旅客是没有实质性危害。首先，车票供需紧张，在票源不能完全满足需求的时候，有人可以买到，必然就有人买不到车票。其次，刘某福替人代购车票的前提条件就是铁路运输企业已经卖完了相对应车次的车票，即使刘某福不去抢票，其他旅客也是一票难求，该行为无法实现对其他旅客购票的影响。最后，刘某福利用软件替旅客代购车票，没有违反任何规定，没有法律禁止，这个情况下的抢购车票行为拼的就是速度，有人会用软件，有人只会去排队，这些都是允许存在的一种客观现象，这也是时代和科技进步的表现，不能说刘某福利用软件抢票比别人快，就影响到别人的权利，如果这样，铁路运输企业本身提供 12306 平台供旅客网上购票，不就比传统排队方式要快吗？也不见铁路运输企业要把 12306 官方网站关停，恢复原来的排队购票方式。

这就好比，政府下发通知，说今天中午 12 点，政府免费发放 10 袋大米，先到先得，很多人都想去领，有人步行去，有人开车去，还有人将自己的车出租给去领大米的人，收取车费，这种情况下，开车去的肯定比走路去的快，10 袋大米发完后，政府突然说，那个开出租车载客领大米的人犯法了，因为你开车收取车费帮人抢大米，侵害了其他没领到大米的人的权利，这个逻辑显然很滑稽，刘某福在本案中的行为，犹如开出租车的司机。

9. 刘某福对委托人（旅客）自身不具有实质性危害。

前面提到，旅客已经穷尽了所有自己可以想得到的方式去购票，但还是不能抢到一张车票，这种情况下，旅客只好找更多人帮其代购车票，就是一种碰运气的心态。如果抢票成功，自然是高兴开心，与其不能回家，他们更愿意花点钱找人抢票，这就是市场需求，有需求就应当允许有生意，这种情况下，他们额外付出佣金也是自愿开心的，对代购人是持感谢态度的。如果抢票不成功，反正不花一分钱，反正也是没有票回不了家，更是没有任何危害性。

截至案发前，除了部分旅客不诚信不支付佣金外，没有发生一起旅客要求退回佣金的事件，这也说明旅客是完全自愿且认可支付佣金的。

10. 刘某福行为与其他第三方抢票软件无实质性区别，要维护个案的正义。

法庭上，辩护人提到刘某福的行为其实与其他第三方抢票软件公司的行为无差别，都是利用软件帮人抢票并收取佣金，要说区别就是，刘某福无论是从规模还是从影响或者获利情况都无法跟第三方抢票软件公司相比较，刘某福的行为的危害性与其他公司相比实在是太小了，为什么这种情况下要处罚刘某福而其他公司没有被追究刑事责任，个案正义如何实现？在此，不是强调第三方软件公司就一定构成犯罪，而是反过来理解，正是因为他们不构成犯罪，所以他们没有判刑，理应也要改判刘某福无罪。

11. 本案控辩双方就法律适用出现分歧，根据最高人民法院文件规定，应逐级层报最高人民法院研究后作出正确判决。

法庭上，辩护人提出了类似刘某福行为不构成犯罪在检察院不起诉处理的两起案件，二审出庭检察员又提出，经检索法院裁判文书网，目前可以找到类似行为的有罪判决。这就出现了同案不同判的现象，根据最高人民法院的规定，出现这种情况，应及时层报最高人民法院研究后作出决定。

最高人民法院《关于建立法律适用分歧解决机制的实施办法》（以下简称《实施办法》）已于 2019 年 9 月 9 日由最高人民法院审判委员会通过，自 2019 年 10 月 28 日施行。

该《实施办法》明确规定，最高人民法院各业务部门、各高级人民法院和专门人民法院在案件审理与执行过程中，发现最高人民法院生效裁判之间存在法律适用分歧的，或者在审案件作出的裁判结果可能与最高人民法院生效裁判确定的法律适用原则或者标准发生分歧的，应当启动法律适用分歧解决机制，向最高人民法院提出法律适用分歧解决申请。

此外，对于法律适用分歧解决结果的适用，《实施办法》规定，最高人民法院审判管理办公室应当及时将最高人民法院审判委员会的决定反馈给法律适用分歧解决申请的报送单位，并按照法律适用分歧问题及决定的性质提出发布形式和发布范围的意见，报经批准后予以落实。同时，对于最高人民法院审判委员会关于法律适用分歧作出的决定，最高人民法院各业务部门、地方各级人民法院和各专门人民法院在审判与执行工作中应当参照执行。

12. 判刘某福有罪违反罪刑法定原则与刑法谦抑性原则。

罪刑法定原则是我国刑法的基本原则，该原则要求，法院作出的有罪判决必须有明确的法律规定。因为对倒卖车票目前刑法没有对其作出准确定义，也没有法律规定，替旅客代购车票属于犯罪，此时对法律条文的解释应作限缩解释，不能随意作出夸大解释，不能将有偿代购车票行为直接认定为倒卖车票，也不能将利用软件代购车票的行为直接认定为倒卖车票，在法律或相关司法解释没有作出修改前，不能将有偿代购车票行为作为倒卖车票进行刑事处罚，否则必然违反罪刑法定原则。

另外，当学界普遍对该案的法律适用问题出现争议之时，我们的审判机关应正确适用刑法的谦抑性原则，作出对被告人有利的判决才是正确之道。

13. 本案刘某福的有偿代购车票行为不构成非法经营罪。

（1）《刑法》第225条规定，违反国家规定，有下列非法经营行为之一，扰乱市场秩序，情节严重的，处5年以下有期徒刑或者拘役，并处或者单处违法所得1倍以上5倍以下罚金；情节特别严重的，处5年以上有期徒刑，并处违法所得1倍以上5倍以下罚金或者没收财产：①未经许可经营法律、行政法规规定的专营、专卖物品或者其他限制买卖的物品的；②买卖进出口许可证、进出口原产地证明以及其他法律、行政法规规定的经营许可证或者批准文件的；③未经国家有关主管部门批准非法经营证券、期货、保险业务的，或者非法从事资金支付结算业务的；④其他严重扰乱市场秩序的非法经营行为。

同时，根据刑法条文规定，违反国家规定，指的是违反全国人大及其常委会颁布的法律、决定，以及国务院颁布的行政法规、决定，不包括部门规章和地方性法规及地方政府规章。

另外，2011年4月8日，最高人民法院出台司法解释《关于准确理解和适用刑法中"国家规定"的有关问题的通知》（法发［2011］155号），其中规定："各级人民法院审理非法经营犯罪案件，要依法严格把握刑法第二百二十五条第（四）的适用范围。对被告人的行为是否属于刑法第二百二十五条第（四）规定的'其它严重扰乱市场秩序的非法经营行为'，有关司法解释未作明确规定的，应当作为法律适用问题，逐级向最高人民法院请示。"

可见，刘某福既没有违反国家规定，也不是法条列举的非法经营行为，没有任何司法解释将其纳入非法经营的打击范围。

（2）无证经营不等于非法经营，代购车票业务属于票务服务项目，可随时补办手续，没有任何审批许可的前置程序。

2018年最高人民法院曾经将内蒙古王某军收购玉米改判无罪案收集为指导案例，该案裁判思路就是无证经营不等于非法经营，主要看其行为是否具有社会危害性和刑事处罚必要性。该案例可以直接说明一点，无证经营不等于非法经营，同样适用于刘某福案件。

刘某福替旅客代购车票，根本上还是一种服务项目，没有法律强制性要求必须办理证照，个人也是社会主义市场经济的主体，有权经营法律不禁止的服务项目。并且，现在注册证照是认缴制，手续办理非常方便，经营票务服务并没有任何前置审批程序，执法机关，如果认为刘某福之前的行为是没有营业执照，那么可以要求限期改正补办，没有必要直接对其刑事处罚。可见有证无证不是本案的焦点问题。

审判长、审判员，以上补充辩护意见，辩护人认为应该阐明了刘某福无罪的观点，请合议庭采纳本意见，直接改判刘某福无罪。

孟德斯鸠在《论法的精神》一书中指出："对一个人的不公，就是对所有人的威胁。因为对一个人的不公，所显示出来的是制度的逻辑。这种逻辑可以用来对待所有人，无人能保证自己幸免。"

结合我国司法实践，同样对司法的公正提出要求，要努力让人民群众在每一个司法案件中感受到公平正义。

刘某福案二审能否改判无罪，即是对个案公平正义的考量，望二审法院准确适用法律，采纳辩护人意见，早日改判刘某福无罪。

白某记被控贩毒、制毒、非法买卖枪支一案二审阶段辩护词（一）

辩护人通过查阅案件卷宗，会见白某记本人，对本案有了较全面的了解，现就本案存在的一些问题向贵院发表辩护意见，望采纳。

一、关于被控非法买卖枪支一案意见

通过查阅侦查阶段卷宗及一审庭审笔录显示：对白某记的指控除了张某成、王某善的前后不稳定、相矛盾供述以外，没有其他实质性的证据与之相印证，无法形成完整的证据链，对白某记的指控明显证据不足，事实不清。对白某记的指控不能仅凭他人的口供定罪处罚。

1. 侦查卷宗（补侦卷 2）是张某成、王某善非法买卖枪支弹药罪一案的全部卷宗，该卷宗张某成第一次、第二次的供述都没有谈及白某记，在第三次供述时出现了对白某记的指供，而张某成第三次的供述时间是在 2004 年 3 月 20 日 17：05~17：35。（补侦卷第 41 页）

2. 卷宗里王某善前后多次供述，第一次供述同样没有谈及白某记，而第二次供述就巧合地出现了对白某记的指供，并且此次指供还是经过涂改后形成，为什么涂改不得而知，谁涂改的也不得而知，需要特别说明的是王某善的供述时间是在张某成的第三次供述后的五分钟，具体时间是：2004 年 3 月 20 日 17：40~18：05。（补侦卷第 57 页）

为什么张某成、王某善两人在第一次都没有谈及白某记？为什么王某善的供述出现了涂改？为什么在张某成指供以后，王某善才恰巧指供？难道这都是巧合，还是另有隐情？这些在一审庭审都没有调查清楚，就凭他们的这种前后不稳定、涂改的供述治白某记的罪，既不符合法治理念也不符合《刑事诉讼法》中重证据轻口供的相关规定。

3. 王某善在供述中还提到，其和白某记是初中同学，但是据白某记本人反映，白某记小学都没有毕业，根本不可能在初中和王某善是同学，经多方求证，白某记确实没有就读初中，因此王某善的供述明显不实，所以其供述不能作为指控白某记的证言。

4. 在侦查卷宗（补侦一卷第 7 页）里白某记涉枪案件的供述与辩解仅涉及一句公安机关的讯问与一句白某记的供述辩解，翻遍全部证据材料再找不到白某记的供述与辩解，且白某记的供述是没有参与枪案。因此，白某记的供述与辩解不能作为其定罪量刑的证据，因为该证据是否定指控的。

排除白某记的供述与辩解后，再来评议其他证据，就显得苍白无力。此案，仅有张某成、王某善两人的指供，而且该二人的指供还极不稳定。孤证不能定罪，这是刑事诉讼法的原则和一贯理念，辩护人在庭审前的理性声音，希望能得到采纳，白某记涉枪案件应当属于证据不足、事实不清的无罪案件！

而一旦涉枪案件无罪，对白某记的数罪认定就是错误的，数罪并罚加重对其处罚也必然错误，望得到及时纠正。

二、关于被控贩毒、制毒案件的意见

首先我们不妨假设对白某记涉嫌犯罪的指控事实清楚，那么辩护人在庭审前将要重点说明的是以下几点：

1. 本案一审第一次开庭于 2015 年 12 月 2 日在范县人民法院审理，但辩护人发现，濮阳市市中级人民法院分别于 2016 年 5 月 12 日、2016 年 6 月 20 日两次在范县看守所提审白某记，本案应当公开开庭审理，为何突然搞起这种秘密审判的权术，用意何在不得而知，这种秘密审理的行为严重破坏了公开审理的原则，剥夺了被告人与辩护人的诉讼权利，属于严重违反法定程序，本案，审理的结果不能保证公正。

2. 本案一审开庭结束后，一审宣判前，甚至在一审主审法官合议前，就将本案的全部案件材料及 12 份请示报告移送到河南省高级人民法院，对该案的死刑结果进行请示，这种行为也是严重违反法定程序，更是破坏二审终审制及独立审判原则的行径，那么本案上诉到河南省高级人民法院，该院因违反法律规定便没有资格继续审理。最终的结果也不能够保证公平正义的实现。望得到贵院的监督及正面、书面回复。

3. 补侦卷中濮阳市人民检察院的两次补侦提纲显示：检察院要求公安机

关继续对外号"老五"的人布控侦查；对白某博名下的 254 000 元是否系毒资继续侦查；移送公安机关技侦卷宗；对涉案手机数据进行数据恢复；调查手机通讯记录，QQ 聊天记录等。那么在本案一审审理过程中，这些都没有提及，仅仅是在庭审后出具几份情况说明，而检察院要求补侦的这些证据，对本案的定罪量刑是起到关键性、决定性的作用，不能不提供。辩护人前期已经就此问题单独向河南省高级人民法院提出了申请，但是毫无音讯，不得不在此再次书面提起申请，对以上关键性证据请求贵院务必调取，并在庭审前通知辩护人前往贵院查阅复制相关证据或将以上证据邮寄给辩护人。

4. 通过一审法院向贵院移交的上诉卷宗显示，本案一审共计 9 本卷宗，光盘 11 张。但是，辩护人仅从贵院公诉部门阅取 8 本卷宗，光盘 0 张。因此，辩护人再次请求：务必在二审开庭前，将第九本卷宗和光盘及技侦卷宗提供给辩护人阅卷，尤其是白某记几次讯问的同步录音录像、搜查同步录音录像，从而使辩护人作出准确的辩护方案，恳请贵院充分保障辩护人的辩护权得到落实。

5. 经辩护人了解，白某记的弟弟白某朋的案件已在河南省高级人民法院二审结束，其案卷中就有对杂牌手机数据恢复成功的证据材料，因此，如果公安机关仍然无法恢复白某记的手机电子数据，辩护人申请贵院将涉案手机委托安阳市人民检察院技术处进行有效数据恢复，恳请批准。

6. 本案中，外号"老五"的人物，除了白某记供述外，还有至少 15 位证人确认"老五"这个人是存在的，只有继续对其布控抓捕，才能将本案的一些关键事实查明，辩护人请求贵院建议公安机关继续加大抓捕力度，一旦查实，白某记的检举应当算是重大立功，从而也有利于本案事实的查明，作出正确的判决。

7. 关于毒资的问题，经阅卷查明，白某记本人在 2014 年确实从羽绒厂退回股金 30 万元，并且从农村信用社有过贷款记录，白某博名下的存款254 000元不能认定是毒资，该部分意见在开庭时将会重点予以说明。

8. 公安机关在没有经过罚没程序就擅自分享扣留毒资，明显违反了《刑事诉讼法》的规定，也违反了《公安机关办理刑事案件程序规定》的相关规定，请求检察院对此进行监督，辩护人有合理理由怀疑，公安机关为了截留更多资金，而放任他人违法犯罪，导致本案上诉人的刑期加重。

以上内容，辩护人请求在二审庭审前一并解决，充分保障辩护人的辩护权，并充分发挥检察院的监督职能。

三、辩护人重点谈一下本案的蹊跷之处，且严重影响量刑的意见

1. 据案件材料显示，范县公安局禁毒大队在 2014 年 9 月 12 日就已经对白某记涉毒案件立案侦查，通过技侦手段获得了很多线索，然迟迟不予采取抓捕等强制措施，而是继续放任其行为，待确定为公安部目标案件后才采取行动，这之间间隔 3 个月之久。本来就是在公安机关的掌控下的案件，不及时抓捕，不第一时间将其扼杀在萌芽状态，显然不符合常情常理，如果在发现之初就采取行动，不至于有那么大的毒品数量出现，或许根本就不会有毒品出现，这是典型的数量引诱。

2. 外号"老五"这个人，也是疑点重重，为何他就抓不住？其是不是特情人员？既然都在公安机关的掌控下，为何还能让"老五"逃脱？

3. 白某记自被范县公安机关盯上以后，自然难以逃脱对其打击和处罚，这也是典型控制下交付的一种侦查措施，这种情况下，对其判处死刑当然量刑过重。

四、辩护人为了更直观地说明问题，在网上检索了毒品数量引诱、特情引诱、控制下交付犯罪的一些判例，几乎无一判处死刑的案件，在最高人民法院的死刑复核阶段均被撤销原判，并不予核准执行死刑，辩护人在此仅附包某龙贩毒一案的材料供贵院在庭审前参考。（大连、武汉审理毒品案件会议纪要均有相关规定）

综上，辩护人认为以上意见对白某记的定罪量刑都有实质性的影响，辩护人殷切希望贵院在庭审前认真负责地审查以上内容，辩护人可前往贵院协调沟通相关事宜，同时恳请贵院对一审法院、公安机关违法行为进行监督为盼。

白某记被控贩卖、制造毒品罪、非法买卖枪支罪一案重审一审辩护词（二）

本案涉及两项犯罪指控，为充分发表辩护意见，辩护人就两项犯罪指控分别发表辩护意见，望合议庭采纳。

白某记被控贩卖、 制造毒品罪一案辩护意见

本案原一审指控白某记贩卖、制造毒品罪宣判白某记死刑，我们曾代理本案二审担任辩护人，面对这样一起死刑案件，我们压力很大同时又不得不格外仔细与认真，对每一细节都经过反复比对核实，曾经与二审法院就阅卷问题、复制同步录音录像问题、证据问题、程序问题充分交流意见，还未开庭就碰撞激烈，好在二审法院在未开庭的情况下仍然采信了辩护人的部分意见，将本案发回重审，才有本次重审开庭，这次机会确实来之不易，我们倍感珍惜，我们更希望法庭能够通过这次庭审的法庭调查查明真相，还原事情的本来面目，不枉不纵作出公正合理的判决。

本次庭审前我们与审判长有过多次接触，无论是当面或者是电话沟通都非常友善、顺畅，我们提出的几项合理诉求基本得到回应，但是，就本案的关键材料技侦卷宗的调取、查阅、质证等程序一直没有得到正面答复，导致我们就某些事实也不能形成内心确信，这就使得我们的辩护无法做到针对性、全面性、准确性。因为可能对白某记有利的证据材料没有调取并提交法庭质证，所以我们的辩护工作难以保证质量，不得不说是本案的一大遗憾和程序故障。对技侦卷宗的调取、查阅、质证我们在开庭前提出申请，在庭前会议程序也提出申请，庭审当中乃至庭审结束后均书面提出申请，但是不知具体什么原因该证据材料就是没能出现在法庭并交由控辩双方质证，对此，我们

深表遗憾，又无能为力。

下面，结合相关事实与证据发表辩护意见，望采纳。

一、本案确定无疑使用了技术侦查措施，但是技侦卷宗却没有随案移送，也未经法庭举证质证，因此，指控白某记贩卖、制造毒品罪的事实无法查明，证据不能达到确实、充分的证明标准

通过公安机关的《立案材料》及多份《情况说明》可以明确得出本案公安机关使用了技术侦查措施，但什么时候开始使用该措施，使用该措施的决定是否符合法律规定，手段是否合法，结论是否明确、唯一，哪些证据是对白某记有利，是否运用了特情手段，运用哪种特情手段，有没有对白某记进行"犯意引诱""数量引诱"或者"双套引诱"等，这些问题我们都无法查清，但是查明这些事实对本案又至关重要。

如果对白某记一开始就进行了"犯意引诱"，就不排除白某记供称的"老五"真实存在且系公安机关内部人员或者控制人员，如果这般，则白某记全案应属无罪。因为，白某记本人没有犯罪故意，公安人员对其引诱犯罪，具有不可推卸的责任，这种刑责当然不能由白某记承担，这也是被毒品犯罪大连会议纪要所确定的裁判规则。

如果对白某记没有进行"犯意引诱"，仅仅是"数量上的放任"，则我们认为不能排除白某记确实参与制造毒品疑似物，仅仅是不能排除，是否参与制造，到底是不是毒品，仍然需要其他客观性、技术性证据证明并相互印证，且要排除合理怀疑。

如果其他证据能够证实白某记参与制造的东西就是毒品，则，因为白某记所参与的制毒行为完全掌握在公安机关的控制之下，其不可能将毒品流入社会、危害社会，因此，不能仅从数量来认定白某记犯罪情节，应对其从轻处罚，更不宜判处死刑立即执行。

当然，如果对白某记既有"犯意引诱"，又有"数量引诱"，属于"双套引诱"，则更不应该对其定罪，理由同上不再赘述。

为什么会出现上面几种选择性辩护意见，因为，我们没有看到技侦案卷，案卷没有在法庭出示并质证，故我们只能出具猜测性辩护意见。当然，为审慎起见，辩护人仍然希望法庭能够调取该部分卷宗，供辩护人查阅，质证，从而查清相关事实，如此对合议庭作出公正判决也是有利的。

假设，法庭最后就是不能调取该部分卷宗，则本案会面临一个问题，就是可能对白某记有利的证据材料没有调取，既违反了《刑事诉讼法》全面收集证据规则，也违反了《刑事诉讼法》有关对定罪、量刑有关的事实与证据都应当经过法庭调查、辩论的规定，这是本案一大程序隐患，属于严重程序违法。

退一步讲，如果以上情形都不存在，也不能排除公安机关对技侦措施的决定、使用就不存在违法之处，则该部分证据因不具有合法性，不应作为定案根据，也不能采信。《刑事诉讼法》第 150~154 条，对技术侦查措施的使用前提、条件、批准程序、使用期限、使用种类、适用对象、使用手段等都有明确的规定，必须经严格批准才能使用，任一程序违反法律规定，都必然导致该证据不具有合法性，归于无效。比如，通过公安机关的《立案材料》可以得出对白某记使用技侦措施是在立案之前，违反立案之后才能使用技侦措施的规定。至于，在技侦措施使用过程中有没有其他违法之处我们又不得而知。

二、白某记的有罪供述及其他同案犯的供述系刑讯逼供非法取得，且不能一一印证，应排除不予采信

白某记及其他同案犯的有罪供述据法庭调查，都反映存在公安机关刑讯逼供的嫌疑，白某记提供了包括在什么时间、地点、被采用什么手段逼供等详细的被刑讯逼供线索，庭审也启动非法证据排除的调查，经过调查，辩护人认为还是不能排除本案存在刑讯逼供的嫌疑。

另外，根据白某记的文化程度，其不太可能明白制毒化学原料的学名全称，但是，我们看白某记的第一次供述就提到了甲卡西酮，提到了全部制毒化学原料的专业学名，这不符合客观规律，他为什么会这么说，不排除公安人员指供、诱供的可能。

尤其是白某记的儿子白某博的证言不具有合法性导致该证言不具有证明力。白某博一开始是被作为犯罪嫌疑人进行调查，当时其未成年，按照《刑事诉讼法》的规定，对未成年人讯问应当由成年法定监护人陪同，但是，当年对白某博的讯问并没有其法定监护人陪同，至于讯问内容也是具有诱导性，故该证言不具有合法性。

三、本案即使通过技术侦查措施，仍没有取得指控白某记贩卖毒品犯罪的相关线索或者证据，甚至所谓的贩卖毒品下家都被技术侦查措施否定，因此，不能证明存在贩卖毒品行为，对白某记贩卖毒品的指控，主要证据是来自其本人供述卖给"老五"、张某成的供述与白某征的供述，以及所谓的毒资

因为"老五"没有到案，也没有查明是否真实存在这个人，因此这份供述就不能确定真伪，不能保证供述的真实性。如果"老五"是白某记虚构的人，那么向其出售毒品的供述就不攻而破，显然也是虚假的。如果"老五"真实存在，在公安机关的技侦措施下，不可能逃避法网，公安机关又没有采取抓捕行动使其到案接受调查，不得不让人产生怀疑，"老五"的真实身份，法庭应该要待"老五"归案后，结合"老五"的供述及其他客观性证据相互印证才能作为定案根据。

张某成供认其从白某记处购买毒品，然后卖给所谓的"老孟""老赵"，以及卖给白某征，获得毒资交给了白某记的儿子白某博。看似证据体系完善，但是都经不住考证。所谓的"老孟""老赵"，经过公安机关密切监视、均没有发现相关线索，甚至可以排除这二人的真实存在，所以该线索被技侦材料所切断。

白某征供认其卖给岳某环毒品，但是岳某环经公安机关抓捕到案后，又给取保候审释放了，那么到底是因为什么原因释放我们不得而知，岳某环是否供认购买了白某征的毒品也不得而知。如果其确实购买了毒品，这个毒品是不是来源于白某记没有直接证据体现。

公安机关把白某博名下的银行卡存款直接扣划，并分配来认定这就是白某记涉案的毒资，也是没有根据的，白某博银行卡存款的来源白某记说是其羽绒厂退股分红所得，交给孟某，孟某分三次带白某博去银行存的，白某记还有其他资金来源，包括向银行贷款，向朋友借款等。如果是毒资，白某记不会傻到放在自己的儿子银行卡去存，这不是害他儿子吗？虎毒还不食子，这明显违背人之常情。因此，只有一种可能，这个钱是合法来源，公安机关强行扣划错误。

四、指控白某记与张某成等人系共同犯罪也是错误的，某电视媒体报道的渲染的家族式制毒、贩毒团伙无形中夸大了犯罪情节，给本案造成了极为恶劣的影响，蒙上了罪大恶极的阴影，请求合议庭裁判时，排除舆论的干扰，独立作出公正判决

如果张某成与白某记系制毒、贩毒团伙、是共同犯罪，那么，也就不存在张某成从白某记处购买毒品一说，因为都是自己的东西，没有购买必要，何况还有差价。另外，共同制造，共同贩卖，理应按比例或者等同分配利润，但是没有发现他们对利润分配的约定和口供，也没有分工的约定，更没有出资的约定，一点共同犯罪的证据都没有，如何来认定他们系共同犯罪呢？

如果是家族式、团体式犯罪，对其打击力度无形会增加，他们的罪行会更可恶，人们对其憎恶也会更加强烈，但是，我们经过调查会发现，本案就是一起经过公安机关严密监控的无法真正实施的犯罪，这种情况下，根本就不存在什么危险性、危害性，舆论夸大了其影响，未经法庭审理，舆论先审理一遍也有违公平公正，希望法庭能够坚持独立审判原则，作出正确的判决。

五、公安机关除技术侦查措施以外的侦查程序严重违法，导致事实存疑

1. 毒品搜查、提取、扣押、取样、称重、送检、鉴定程序违法。本案中我们发现对案发现场查获的毒品疑似物，只有称重笔录、扣押清单，没有搜查手续，也没有进行全程录音录像，也没有提取、取样、送检等笔录，尤其是缺少封存程序。有无对毒品疑似物污染、调包等情形均无法查清。同时，称量毒品疑似物过程中，没有对衡器进行验证，称重前是否归零，衡器是否经过法定计量检定机构检定并在有效期内，称量数据是否清晰等问题都没有明确结论。毒品犯罪仅仅依据扣押清单认定数量是不科学的，应严格依照合法称量数据认定，现在，因为称量衡器无法读出准确数字，显示的数字是否准确也存在疑问。

2. 对所谓毒资的认定与扣划违法，分配也属违法，应返还被告人家属。前面提到白某博银行卡的存款来源没有直接证据证明是毒资所得，因此在没有经过法庭审理认定的前提下就直接扣划显然是错误的，尤其是在法院判决未生效之前就对该款进行分配也属违反法律规定，如果是违法所得，也应该先上缴国库，再行分配。

3. 侦查人员涉嫌受贿犯罪，理应自行回避，其侦查行为是否有效有待商榷。本案中，公安机关主要侦查人员张某省等人，因涉及向本案白某记家属索贿被判刑或被处分，张某省的判决已经生效，足以认定其受贿犯罪，因此，其对本案侦查一开始就存在利害关系，自然会影响本案的侦查结果，我们不能排除，张某省等人因为没有索取大额款项对白某记进行打击报复，其侦查行为失去了公正性基础，根据《刑事诉讼法》有关回避的规定，我们有理由认为其应自行回避，并且，其参与侦查的所有证据的效力问题都有待确认。

六、涉案毒品疑似物鉴定程序违法，应启动重新鉴定

1. 检验报告不能等同于鉴定意见，毒品犯罪案件无论是定性还是定量都应全部进行鉴定。

根据《刑事诉讼法》司法解释的规定，检验程序是在没有条件或者不具备鉴定条件启动鉴定程序才可以适用的一种简易检查勘验程序，其效力只能是具有参考价值，不具有鉴定的法定效力。

上面提到的检验就是通过外观、形状等特征认定，显然不具有唯一性和排他性，尤其是毒品犯罪案件一定要通过毒品理化鉴定才能确定其成分、含量，否则，不能作为认定毒品及毒品种类的依据。

2. 鉴定标准适用错误。毒品分为多种，有化学合成毒品，有天然提纯毒品，还有许多其他新型毒品。如何区分种类，当然需要鉴定，鉴定适用什么标准，每一种毒品都有其独特性，故鉴定标准不一，本案中，对毒品含量的鉴定适用标本就是错误的，其适用甲基苯丙胺的鉴定标准来鉴定甲卡西酮属于适用标准错误，因此其含量即纯度就不能准确得到验证，虽然毒品纯度不进行折算，但是，目前对毒品纯度的认定必然影响量刑，否则，没有必要进行鉴定。

3. 取样、送检程序不明、整个检验、鉴定过程不明。涉案毒品疑似物先是定性检验含甲卡西酮成分，这次是在濮阳公安机关作的检验，然后又被送到济南做定量鉴定，这期间，毒品没有进行封存，检验、鉴定程序如何取样不明，谁负责送检有无调换不明。整个鉴定程序的经过，有无复检也是不明的。

因此，对本案毒品疑似物的检验、鉴定程序违法，应重新启动鉴定。

七、结合几次毒品会议纪要内容，本案不应当判处白某记死刑，如指控白某记制造毒品犯罪成立，则建议法院在 15 年以下有期徒刑量刑

1. "因特情介入，其犯罪行为一般都在公安机关的控制之下，毒品一般也不易流入社会，其社会危害程度大大减轻，这在量刑时，应当加以考虑。"[最高人民法院《关于印发〈全国法院审理毒品犯罪案件工作座谈会纪要〉的通知》（法〔2000〕42 号），已失效]

2. 该纪要对存在"犯意引诱"的毒品犯罪案件的处理原则是"定罪轻罚"；对因"数量引诱"实施毒品犯罪的被告人，应当依法从轻处罚，即使毒品数量超过实际掌握的死刑数量标准，一般也不判处死刑立即执行。

本案中，既不排除存在"犯意引诱"，也不排除"数量引诱"，甚至不能排除"双套引诱"，因此在认定犯罪事实与证据时，应充分考虑这些因素，定罪量刑既要起到打击犯罪的目的，也要兼顾保障被告人各项权利。

尊敬的审判长、审判员，辩护人综合分析全案，认为对白某记涉贩卖毒品罪的指控，事实不清，证据不足，应宣判无罪。

对白某记涉制造毒品罪的指控，辩护人认为要结合相关证据排除一切合理怀疑的前提下才能认定，但是，本案诸多客观性问题因为技侦案卷的缺失或者隐藏，以及鉴定程序的违法导致证据存疑，因此在定罪量刑时要充分考量罪轻因素。

以上就是结合庭审针对白某记涉毒品犯罪案件的辩护意见，望合议庭采纳。

白某记被控非法买卖枪支罪一案辩护意见

一、指控白某记非法买卖枪支罪一案，事实不清，证据不足，无客观性证据证明白某记涉嫌非法买卖枪支犯罪

根据起诉书指控，2003 年 11 月张某成（已判）通过白某记从王某善（已判）手中购买 4 支左轮手枪卖给王某龙（已判），王某龙同他人作案时查获两支，另外两支下落不明，据此认定白某记犯非法买卖枪支罪。

但就是这样的一个事实没有任何客观性证据证明，其他证据之间又不能

相互印证，不能形成完整证据体系，除了张某成、王某善前后矛盾的供述以外没有任何客观证据证实白某记涉案。

经过对全案证据分析，张某成到底是从谁手里买的枪，又卖给谁了，多少钱买的，多少钱卖的，买了几支枪，又卖了几支枪，杨某顺案查获的两支左轮手枪是不是就是张某成出售的，白某记在本案到底参与在什么环节，起了什么作用等基本问题都没有查明。

第一，海兴县公安局扣押物品清单、台前县人民法院刑事判决书等书证，无一直接指向白某记涉案，根本没有出现对白某记的指控痕迹，只能证明海兴县公安局在办理其他案件过程中扣押了两支自制左轮手枪，与白某记无直接关联性。

第二，河北省沧州市公安局枪支检验鉴定书也不能证明白某记涉案，只能证明该局公安机关缴获的是枪支，不能直接证明送检的枪支来源于白某记贩卖，至于枪支从哪来的、枪支是谁制造的、谁出售的、谁购买的、谁使用的等事实均不能证明且相互印证，同样不能直接证明白某记涉案。

第三，张某成、王某善、杨某顺等人的供述均属于同案被告人供述，非证人证言，且其供述前后矛盾，极不稳定，不能得出白某记涉案的唯一结论，不能排除合理怀疑，不应采信。

1. 张某成被抓之后前两次供述只字没提白某记，第三次突然提到白某记，这前后不同的供述如何形成我们不清楚。

张某成第一次供述：公安机关开始就直接问他是否知道公安为何抓他？他说知道，因为枪的事。但是我们经审理发现张某成并不是因为买卖枪支犯罪抓的现行，他是怎么被抓后就马上知道因为枪的事抓他呢？这一点不符合常理，不排除公安机关指供，同时，他说他是通过电话联系的一个陌生人买的 4 支枪，每支 2000 元。

张某成第二次供述：他说他认识"二善"，直接找"二善"买的枪，"二善"哪来的枪不知道。

张某成第三次供述：白某记突然出现了，公安机关说已经掌握情况，张某成没有说实话，张某成然后就改变供述说通过小孩二舅白某记买的枪，每支 450 元。

通过以上内容我们会发现，张某成前面三次供述都是前后矛盾，对从哪买的枪，买了几支枪，多少钱买的，通过谁买的枪都不能统一，买没买子弹一事，自始至终没有一个确切的交代。

另外，本次庭审当天，张某成又说他是跟白某记死去的弟弟一起买的枪，又改变了其之前的供述，这种时翻时供的供述，本身真实性就存疑。因此，张某成的供述不能采信，不能作为指控本案白某记犯罪的定案根据。

2. 王某善的供述一共6次。6次供述也不是完全一致指向白某记参与买卖枪支犯罪，并且其供述有其他证据证明是虚假的，因此，其对白某记的有罪指供也不能采信，不能作为定案根据。

王某善第一次供述：以前喝酒就认识"小成"，"小成"直接到其电焊门市找的王某善买枪，一共卖了4支，每支450元。

王某善第二次供述：卖了一支枪给白某记（这次对白某记指供的每个名字都有涂改痕迹，且系张某成第三次供述之后的几分钟接着对王某善作的笔录），每支400元，与白某记是初中同学（经查，白某记小学二年级文化程度），没卖过枪给"小成"。

王某善之后的四次供述也是说只卖了1支枪。与之前卖了4支枪相互矛盾。

对比王某善的多次供述，我们也发现前后不一致，而且有确实的证据证明其供述是虚假的，王某善称与白某记是初中同学，经辩护人调查，白某记只读到小学二年级就肄业了，因此不可能与王某善是初中同学，两人年龄也相差好几岁。

通过张某成与王某善二人的供述进行对比会发现，其二人供述也是互相矛盾，到底是谁买谁的枪，多少钱买的，买了几支枪，枪是谁给的谁都存在疑问，这一基本事实都没有查清。并且，对他们二人的供述的真实与否没有任何客观性证据来佐证。

3. 杨某顺的供述，通篇没有发现有对白某记的指供，根本不能直接确定杨某顺供述的一个陌生人就是白某记，无其他客观性证据证明白某记就是同张某成一起去交枪的那个人。甚至，杨某顺买的枪与张某成、王某善买的枪是不是同一批枪都没有查清，杨某顺没有对张某成进行辨认，张某成也没有对杨某顺进行辨认，更没有对涉案枪支进行辨认，他们互相之间都不认识，如何认定杨某顺涉案枪支就是张某成等人出售的呢？两者并不能建立必然的联系。

因此，以上被告人供述，不能得出白某记涉嫌非法买卖枪支犯罪的唯一性结论，其供述互相矛盾，前后供述不一，极不稳定，不能排除合理性怀疑，因此不能采信。

第四，白某记本人无涉及非法买卖枪支犯罪的有罪供述，相反，全案证据只有在白某记本人最后一次讯问笔录里面有一句自己没有犯罪的辩解。因此，白某记本人根本就没有有罪供述。无有罪供述，其无罪辩解不能作为指控其犯罪的证据。

根据《刑事诉讼法》的规定，定罪量刑要重证据，重调查研究，不轻信口供，做到证据确实充分，要排除一切合理怀疑。但是，综合本案全案证据分析，现有证据不能证实白某记确实涉案并参与非法买卖枪支的行为，因此据以定罪量刑的证据不确实、不充分，不能排除合理怀疑，不能得出白某记涉嫌犯罪的唯一性、排他性结论。

二、本案，对白某记既没有决定刑事拘留也没有批准逮捕，更没有立案手续，公安机关出具的所谓的白某记批捕在逃的"情况说明"没有依据，因此，本案已过追诉时效

白某记在本次因涉毒案件被抓以前，一直在台前县、范县等区域活动，做鸭毛生意，根本没有公安机关对其抓捕。公安机关出具的证明材料说其属批捕在逃，但是，我们在案卷材料中找不到对白某记批捕的法律文书，因此，该证明材料是没有依据的，不能作为定案根据，也同样不能采信。

现有案卷材料找不到对白某记已经采取拘留或逮捕的强制措施的证明材料，因此，自始至终就没有对白某记采取过任何强制措施，更没有找到立案材料，按照本案涉案枪支数量（暂且按照杨某顺案查获 2 支枪支计算），应该在 3 年以上 10 年以下量刑，本案案发 2003 年 11 月份，距今 15 年有余，显然，本案已过追诉时效，因此，根据《刑事诉讼法》第 16 条之规定，不能在没有任何立案手续的前提下，对已过追诉时效的案件再行追诉定罪处以刑罚，应立即宣告白某记无罪，方能彰显法律的权威与正义。

三、司法裁判应坚持主客观相统一的基本原则及疑罪从无的司法原则

本案经过法庭审理，我们发现除了张某成和王某善有对白某记的指供以外，无其他客观性证据指向白某记，张某成与王某善的供述属于主观性证据，如何验证其真伪，应当结合其他客观性证据佐证，否则，孤证不能定案，不

能主观归罪，应坚持主客观相统一的基本原则定罪量刑。

　　同时，法庭审理、裁判应坚持全面审查的裁判思维，综合判断证据的效力与待证事实的关联，确保犯罪事实调查清楚、证据确实、充分，切莫陷入侦查思维，经法庭调查、质证的证据不足以查清待证事实的前提下，应坚持疑罪从无的司法原则判决无罪。

　　尊敬的审判长、审判员，防范错案坚守公平正义是我们每一位法律人的底线与共识，希望合议庭采纳以上辩护意见，宣判白某记无罪。

李某宇涉嫌故意伤害案一审辩护词

基本案情

2021 年 11 月初，大连暴发疫情，政府部门组织全民核酸检测，我的当事人李某宇按照规定前往核酸检测点排队做核酸，在排队过程中，被害人徐某某一家人插队，遭李某宇口头警告，结果惹来报复，遭受不法侵害，被害人父子二打一，李某宇被迫进行防卫，造成被害人轻伤二级，李某宇被刑事立案，最终以故意伤害罪起诉到法院，我们为其做无罪辩护。

辩护意见（节录）

辩护人根据法律规定，结合本案起诉书指控和庭审查明事实与相关证据，我们认为被告人李某宇的行为属于正当防卫，依法不负刑事责任，应当直接宣判其无罪并不承担任何民事责任。具体理由如下：

一、被告人李某宇的自卫行为属于阻却违法事由的正当防卫，依法不负刑事责任

《刑法》第 20 条第 1 款规定，为了使国家、公共利益、本人或者他人的人身、财产和其他权利免受正在进行的不法侵害，而采取的制止不法侵害的行为，对不法侵害人造成损害的，属于正当防卫，不负刑事责任。

根据刑法学界的通说，一般认定正当防卫应该具备四个条件：防卫起因、防卫对象、防卫时间和防卫限度。

本案中，被告人李某宇面临正在进行的不法侵害，被迫还击，造成不法侵害人徐某辰正当限度内的损害，符合正当防卫的构成要件。

通过起诉书的指控和庭审查明的事实，足以还原案发时的经过。

案件的起因是被告人李某宇为制止、劝阻被害人徐某辰不要插队做核酸引发口角。做核酸需要排队是基本常识，也是公民的道德要求，被告人李某宇的劝阻行为具有正当性和必要性，也是见义勇为的一种具体表现，应当受到道德上的鼓励和法律上的保护。被害人徐某辰非但不听从被告人李某宇的劝阻，反而恶语相加，并先动手殴打被告人李某宇的行为存在严重过错，其行为造成核酸检测现场秩序严重混乱，引发民愤，受到围观群众和社区工作人员的强烈谴责并要求追究其动手打人的法律责任。

双方在第一次发生冲突时，被在场的协警和志愿者及时劝开，均未造成任何损害，事情就此应当平息。

然而，通过在案证据足以证明，随着被害人的父亲徐某建的加入再次挑起事端，并言语威胁要找人弄死被告人李某宇，导致事态升级。

被害人父子人高马大，都是一米八几的身高，一百七八十斤的体重，二人再次先动手殴打了被告人李某宇，并采取了掐脖子、拳击头部、跪踩腹部、脚踹头部等一系列严重危及人身生命安全的危险动作，尤其是在被告人李某宇被打倒仰卧在地的情况下，攻击仍在进行，足以表明被害人徐某辰的行为是不法侵害，且正在进行，面对此种"二打一"的局面，被告人李某宇倒地后仅仅针对不法侵害人徐某辰胡乱挥拳进行防卫，具备了防卫起因，防卫对象和防卫时间的基本要求。

另外，被告人李某宇的正当防卫行为造成了被害人徐某辰轻伤二级和轻微伤的损害，没有造成重伤或者死亡的结果，明显没有超过必要防卫限度造成重大损害。最高人民法院、最高人民检察院、公安部《关于依法适用正当防卫制度的指导意见》（以下简称《指导意见》）第11~13条规定，判断是否"明显超过必要限度"，要立足防卫人防卫时所处情境，结合社会公众的一般认知作出判断；"造成重大损害"是指造成不法侵害人重伤、死亡。造成轻伤及以下损害的，不属于重大损害。因此，根据以上法律规定，被告人李某宇的防卫行为也符合防卫限度的基本要求。

二、直接认定被告人李某宇属于正当防卫符合法律规定，于法有据

《指导意见》第9条第2款规定，因琐事发生争执，双方均不能保持克制而引发打斗，对于有过错的一方先动手且手段明显过激，或者一方先动手，

在对方努力避免冲突的情况下仍继续侵害的，还击一方的行为一般应当认定为防卫行为。

《指导意见》第9条第3款规定，双方因琐事发生冲突，冲突结束后，一方又实施不法侵害，对方还击，包括使用工具还击的，一般应当认定为防卫行为。不能仅因行为人事先进行防卫准备，就影响对其防卫意图的认定。

本案中，被害人徐某辰有重大过错并先动手殴打被告人李某宇是毫无争议的事实，并且第一次冲突结束后，又纠集其父亲徐某建参与打斗，继续实施手段明显过激的不法侵害，被告人李某宇符合《指导意见》认定正当防卫的规定，依法应当认定被告人李某宇的还击行为属于正当防卫。

三、被告人李某宇的还击行为不属于互殴，不构成故意伤害犯罪

《指导意见》第9条第1款规定，准确界分防卫行为与相互斗殴。防卫行为与相互斗殴具有外观上的相似性，准确区分两者要坚持主客观相统一原则，通过综合考量案发起因、对冲突升级是否有过错、是否使用或者准备使用凶器、是否采用明显不相当的暴力、是否纠集他人参与打斗等客观情节，准确判断行为人的主观意图和行为性质。

首先，被告人李某宇没有故意伤害被害人徐某辰的主观动机。

根据常识判断，被害人徐某辰即使插队做核酸，被告人李某宇也仅仅是口头警告劝阻，完全没有通过打架斗殴的方式予以制止的动机。

其次，面对正在进行的不法侵害，被告人李某宇全程处于被动挨打局面，毫无还手之力。

立足防卫人防卫时的具体情境，综合考虑案件发生的整体经过，结合一般人在类似情境下的可能反应，充分考虑防卫人面临不法侵害时的紧迫状态和紧张心理，被告人李某宇的还击行为是正当合法的，不属于故意伤害犯罪。

四、激活正当防卫条款，弘扬社会主义核心价值观，应当宣判被告人李某宇无罪

正当防卫是法律赋予公民的基本权利，是与不法行为作斗争的重要手段。正当防卫不是"以暴制暴"，而是"以正对不正"，是法律鼓励和保护的正当合法行为。法律允许防卫人对不法侵害人造成一定损害，甚至可以致伤、致死，这不仅可以有效震慑不法侵害人甚至潜在犯罪人，而且可以鼓励人民群

众勇于同违法犯罪作斗争，体现"正义不向非正义低头"的价值取向。因此，具体到本案，辩护人请求合议庭准确理解和把握正当防卫的法律规定和立法精神，对于符合正当防卫成立条件的，坚决依法认定。要切实防止"谁能闹谁有理""谁死伤谁有理"的错误做法，坚决捍卫"法不能向不法让步"的法治精神。对正当防卫权的保护，目的就在于弘扬社会主义核心价值观，惩恶扬善，弘扬正气，保护见义勇为，向社会释放正能量。

曾经正当防卫条款一度被认为是刑法中的"睡眠条款"，尤其是在司法实践中广受诟病，但近年来，随着江苏昆山于某明反杀案、福建赵某案、云南丽江唐某案等一系列最高人民检察院和最高人民法院指导性案例的推出，正当防卫条款逐渐激活，认定正当防卫案件越来越多，相比于指导性案例，本案也完全符合正当防卫的要件。

五、根据《民法典》规定，因正当防卫造成损害的，不承担民事责任

《民法典》第 181 条第 1 款规定，因正当防卫造成损害的，不承担民事责任。

本案中，刑事附带民事诉讼被告李某宇的行为属于正当防卫，依法不承担任何民事赔偿责任，请求法庭依法驳回刑事附带民事诉讼原告的诉讼请求。

六、总结陈词

尊敬的审判长、人民陪审员，目前，无论是司法理论还是司法实践，都在通过一个个鲜活的指导案例全面激活正当防卫条款，宣告防卫人无罪，面对不法侵害，我们不再是躲避和逃跑，法律赋予我们可以依法还击的权利。

倘若人们的道德水平或自然天性比正当防卫更宽容、更善良，打不还手，骂不还口，大家信奉"世界以痛吻我，我却报之以歌"，或接受人们戏谑的劝告"如果有人打你的右脸，你再把左脸伸过去给他打"，我们能不能生活在一个更美好更安宁的社会之中？答案显然是不能的，否则法律就无存在之必要。

最后，为把社会主义核心价值观融入办案过程，使司法活动既遵从法律规范，又符合道德标准；既守护公平正义，又弘扬美德善行，最终结果实现"法、理、情"的统一，辩护人请求法院依法宣判被告人李某宇无罪并不承担任何民事责任。

以上辩护意见，请予合议并采纳！

王某波虚开增值税专用发票罪一案
一审辩护词

基本案情

被告人王某波涉嫌虚开增值税专用发票罪被提起公诉，起诉书指控，其在经营板材期间，先后给分销商、购买方在没有实际经营的前提下，介绍他人到板材厂家虚开增值税专用发票，票面金额巨大，构成犯罪，辩护人为其作无罪辩护。

辩护词（节录）

辩护人经查阅案卷材料、查找相关法律规定，检索相关案例，结合庭审情况及当前刑事司法政策，辩护人认为：王某波无虚开增值税专用发票罪的主观故意，无虚开增值税专用发票的行为，无骗取国家税款的目的，不符合虚开增值税专用发票犯罪构成要件；现有证据不能证明王某波有犯罪事实，指控其犯罪事实不清，证据不足；本案侦查机关、检察机关、审判机关均存在严重程序违法情形，不排除公诉人涉嫌徇私枉法犯罪；根据法律规定，结合当前刑事司法政策，本案无刑事违法性和刑事处罚必要性；最高人民法院发布指导案例与该案雷同，判决无罪，故王某波不构成虚开增值税专用发票罪，建议法院宣判王某波无罪。具体理由如下：

一、王某波无虚开增值税专用发票罪的主观故意，无虚开增值税专用发票的行为，无骗取国家税款的目的，不符合虚开增值税专用发票犯罪构成要件

（一）现有证据可以证实王某波无介绍他人虚开增值税专用发票的主观故意及客观行为，无犯罪事实。

《肇源县人民检察院起诉书》（下称"起诉书"）指控被告人王某波自2015年6月至2019年5月，在没有实际货物交易的情况下，以非法获利为目的，先后为长春市某海商贸有限公司（下称"某海公司"）、长春市某顺装饰工程有限公司（下称"某顺公司"）等9家公司介绍，在汪某春（另案处理）经营的肇源县某兴木业有限公司（下称"某兴公司"）、肇源县某禾木业有限公司（下称"某禾公司"）虚开增值税专用发票（下称"专票"），以上9家公司使用虚开的专票抵扣税款。随后肇源县人民检察院（下称"检察院"）作出变更起诉决定，指控王某波先后为11家公司介绍虚开专票用于抵扣税款。

辩护人先后对被指控的11家公司的证据材料进行梳理，认为本案事实部分可以分为两种情况评价。

第一种情况是王某龙或者周某刚等人帮助王某波分销板材，而王某波又帮助厂家直销板材，因此，前后形成了分销与直销的模式，在这种交易模式下，最终端买家（受票公司）与最终端卖家（开票公司）确实存在真实货物（板材）交易，板材价格部分是含税价格，部分一开始不含税，后来通过补税的方式开具的专票。这种情况下，买卖双方都存在真实货物交易，王某波、王某龙、周某刚等人都属于中间商的角色，相当于代理商或者分销商，都在帮厂家销售，显然没有"虚开"或者介绍他人"虚开"的情形。这种情况下有司法解释明确规定不构成犯罪，也有指导性案例判决无罪。

第二种情况是王某波通过王某龙或者周某刚等人分销板材，王某波与王某龙、周某刚之间都是真实货物交易，但是王某龙或者周某刚并不一定与他们自己的客户（受票公司）有真实货物交易，王某龙、周某刚与真正的受票公司是否存在真实货物交易，王某波并不知情，也无义务追问，王某龙、周某刚将板材卖给谁，给谁开发票，不受王某波控制，这种情况下，王某波与王某龙、周某刚没有共同对外"虚开"或者介绍他们"虚开"的故意，根据刑法规定，他们之间没有共同故意犯罪，不属于共犯。起诉书指控王某波与王某龙是共犯完全错误，因此王某波也不构成犯罪。

本案中的全部指控无论属于以上哪种情况，王某波均不构成虚开增值税专用发票罪。

为了说明这一问题，首先要搞清楚汪某春与王某波、王某波与王某龙、周某刚等人的法律关系。

1. 汪某春与王某波由开始的雇佣与被雇佣关系转化成代理或者挂靠经营（厂家直销或者厂家在长春中转站）的法律关系。

通过汪某春与王某波的供述可以证实，王某波在2000年左右，经人介绍到汪某春的公司上班，作为一名销售人员帮他在长春销售板材，汪某春每月给王某波开工资，后来发展到汪某春帮助王某波在长春租赁库房，由王某波代理厂家直销板材。因此这里又分两个阶段评价二人之间的法律关系。前一阶段，王某波受雇于汪某春，属于雇佣与被雇佣的关系，在这个阶段，王某波的行为都属于公司履职行为，不存在王某波介绍他人虚开专票的情况。后一阶段，王某波帮助汪某春直销板材，对外批发，这种方式就属于典型的代理或者挂靠经营，可以通俗理解为厂家直销或者"对缝儿""拼缝儿"，故王某波在微信朋友圈中自称是厂家驻长春中转站就完全可以理解。在这种交易模式下，由厂家与购买方直接签订合同，厂家开具等额专票，这完全符合交易规则，也不存在虚开专票的情形。

2. 王某波与王某龙、周某刚之间存在代理或者转代理的法律关系。

王某波在代理或者挂靠厂家直销板材的同时，王某龙、周某刚等人与王某波在相邻市场经营板材，客观上存在帮助王某波卖货（串货）、"拼缝儿"的情况，属于典型的分销模式。这与当前建材市场的销售模式相关，同行业或者相邻市场，相互串货、卖货是普遍做法或现象。类似于目前微商代售模式，我们经常在微信朋友圈看到有熟人发布卖东西的广告信息，其实他本人既不生产也不销售，但是微商可以帮他一件代发，让他赚取差价获利。王某波与王某龙、周某刚之间就属于这种代理或者转代理的法律关系。

王某龙、周某刚帮助王某波一起分销板材，归根结底都是为厂家直销板材，赚差价获利。故无论王某龙、周某刚等人如何帮助王某波分销板材，王某波最终还是走厂家直销模式，由厂家（汪某春公司）与买方直接签订销售合同，他们之间均存在真实货物交易，按照销售额度开具等额专票，没有虚开专票的故意和行为。

(二)《肇源县人民检察院变更起诉决定书》(Z3号)(下称"变更起诉决定书")指控王某波介绍他人虚开专票的犯罪事实一共11起。下面,辩护人将结合案件证据逐一进行评析。

1. 本案不存在王某波介绍某海公司虚开增值税专用发票的情形。

根据某海公司法定代表人徐某升供述,徐某升是2017年8月前后在该公司原法定代表人杨某波死亡后担任公司负责人,某海公司长年生产木制托盘,其通过高某波介绍认识王某龙,但是不认识王某波,徐某升供述称与王某龙之间存在真实货物交易。王某龙当庭也陈述高某波是他多年的客户,有真实货物交易才开的专票,只是存在卖货与开发票时间不一致的情况,该公司工作人员孟某义及兼职会计杜某军的证言可以证实他们有实际经营及货物交易。

另外,徐某升与王某波并不认识,因此变更起诉决定书指控徐某升通过高某波在王某龙的转介绍下,通过王某波购买专票完全错误,两人都不认识,不可能在他人的转介绍下完成介绍他人虚开专票行为。徐某升是王某龙的客户,王某波根据王某龙的要求,按照售卖板材的金额从厂家开具专票属于正常的经营行为。王某波对王某龙与徐某升之间的具体交易并不知情。王某波与王某龙之间没有共谋介绍他人虚开专票的故意。

进一步分析,如果王某龙确实将板材卖给了某海公司,那么整个交易都不存在虚开专票的行为,属于真实货物交易,符合前面分析的第一种情况。

如果王某龙没有将板材卖给某海公司,而是将专票出售给某海公司,双方通过买卖专票获利,他们之间的交易,只有他们二人知情,王某波完全不知情,与王某龙不属于共同犯罪,没有共同故意,属于前面分析的第二种情况。故该节犯罪事实对王某波的指控不能成立。

举个例子,快递邮寄行业非实名制的时候,在贩卖毒品犯罪的过程中,经常出现卖家与买家对接后,将毒品通过快递公司运输到目的地的情况,如果快递员对买卖双方之间的交易不知情,则快递员既不构成贩卖毒品罪,也不会构成运输毒品罪,因为他们之间没有共同犯罪故意。同理,本案中,王某波对汪某春、王某龙、周某刚等人涉嫌虚开专票不知情,也不属于共同犯罪。

2. 本案中,有证据证实吉林省某泰经贸有限公司(下称"某泰公司")与汪某春公司存在真实货物交易,不存在王某波介绍他人虚开增值税专用发票罪情形。

根据某泰公司徐某宾（另案处理）、刘某娇、王某泉（另案处理）、石某家（另案处理）等人的供述或证言可以还原一个基本事实：某泰公司常年在石某家经营的商店购买板材，有时含税价格，开专票，有时不含税价格，如果不含税价格，开专票需要补足税额，因石某家不具备开具专票资格，就跟徐某宾说可以找厂家（汪某春公司）代开专票（有真实货物交易代开），然后石某家通过王某泉找到王某龙，由王某龙联系王某波再到厂家（汪某春公司）开具专票。这属于一个正常的直销、分销路径。因此可以确定几个关键问题，某泰公司的工作人员证实与石某家之间存在真实货物交易，石某家的供述证实石某家的板材是通过厂家（汪某春公司）进货并销售，此时形成一个闭环，无论石某家通过几次转手，中间的"串货"或者"拼缝儿"都是一种挂靠或者代理行为，不能单独评价，石某家的板材是汪某春供货，又卖给某泰公司，某泰公司最终通过汪某春公司开具专票，也符合交易规则，具有真实货物交易的代开专票行为不属于刑法上的虚开增值税专用发票罪，因此，本起指控犯罪事实也不能成立，不能认定犯罪。

同样，徐某宾与王某波不认识，他们之间不存在转介绍虚开专票的行为。

3. 指控吉林市某吉经贸有限公司（下称"某吉公司"）虚开增值税专用发票行为与王某波无关。

通过某吉公司原法定代表人孙某男的供述证实：某吉公司在长春市中东瑞家市场零星抓的一些木方和木板之类的货物，如果要给对方开具发票，则通过王某龙找到厂家进行公对公转账，由厂家开具专票。由此可见，某吉公司也是在做"拼缝儿"生意，他们也有实际经营活动。因为某吉公司不能开专票，所以找到王某龙商讨开专票事宜，某吉公司与王某龙有业务往来。

同样，王某波与孙某男不认识，不存在变更起诉决定书指控的孙某男通过王某龙转介绍给王某波，实际上王某龙与孙某男之间的交易，王某波并不知情，也未参与，这种情况属于前面分析的第二种情况，指控与王某波无关。

4. 指控吉林省某昌汽车零部件有限公司（下称"某昌公司"）虚开增值税专用发票罪与王某波无关。

因该节事实与前面提到的某海公司及下面将提到的某进公司均属于高某波（另案处理）找到王某龙参与的事实，情节类似，性质相同，与某海公司的结论一致，不再展开论述。

5. 指控长春某进科技有限公司（下称"某进公司"）虚开增值税专用发票罪与王某波无关。

该节指控还证实一个关键事实，据某进公司实际经营人赵某勇供述证实，2016年间，某进公司曾经找高某波介绍直接找到了某兴公司购买20万的木质托盘，开具了相应专票。该节事实还可以证实，赵某勇、高某波与某兴公司有过业务往来，也开过专票。这直接可以排除赵某勇通过他人转介绍认识王某波，再由王某波从事虚开发票业务的指控。实际上，赵某勇与王某波也不认识。不存在通过王某龙转介绍认识的情况。

6. 某顺公司通过王某龙、王某泉、石某家串货，与厂家有真实货物交易，指控其虚开增值税专用发票罪不能成立，王某龙后续交易与王某波无关。

杨某军系某顺公司的采购经理，通过其在案证据证实一个基本事实：某顺公司主要从长春中东瑞家市场，新星宇木材市场购进原材料，王某泉在中东瑞家7厅经营一个叫鹏鸿的装饰材料店，之前就在王某泉的商店买细木工板和生态板，但是王某泉的商店是个体工商户，没有资质开具专票，一直按照不含税的价格，后来公司进项不够，又找王某泉补税开具专票。最开始某顺公司为了省钱不开专票的交易方式不合规，但后期通过补税开专票又转为合规。同时还证实，某顺公司与王某泉之间有真实货物交易。某顺公司找王某泉补税开专票，王某泉又找厂家开具专票符合交易规则。同上，杨某军与王某波不认识，不存在介绍他人虚开专票的行为。

7. 某泰公司涉嫌非法购买增值税专用发票罪，与虚开增值税专用发票罪无关，与王某波无关。

8. 吉林省某瑜钢材贸易有限公司（下称"某瑜公司"）涉嫌非法购买增值税专用发票罪，与虚开增值税专用发票罪无关，与王某波无关。

本案第7起和第8起指控犯罪事实性质雷同，故放在一起论述。

通过在案证据证实，某瑜公司和某泰公司均由赵某广实际经营，因赵某广与周某刚之间有欠款纠纷，赵某广找周某刚催要欠款未果，周某刚提议卖给赵某广专票抵扣欠款利息，赵某广同意。这样一个事实足以证明赵某广与周某刚之间完全是非法购买和出售专票的行为，双方除了通过买卖专票用于偿还欠款的主观故意外，无虚开专票的主观故意。鉴于此，这两节指控虚开增值税专用发票罪完全错误，且与王某波无关，王某波与周某刚之间不存在共同故意犯罪，不是共犯，对王某波的指控不能成立。

9. 大连金某广建设集团有限公司（下称"金某广公司"）通过周某刚与厂家有真实货物交易，指控犯罪不能成立，不存在虚开这种专用发票犯罪事实。

10. 大连金某广建设集团有限公司第二分公司（下称"金某广公司二分公司"）通过周某刚与厂家有真实货物交易，指控犯罪不能成立。

11. 大连金某广建设集团有限公司第五分公司（下称"金某广公司五分公司"）通过周某刚与厂家有真实货物交易，指控犯罪不能成立。

指控的第 9 节、第 10 节、第 11 节犯罪事实情况雷同，一并陈述理由。

对大连金某广公司及两家分公司的指控的证据，主要来源于周某刚的供述和赵某波证言。

通过对比分析二人口供证实，周某刚通过他人介绍认识金某广公司二分公司的赵某波，赵某波通过周某刚有实际采购建筑材料板材，分批支付货款，均含税价格，他们之间是有真实货物交易。同时证实了整个交易过程，是王某波将汪某春公司的空白合同给周某刚，周某刚谈好价格后交给赵某波签字盖章，返还给王某波，王某波交给汪某春，汪某春最后签字盖章返还到金某广公司。变更起诉决定书指控王某波没有获得汪某春授权显然错误，这整个交易过程汪某春全程参与，不需要书面委托授权，实际上就是汪某春公司与金某广公司之间的货物交易。王某波、周某刚等人都是一种"拼缝儿""对缝儿"，从民法的角度，这是一种代理关系，构成表见代理，其法律后果由委托人承担。换句话说，这种厂家直销模式，是厂家对所有分销人的概括授权。这种授权不需要书面形式，通过实际履行的方式即可完成相关授权。

针对这种有实际真实业务的买卖，按照含税价格销售并开具等额专票，完成合理合法，不构成虚开增值税专用发票罪。

综合对以上 11 家公司指控犯罪事实的分析，可以明显得出结论，王某波无介绍他人虚开增值税专用发票的主观故意及客观行为，无犯罪事实，故建议法院通知检察院撤回以上对王某波的全部指控。

（三）在王某波经营板材的过程中，与王某波相关业务均有实际货物交易，以挣取板材差价为目的，无骗取国家税款的目的。

根据王某波的供述证实，王某波帮助厂家直销板材过程中，整个交易过程，没有以骗取国家税款为目的。

辩护人通过调查，查阅了王某波经营期间经常利用微信朋友圈发布销售产品的视频和图片，以及王某波的个人名片资料，王某波的近亲属将王某波发布的朋友圈信息下载并进行了整理，将其刻录光盘委托辩护人向法庭提交了相关证据，该证据经过法庭质证，可以采信，通过以上现有证据可以证实，王某波至被抓捕前一直在长春最大的建材批发市场新星宇市场里以"晓波板材—厂家直销"的商号从事板材销售生意，规模较大，自 2016 年以来，可查询到的朋友圈信息显示，几乎每天都有进出货的买卖，结合王某波本人的供述，印证王某波确实有真实货物交易，而且规模很大，销售额也很大，商铺门头清晰可见某禾木业厂家直销字样。

王某波一方面自己对外销售，另一方面，由市场的其他同行串货、拼缝儿，王某龙、周某刚本身也是做板材生意，但是王某波是厂家直销价格，故王某龙、周某刚也会从王某波处直接拿货卖货，倒手赚差价，这样一种交易模式，非常普遍，尤其是建材批发市场。我们生活中，也会经常碰到类似情况，我们要去建材市场买个东西问老板有没有的时候，老板经常会说有，然后叫你等一下，他去取，实际上，他家根本不卖这种东西，他为了招揽客户，他就去别人家串货，一方面是赚钱差价，另一方面是留住客户，下次有需求还会找他。那么这种交易模式符合经济规律，也符合当前国情，没有法律对此予以禁止。据王某波称，其通过王某龙、周某刚销售的板材额度远远大于通过王某龙、周某刚开具专票金额，这种有真实货物交易，开具专票的行为显然不构成虚开增值税专用发票罪。

在此不得不重点提及关于税点的问题，指控的逻辑是王某波应当明知汪某春公司开出来的专票的票面税率明显高于汪某春实际收取的税点，从而认定他们之间明知这种行为就是虚开专票。这种逻辑显然不能成立。

首先，王某波开专票之前会问过汪某春是否能开专票，开专票收多少税点，具体开专票的事宜汪某春负责，汪某春给王某波回复可以开，并告知应当收取的具体税点，对汪某春为何要低于票面税点收取费用，王某波并不知情，也无权干涉。

其次，汪某春以低于票面税点金额对外开具对应的专票，还存在以下几种可能：第一，汪某春对外销售的板材不含税价格利润较高，可以涵盖税点，汪某春可以低于票面税点金额开具专票。第二，即使不含税价格较低，为了薄利多销，为了达成交易，为了发展客户，仅赚取少量利润。第三，不排除汪某春通过虚开进项专票，对外出售销项专票牟利，这个环节，王某波没参与，也不知情。

另外，增值税属于流转税，仅对增值部分缴纳税款。同时还应清楚，根据发票管理规定，专票开具后开票单位立即按照票面税率如实缴纳税款，即使受票单位取得专票后用于认证并抵扣，因开票单位提前如实缴纳了税款，因此国家税款也没有损失。有一种情况，开票公司可能涉嫌犯罪，就是开票单位在开完销项专票后在没有实际交易的背景下又去让他人为自己虚开进项专票用于抵扣前面的税款，这个环节必然会造成国家税款的损失。

综上，本案中，除了某瑜和某泰公司明显是非法购买和出售专票主观意图以外，其他公司都有真实货物交易，并不存在虚假交易，虚开专票行为。至于汪某春、王某龙、周某刚等人是否主观上存在对外虚开专票的行为，王某波不知情，也未参与，没有共同犯罪主观故意，他们之间不属于共同犯罪。

二、现有证据不能证明王某波有犯罪事实，指控其犯罪事实不清，证据不足

根据《刑事诉讼法》的规定，认定犯罪应当事实清楚、证据确实充分，并且证明被告人有罪的举证责任由公诉机关承担，被告人不承担证明自己无罪的责任。如果认定犯罪事实不清，证据不足，应当作出事实不清、证据不足的无罪判决。

同时，《人民法院办理刑事案件第一审普通程序法庭调查规程（试行）》第2条规定，法庭应当坚持程序公正原则。人民检察院依法承担被告人有罪的举证责任，被告人不承担证明自己无罪的责任。

本案中，起诉书指控王某波与王某龙属于共犯，而且变更起诉决定书中提到，王某波无证据证实与金某广公司直接的交易金额、数额。这种指控逻辑违反了《刑事诉讼法》的规定，完全错误。

现有证据中，没有证据可以证实王某波与王某龙之间有合谋或者共同犯罪的故意。他们通过什么方式商量的对外虚开专票，又如何分配利润，均没有证据证实。对此指控，纯属公诉机关主观臆断。

另外，金某广公司及分公司之间的交易，现有证据均证实他们与厂家存在真实货物交易，无虚开专票的犯罪行为。

三、根据法律规定，结合当前刑事司法政策，本案无刑事违法性和刑事处罚必要性，最高人民法院发布指导案例与本案雷同判无罪，具有指导意义，并应当参照适用

（一）结合当前法律与司法文件规定，本案应当宣判无罪。

《刑法》第 205 条关于虚开增值税专用发票罪的罪状表述，采用了简单罪状的表述方式，即"虚开增值税专用发票或者虚开用于骗取出口退税、抵扣税款的其他发票的，处三年以下有期徒刑……"的方式。对于"虚开"的定义，该条文并没有进一步作出解释。

目前，关于虚开增值税专用发票罪中"虚开"的理解问题，已经基本达成共识，意见已经比较明确。主要有下列依据：一是最高人民法院研究室《关于如何认定以"挂靠"有关公司名义实施经营活动并让有关公司为自己虚开增值税专用发票行为的性质》征求意见的复函；二是最高人民法院《关于虚开增值税专用发票定罪量刑标准有关问题的通知》；三是国家税务总局《关于纳税人对外开具增值税专用发票有关问题的公告》，上述复函、文件、公告从不同角度反复证明两个问题：第一，现行司法解释中关于"进行了实际经营活动，但让他人为自己代开增值税专用发票"也属于虚开的规定，与虚开增值税专用发票罪的立法规定不符，不应继续适用。第二，虚开增值税专用发票罪，包括虚开用于骗取出口退税、抵扣税款发票罪在内，均要求有骗取税款的主观目的，如不具备该目的，则不能认定为刑法第二百零五条之"虚开"行为，不能以该罪论处。

（1）最高人民法院研究室《关于如何认定以"挂靠"有关公司名义实施经营活动并让有关公司为自己虚开增值税专用发票行为的性质》征求意见的复函（法研〔2015〕58 号），复函规定：①挂靠方以挂靠形式向受票方实际销售货物，被挂靠方向受票方开具增值税专用发票的，不属于刑法第二百零五条规定的"虚开增值税专用发票"。②行为人利用他人的名义从事经营活动，并以他人名义开具增值税专用发票的，即便行为人与该他人之间不存在挂靠关系，但如行为人进行了实际的经营活动，主观上并无骗取抵扣税款的故意，客观上也未造成国家增值税款损失的，不宜认定为《刑法》第 205 条规定的"虚开增值税专用发票"；符合逃税罪等其他犯罪构成条件的，可以其他犯罪论处。

复函明确指出《关于适用〈全国人民代表大会常务委员会关于惩治虚开、伪造和非法出售增值税专用发票犯罪的决定〉的若干问题的解释》虽然未被废止，但该解释中关于"进行了实际经营活动，但让他人为自己代开增值税专用发票"也属于虚开的规定，与虚开增值税专用发票罪的规定不符，不应继续适用；如继续适用该解释的上述规定，则对于挂靠代开案件也要以犯罪论处，显然有失妥当。

（2）最高人民法院《关于虚开增值税专用发票定罪量刑标准有关问题的通知》（法〔2018〕226号）。该通知规定："自本通知下发之日起，人民法院在审判工作中不再参照执行《最高人民法院关于适用〈全国人民代表大会常务委员会关于惩治虚开、伪造和非法出售增值税专用发票犯罪的决定〉的若干问题的解释》（法发〔1996〕30号）第一条规定的虚开增值税专用发票罪的定罪量刑标准。"

也就是说，不仅量刑标准，定罪标准也不适用了。重点针对的就是有关"进行了实际经营活动，但让他人为自己代开增值税专用发票"也属于虚开的规定，不再适用。

（3）国家税务总局《关于纳税人对外开具增值税专用发票有关问题的公告》（国家税务总局公告2014年第39号），公告规定："纳税人通过虚增增值税进项税额偷逃税款，但对外开具增值税专用发票同时符合以下情形的，不属于对外虚开增值税专用发票：一、纳税人向受票方纳税人销售了货物，或者提供了增值税应税劳务、应税服务；二、纳税人向受票方纳税人收取了所销售货物、所提供应税劳务或者应税服务的款项，或者取得了索取销售款项的凭据；三、纳税人按规定向受票方纳税人开具的增值税专用发票相关内容，与所销售货物、所提供应税劳务或者应税服务相符，且该增值税专用发票是纳税人合法取得、并以自己名义开具的。"

（二）参照其他地方性司法文件规定，本案也应当宣判无罪。

2020年12月18日，辽宁省政法机关加强法治化营商环境建设推进会议在沈阳召开。会议发布了《关于民营企业及其经营者涉经济类部分刑事犯罪办案指引（试行）》（以下简称《办案指引》）

该《办案指引》第13条对司法实践中可能存在争议的法律适用问题统一规范，对于虽不符合"三流（货物流、资金流、发票流）一致"情形，但符合合同交易规则的，且合同交易背景真实的，不宜以《刑法》第205条规定的犯罪论处。

（三）结合当前刑事司法政策与趋势，本案也应当宣判无罪。

1. 当前刑事司法政策是依法支持民营企业发展，"六稳六保"促经济发展，促社会进步。

2018 年 11 月 1 日，习近平总书记在民营企业座谈会上的讲话中提道："对一些民营企业历史上曾经有过的一些不规范行为，要以发展的眼光看问题，按照罪刑法定、疑罪从无的原则处理，让企业家卸下思想包袱，轻装前进。"

2018 年 11 月 5 日上午，最高人民法院党组召开会议，传达学习近平总书记在民营企业座谈会上的重要讲话精神，研究部署贯彻落实措施。

2018 年 11 月 6 日上午，最高人民检察院原党组书记、检察长张军主持党组会，会议强调，坚持各类市场主体诉讼地位平等、法律适用平等，严格落实罪刑法定、疑罪从无等法律原则和制度。对符合改变羁押强制措施的及时改变，对符合从宽处理的案件依法坚决从宽。要始终坚持严格规范文明司法，对包括民营企业在内的涉经济犯罪案件，不该封的账号、财产一律不能封，不该采取强制措施的一律不采取，发现问题的要敢于监督纠正，确保企业正常生产经营秩序，实现办案政治效果、社会效果、法律效果的统一。

2020 年，最高人民检察院印发《关于充分发挥检察职能服务保障"六稳""六保"的意见的通知》（高检发〔2020〕10 号）。该通知要求：依法保护企业正常生产经营活动。深刻认识"六稳""六保"最重要的是稳就业、保就业，关键在于保企业，努力落实让企业"活下来""留得住""经营得好"的目标。

该通知还强调，依法慎重处理企业涉税案件。注意把握一般涉税违法行为与以骗取国家税款为目的的涉税犯罪的界限，对于有实际生产经营活动的企业为虚增业绩、融资、贷款等非骗税目的且没有造成税款损失的虚开增值税专用发票行为，不以虚开增值税专用发票罪定性处理，依法作出不起诉决定的，移送税务机关给予行政处罚。要落实"少捕""慎押""慎诉"的司法理念。适应新时期犯罪形势变化，在保持对少数严重暴力犯罪和恶性犯罪从严打击绝不放过的同时，对认罪认罚、轻刑犯罪充分适用依法从宽的刑事政策，促进社会综合治理。一是坚持依法能不捕的不捕；二是积极探索总结非羁押性强制措施适用经验；三是坚持依法能不诉的不诉。

2. 对民营企业负责人涉嫌经营类、涉税犯罪的，少捕、慎诉、慎押已经作为一项刑事司法政策。

2020 年 9 月 22 日，国新办举办新闻发布会介绍检察机关护航全面建成小康社会有关情况。最高人民检察院有关负责人重申：对民营企业负责人涉嫌经营类犯罪的，依法能不捕的不捕，能不诉的就不诉，能不判实刑的就提出适用缓刑的量刑建议。一方面，推进"少捕、慎诉、慎押"是我国全面推进依法治国的既定政策抓手；另一方面，强调对民企负责人"尽量不捕不诉"，也是有的放矢地推进改善营商环境，给民营企业吃一颗定心丸，减少因为办案对企业的不必要伤害——不把孩子和脏水一起泼掉；不能因为割肿瘤，就不止血；不能因为船长涉嫌违法，就放任大船撞冰山。

2021 年 4 月，中央全面依法治国委员会把"坚持少捕慎诉慎押刑事司法政策，依法推进非羁押强制措施适用"列入当年工作要点，这是中国法治文明提升的重要措施。

3. 为坚持做优法治化营商环境、支持服务民营经济高质量发展，最高人民检察院启动涉案违法犯罪依法不捕、不诉、不判处实刑的企业合规监管试点工作。

自 2020 年 3 月起，最高人民检察院在上海浦东、金山，江苏张家港，山东郯城，广东深圳南山、宝安等 6 家基层检察院开展企业合规改革第一期试点工作。试点检察院对民营企业负责人涉经营类犯罪，依法能不捕的不捕、能不诉的不诉、能不判实刑的提出适用缓刑的量刑建议。

一年来各试点检察院已产生了一系列成熟有效的实践成果，一些试点以外的检察院如辽宁省检察院、浙江省岱山县、福建省石狮市、福建省泉州洛江区检察院等也先后开始探索企业合规不起诉制度，其中部分地区还出台了地方性的实施意见。

2020 年 12 月，最高人民检察院召开企业合规试点工作座谈会，原检察长张军强调："要加强理论研究，深化实践探索，稳慎有序扩大试点范围，以检察履职助力构建有中国特色的企业合规制度。"

为进一步充分发挥检察职能，做好对涉案企业负责人依法不捕、不诉、不判实刑的"后半篇文章"，并为下一步出台立法积累实践经验，最高人民检察院下发《关于开展企业合规改革试点工作方案》（下称《方案》），正式启动第二期企业合规改革试点工作。《方案》指出，开展企业合规改革试点工作，是指检察机关对于办理的涉企刑事案件，在依法作出不批准逮捕、不起诉决定或者根据认罪认罚从宽制度提出轻缓量刑建议等的同时，针对企业涉嫌具体犯罪，结合办案实际，督促涉案企业作出合规承诺并积极整改落实，促进企业合规守法经营，减少和预防企业犯罪，实现司法办案政治效果、法律效果、社会效果的有机统一。

在此基础上，为服务"六稳""六保"，促进市场主体健康发展，营造良好法治化营商环境，推动形成新发展格局，促进经济社会高质量发展，助推国家治理体系和治理能力现代化。

综合以上刑事司法政策，无论是习近平总书记的讲话还是最高人民法院、最高人民检察院的文件精神，总体体现出对民营企业家涉经济类犯罪，涉税犯罪等案件从宽处罚的原则，坚持少捕、慎诉、慎押，坚持"六稳""六保"政策，坚持合规不起诉制度。本案中，王某波属于个体户，属于民营企业的组成部分，对王某波案的处理，考验司法机关的政治站位和司法理念的转变，严格按照当前刑事司法政策，结合相关法律与司法文件的规定，应当宣判王某波无罪，并立即释放王某波。

（四）最高人民法院发布指导案例与本案雷同被宣判无罪，根据最高人民法院规定，指导案例应当参照适用裁判规则，并且同案应当同判

1. 最高人民法院发布指导案例，与本案雷同被宣判无罪。

2018 年 12 月 4 日，最高人民法院对外发布一批保护产权和企业家合法权益典型案例。最高人民法院有关负责人介绍，在这六件典型案例中，张某强虚开增值税专用发票案对于指导全国法院在司法审判中按照罪刑法定、疑罪从无原则以发展的眼光看待民营企业发展中的不规范问题，具有重要的指导意义。

张某强虚开增值税专用发票无罪案（来源最高人民法院官方发布）

【基本案情】2004 年，被告人张某强与他人合伙成立个体企业某龙骨厂，张某强负责生产经营活动。因某龙骨厂系小规模纳税人，无法为购货单位开具增值税专用发票，张某强遂以他人开办的鑫源公司名义对外签订销售合同。2006 年至 2007 年间，张某强先后与六家公司签订轻钢龙骨销售合同，购货单位均将货款汇入鑫源公司账户，鑫源公司为上述六家公司开具增值税专用发票共计 53 张，价税合计 4 457 701.36 元，税额 647 700.18 元。基于以上事实，某州市人民检察院指控被告人张某强犯虚开增值税专用发票罪。

【**裁判结果**】某州市人民法院一审认定被告人张某强构成虚开增值税专用发票罪，在法定刑以下判处张某强有期徒刑 3 年，缓刑 5 年，并处罚金人民币 5 万元。张某强在法定期限内没有上诉，检察院未抗诉。某州市人民法院依法逐级报请最高人民法院核准。最高人民法院经复核认为，被告人张某强以其他单位名义对外签订销售合同，由该单位收取货款、开具增值税专用发票，不具有骗取国家税款的目的，未造成国家税款损失，其行为不构成虚开增值税专用发票罪，某州市人民法院认定张某强构成虚开增值税专用发票罪属适用法律错误。据此，最高人民法院裁定：不核准并撤销某州市人民法院一审刑事判决，将本案发回重审。该案经某州市人民法院重审后，依法宣告张某强无罪。

【**典型意义**】本案张某强借用其他企业名义为自己企业开具增值税专用发票，虽不符合当时的税收法律规定，但张某强并不具有偷逃税收的目的，其行为未对国家造成税收损失，不具有社会危害性。一审法院在法定刑之下判决其承担刑事责任，并报最高人民法院核准。虽然对于本案判决结果，被告人并未上诉，但是最高人民法院基于刑法的谦抑性要求认为，本案不应定罪处罚，故未核准一审判决，并撤销一审判决，将本案发回重审。最终，本案一审法院宣告张某强无罪，切实保护了民营企业家的合法权益。本典型案例对于指导全国法院在司法审判中按照罪刑法定、疑罪从无原则以发展的眼光看待民营企业发展中的不规范问题，具有重要的指导意义。

对比张某强案，张某强是个体户，不具备开具专票资格，找其他公司签订合同并代开专票，本案中，王某波也是个体户，不具备开专票资格，找厂家签订合同并代开专票，两案性质高度雷同，张某强案经最高人民法院复核认为不构成犯罪，最终也获得了无罪判决，该案具有典型意义，参照适用该案裁判规则，王某波也应当被宣判无罪。

2. 北京市第二中级人民法院判例，名为虚开，实为买卖，按照非法购买增值税专用发票罪、非法出售增值税专用发票罪定罪处罚。

合慧伟业商贸公司虚开增值税专用发票案［2019］京 02 刑终 113 号（来源北京市第二中级人民法院官方发布）。该案二审法院认为，合慧伟业公司找天正博朗公司、恩百泽公司虚开增值税专用发票的目的是为取得进项发票抵扣因给中国诚通公司开具增值税专用发票而产生的增值税销项发票。天正博朗公司、恩百泽公司在此过程中获取的"利润"本质上就是通过虚开增值税专用发票所得的好处，就是变相出售增值税专用发票的违法所得。而合慧伟业公司在此过程中，除了从天正博朗公司、恩百泽公司处得到了虚开的增值税专用发票外，一无所获，其所支出的费用本质上就是变相购买增值税专用发票所花费的对价。最终改判合慧伟业公司构成非法购买增值税专用发票罪。

之所以将该案作为对比，主要是本案中出现了类似情况，某瑜公司与某泰公司的负责人赵某广与周某刚之间实际上涉嫌非法买卖增值税专用发票，与虚开增值税专用发票无关，对他二人的处罚严格按照法律规定处理，与王某波无关。

3. 江西省高级人民法院判例，票货分离不等于虚开增值税专用发票。

江西康顺医药有限公司、黄某金虚开增值税专用发票、用于骗取出口退税、抵扣税款发票案（江西省南昌市中级人民法院［2016］赣01刑初3号，来源江西省高级人民法院官方发布）。

【基本案情】2011年3月，被告人黄某金同黄某亮（另案处理）先后找到在南昌洪某大市场做糖类批发生意的顺发副食品批发部（以下称"顺发批发部"）负责人被告人徐某根和南昌洪某大市场春太副食品批发部（春太批发部）的负责人被告人邓某华（二人均系个体工商户，不具备一般纳税人资格），要求徐某根和邓某华二人从康某公司购买商品糖，或者在购进商品糖时以康某公司的名义与销货方签订合同，货款由康某公司垫付或者由徐某根和邓某华二人将购糖款项转至黄某亮的个人账户，黄某亮再将徐某根和邓某华的购糖款转至康某公司的基本账户上。康某公司根据与销货方制糖厂或者糖业公司签订的白糖购销合同，将购糖款转至相应的销货方制糖厂或者糖业公司的账户上，由销货方制糖厂或者糖业公司根据康某公司的委托收货书或者相关指令（如购销合同直接确定具体收货人），将所销售白糖发货给康某公司，但货物的实际接收人为徐某根、邓某华等（或者由徐某根或者邓某华委托的收货人向制糖厂或糖业公司提货），再由销货方开具受票人为康某公司的增值税专用发票，康某公司收到增值税专用发票后，在南昌县国税局办理相应的认证申报抵扣手续。在此过程中，徐某根、邓某华等以从康某公司购糖，或者通过康某公司并以康某公司名义与销货方签订合同的方式购糖，可以获得每吨10元至20元的优惠价格，或者由康某公司以增值税专用发票票面金额的2%到2.5%的比例支付给徐某根、邓某华相应的返利。因徐某根、邓某华为个体工商户，不是增值税一般纳税人，不需要增值税专用发票，从康某公司或者通过黄某亮经康某公司或者以康某公司名义向制糖厂或者糖业公司购糖，比其直接从制糖厂或者糖业公司购糖的价格有所优惠，便在 2011 年至 2013 年 8 月之间陆续通过此种方式进行糖类产品购销活动。

【裁判结果】江西省南昌市中级人民法院 2017 年 4 月 11 日判决："一、被告单位江西康顺医药有限公司无罪。二、被告人黄某金无罪。三、被告人徐某根无罪。四、被告人邓某华无罪。"

【争议焦点】（1）票货分离是否等于虚开？（2）如何判断票据、货物、资金三者之间流动过程中的违法性？

【裁判文书说理】税务实践中，判定是否属于虚开增值税专用发票，主要是看票据、货物、资金三者之间是否具有流动的一致性以及流动过程中的违法性来判断具体侵害的法益。这主要与虚开增值税专用发票所侵害的法益具有双重性有关。首先，虚开增值税专用发票的行政法行为类型规定在《发票管理办法》中，说明其会侵害发票管理秩序；其次，虚开增值税专用发票会造成发票在不同税务机关的虚假抵扣，危害到税收征管秩序；最后，虚开增值税专用发票抵扣的税款，可能导致国家税收的流失。票、货分离是否违反法律之规定？在市场交易中，交易双方为了增加利润，减少中间过程以及通过减少仓储等方式降低成本，是一种经营和交易常态。康某公司与徐某根、邓某华之间是一种买卖合同关系，而康某公司与销货方也是买卖合同关系，由徐某根、邓某华直接从销货方收取货物或者康某公司根据购买人徐某根、邓某华的要求向销售方购买货物再由销货方交付给徐某根、邓某华，都不在法律禁止范围之列。从销货方（糖厂或者糖业公司）来说，其只要收到货款并将货物销售出去，即实现其交易之目的，至于实际收货人为谁（只要买受人认可已经交付），其在所不问，这也是为什么合同法上指示交付、替代交付等非直接现实交付形式均为法律所承认的缘由。从买受方来说，其只关心支付的货款能否买到其想要的货物，即合同目的能否实现，至于销货方从哪个仓库（如本案中中糖公司的货从粤北糖业公司仓库提取）提供货物给买受人，则在所不问。因此，本案中的票货分离方式并不为法律所禁止。起诉书指控被告人徐某根、邓某华的犯罪行为类型为"让他人为康某公司开具与实际经营业务不符的增值税专用发票"。其抽象的行为类型为"让他人为他人虚开"，根据刑法第二百零五条第三款的规定，虚开是指具有"为他人虚开、为自己虚开、让他人为自己虚开、介绍他人虚开行为之一的"，即便指控事实成立，也因"让他人为他人虚开"并不属于刑法规制的行为类型，不符合罪刑法定原则，不成立犯罪。本案中康某公司从销货方上游糖厂购买白糖后销售给徐某根、邓某华或者康某公司根据徐某根、邓某华的要求从销货方上游糖厂购买白糖再销售给徐某根、邓某华，而销货方将增值税专用发票的受票人开具为康某公司，符合资金、货物、票据一致的要求。从国家税款的损失情况看，徐某根、邓某华在将货款通过黄某亮转给康某公司，再由康某公司转给销货方上游糖厂的过程中，已经包含了货物销售的增值税税额，在涉及增值税货物流转的过程中，只要上游糖厂开具发票的环节缴纳了税款，国家就已经对发票项下货物征收了税款。康某公司在销售白糖给徐某根、邓某华的过程中，能够以相对便宜的价格或者适当返利给徐某根、邓某华等。但康某公司未向徐某根、邓某华按照规定开具发票，徐某根、邓某华也没有按照规定索取发票。因此，对于康某公司的逃税行为，徐某根、邓某华等的行为在客观上是具有帮助作用，该种帮助行为只是一种倡导性规范所规定的行为类型，并不在法律的禁止性和强制性规制范围之内，不具有可罚性。

对比该案，王某波案同样具有相似性，为了减少中间的流转，降低成本，跳过中间商环节，与厂家直接签订合同代开专票，符合交易规则，不具有可罚性和处罚必要性。

以上是本案辩护人的书面辩护意见，与当庭发表的辩护意见互为补充。

本案，辩护人分别从分析案件事实，解析证据体系，检索法律规定与指导案例，结合当前的司法环境和政策，有充分理由认为王某波不构成犯罪，法院应当坚守维护正义的最后一道防线，作出正确的经得住检验的判决，最终实现政治效果、法律效果、社会效果的统一，恳请合议庭或审判委员会依法审理评议并采纳本辩护人的意见。

关于王某波庭上自认2020年与王某龙之间有超额开具专票100余万元的事实，请合议庭严格按照相关证据予以认定，如果事实不清，证据不足，也应当宣判无罪。本案还有一个情节，受票公司大部分已经补税完毕，未造成实际损失，请合议庭一并考虑。

下 篇

刑辩之道（传承与进步）

善良的心是最好的法律

"善良的心是最好的法律"，这是英国著名学者麦克莱的法律格言，也是我的老师朱明勇律师在他的新书《无罪辩护（律师手记）》扉页写给我的殷切寄语。

虽说我本科学的是法律，但是对这句话的真正含义，一开始我也并不是特别能理解。

有人曾经提出，法律是成文的道德，道德是内心的法律，法律和道德都具有规范社会行为、维护社会秩序的作用。简明扼要地论述了法律与道德的辩证关系，使我对以上问题的理解豁然开朗。

法律是国家治理社会的一种强制性规范，国家设有专门的立法机关制定法律，也有相对应的行政机关执行法律，还有司法机关适用法律从事司法活动。很显然法律具有专门性、强制性和约束性。

然而，善良的心，强调的是道德层面的要求，善良对应的是邪恶，道德也有高低之分。我们知道，在日常生活中，首先约束人们行为的恰恰是道德上的要求，道德一旦失效，法律手段才会有可能启动。因此，人们又常说，法律是道德的底线。那么善良的心，自然也是最高的道德标准。

善良，是一种朴实的情感价值，是对人们正确处理事务的最基本的思想指引。无论是生活中、工作中，又或是情感中，社会交往过程中，无不要求，每个人都应该惩恶扬善，以善为本。

故，法律是硬约束、是他律，道德是软约束、是自律。"法安天下，德润人心。"老百姓的道德觉悟提升了，人人都有一颗守德的心，自然就会遵法、学法、守法、用法，按规范办事、按规矩行事、按规则干事，依法治国就会在更高水平上推进，社会就能营造出更加公正、透明、文明的法治环境。

当然，如果在此生硬地去谈道德、谈善良，会感觉特别抽象，那么为了打破这种看不见摸不着的理想社会生态，我们不妨透过影视作品或者其他艺术作品去形象的展现，通过艺术作品的演绎，我们能形成最直观、深刻的体会。我特别喜欢观看几部风评较高的电影比如《窃听风暴》《辛德勒的名单》《辩护人》等，所呈现出的主题，无不凸显人性善良的光辉和价值。尽管影视作品与现实生活存在差距，甚至是虚构的，但瑕不掩瑜，透过电影宣扬的主题精神，应该值得我们所有人的反思与自省！

前段时间，我又重温了《窃听风暴》，该影片讲述了一名民主德国国安局情报员由忠于职守转而对工作失去热情，继而改变立场，开始保护上级要求他侦察的民主德国作家德瑞曼的故事。20 世纪 80 年代的民主德国，人人自危，国家安全局扮演着重要而又特殊的角色。影片的主人公维斯勒（代号 HGW XX/7）就是为其服务的一名经验丰富的窃听人员。他离开了一线，通过授课培训新的情报人员，但在已经成为领导的前同事邀请下重新出山，去监听一对作家演员夫妇。

其中有几个片段特别扣人心弦，彰显人性善良的光辉，发人深省。维斯勒受命监视作家德瑞曼，但当他看见德瑞曼在家门口广场上与一群小孩踢足球时，他的心态第一次发生了变化，他发现原来生活可以如此自由不羁。

作家德瑞曼的好友杰斯卡在抑郁中自杀了，作家悲伤地弹起朋友送给他的钢琴曲《献给好人的奏鸣曲》。钢琴声悲怆凄凉，而在监控的另一端的维斯勒听得如痴如醉，竟有一颗滚烫的热泪从维斯勒的脸颊划过。这个特写镜头，人们都能看懂。

当维斯勒知道作家德瑞曼的女友西兰被文化部长霸占为情妇之后，他化身普通人来到酒馆阻止了作家女友继续赴约。

维斯勒知道作家德瑞曼写了文章，他也知道德瑞曼的打印机放在什么位置，于是便提前一步将打印机移走，让"史塔西"们扑了个空。

影片的结尾。又过了两年，维斯勒偶然在一家书店门口，看见了德瑞曼出了新书《献给好人的奏鸣曲》。翻开，赫然发现扉页上写着："谨献给 HGW XX/7，并致以最深的感谢"。

书店的营业员询问，是否需要帮忙，把它包装成礼品。

维斯勒说："不，这是给我的。"

看到这里，我相信许多人都会热泪盈眶，影片得以升华。扉页的一句话，感动了维斯勒，也感动了影迷。善良的心，终获回应。

另外一部高分影片《肖申克的救赎》里面也有一段话："任何一个你不喜欢，又离不开的地方，任何一种你不喜欢，又摆脱不了的生活，就是监狱。如果你感到痛苦和不自由，希望你心里永远有一团，永远也不会熄灭的火焰，不要麻木，不要被同化，希望命运需要你逆风飞翔的时候，不要选择随波逐流。"

这些影片所传递出的理念似乎也在告诉我们，时刻保持一颗善良的心，是完全有必要的。斯坦尼斯洛曾经说过，雪崩时，没有一片雪花觉得自己有责任，受裹挟为恶的人，总觉得自己不应该承受责任。

另外，我们还可以通过一个个真实案例呈现善良的心对于司法人员显得尤为重要。近期媒体报道的一个案件，给了我很深地触动。有新闻媒体报道，安徽蒙城利辛县某村村民李某强蒙冤坐牢一案，引起轩然大波，若新闻报道属实，则该案属实是冤的离奇，错的离谱，假的荒唐。媒体报道不久后，某省高院就立即启动再审程序，如果媒体报道属实，相信某省高院一定会查明案件事实，依据法律规定改判李某强无罪，还李某强一个公道。

2014 年 1 月 7 日，习近平总书记在中央政法会议上的讲话中提出："要懂得'100−1＝0'的道理。一个错案的负面影响，足以摧毁九十九个公平裁判积累起来的良好形象。执法司法中万分之一的失误，对当事人就是百分之百的伤害。"

这个道理是极其深刻的。作为社会主义核心价值观的重要组成部分，公平正义是人民群众获得安全感和幸福感的重要保障。而司法就是守护公平正义的最后一道防线。

然而，在李某强案中，我们看到了 2007 年某省部分公、检、法办案人员的玩忽职守和徇私枉法行为暴露无遗。

据媒体报道，李某强属智障人员，大多数村民反映李某强勉强能够生活自理，几乎没有实施犯罪的能力，更谈不上实施暴力性犯罪抢劫。

指控李某强犯罪时间段是 2003 年前后，然而李某强是 2005 年才离家出走，根本没有作案时间。

2007 年，李某强被警方查出携带"真凶"刘西文身份证便被认定为逃犯刘西文，结果从侦查、审查起诉到审判阶段，没有人认真核对其身份，诉讼程序就像开挂一般一路绿灯畅行无阻，无人审查到李某强是个冒名顶替者，导致李某强被冤判。

　　如果说，李某强一审被冤判是办案人员的工作失误，最多算是玩忽职守，还有挽救的机会。但是在李某强被监狱发现身份不对的情况下，某地法院的一系列操作，足以让人大跌眼镜、惊奇无比。

　　李某强被送监狱执行期间，狱警已经发现李某强真实身份存疑，遂发文要求协查，经某地警方回利辛多处调查，基本查清李某强真实身份，此时，应当依法纠正才是正道，然而，某地法院居然一纸裁定，便将李某强认定为罪犯，迫使李某强不得不继续服刑，李某强有口难辩。此处，则不排除某地司法机关部分办案人员为了逃避责任或者实现其他非法目的，存在人为地、系统性地造假或者徇私枉法，性质极其恶劣，司法的公信力破坏殆尽。

　　随着 2003 年抢劫案的真凶刘某文落网，当年涉嫌抢劫案的 8 名嫌犯全部归案，很明显李某强的案件必属冤案。替人高考，替人上班我们经常听说，被迫替人坐牢则是头一遭。

　　我们还注意到一个细节，李某强从被抓到判刑入狱服刑，全部诉讼过程，办案机关居然没有一次通知家属，已然严重违反刑事诉讼程序，也足以反映程序公正的重要性，如果家属早知道李某强被错抓、错判，也许就不会酿成如今这般荒唐无比的错案。程序公正是实体公正的前提和基础，切实保障犯罪嫌疑人、被告人及其他诉讼参与人的诉讼权利，才能从根本上保障基本人权，为最终实现司法正义打下基础。

　　当然，遭人痛恨的刑讯逼供也在该案中有所体现，据媒体报道，李某强的门牙便是在审讯过程中被打掉，为了办成"铁案"，李某强的口供必须与其他同案犯一致，李某强是智障，李某强连自己的生日都不记得，却能够在笔录里详细的说出刘某文的生日，能够回忆起具体的犯罪情节，不得不让人佩服办案人员的办案手段多么的"高明"，这明显属于"先证后供"的情形，也是多数冤案中常见的手法。如果仅是审查书面笔录，恐怕没有人能够识别真假。由此可见，冤假错案的酿成，不是没有原因，刑讯逼供便是产生冤错案件的催化剂。

　　英国哲学家培根曾说："一次不公正的审判，其恶果甚至超过十次犯罪。因为犯罪虽是无视法律——好比污染了水流，而不公正的审判则毁坏法律——好比污染了水源。"这个比喻形象地说明了公正是司法活动的灵魂和法治的生命线，司法不公会造成严重的后果和致命的破坏作用。如果司法这道防线缺乏公信力，社会公正就会受到普遍质疑，社会和谐稳定就难以保障。

最高人民法院发布《中国法院的司法改革（2013—2022）》白皮书，披露了一组数据，2013 年以来，全国法院通过审判监督程序依法纠正 65 起重大刑事冤错案件，改判 129 名原审被告人无罪。这一组数据很有说服力，足以证明法院司改十年来，预防和纠正错案数据成绩斐然，值得称赞与肯定。

但是，李某强案件，也暴露出成绩背后还有一些不足，进一步凸显出 100-1＝0 的道理，一个错案的负面影响，足以摧毁九十九个公平裁判积累起来的良好形象。

当前，我们国家正在全面深化司法体制改革、保证司法公正进行，始终强调司法一线办案人员，要对案件质量终身负责。"有权必有责、有责要担当、失责必追究。"

李某强出狱后不久病逝，生前他哥说要帮他申诉，他给他哥树起了大拇指，李某强也是渴望恢复清白之身。根据《刑事诉讼法》规定，有证据证明被告人无罪，被告人死亡的，可以由近亲属提出申诉，法院可以缺席审理。据某地高院官方微博 2 月 22 日最新通报，申诉人李某星就其弟李某强犯抢劫罪申诉一案，该院已经受理，目前正在审查中。这一消息对李某强家人来说，应该是看到了希望，看到了正义的曙光。

相信，某地高院能够直面错误，早日启动再审程序，改判李某强无罪，告慰李某强，也还老百姓一个公道，同时也要刀刃向内，刮骨疗毒，启动追责程序，绝不能让任何一个坏人做了恶事还能逃避法律的制裁。

公平正义，是雕刻在我们内心深处的价值坐标。法之所向，民之所盼。"100-1＝0"，这个公式深切意味着务必要保证公正司法、加强政法队伍、维护人民权益、提高司法公信。

泰戈尔的一段话非常治愈："请把自己活成一道光，因为你不会知道谁会借着你的光走出黑暗，请保持心中的善良，因为你不知道谁会借着你的善良走出绝望，请保持你心中的信仰，因为你不会知道谁会借着你的信仰走出了迷茫，请相信自己的力量，因为你不会知道谁会因为相信你而相信自己，愿我们每个人都能活成一束光，绽放着所有的美好。"

那么为何要说"善良的心是最好的法律"呢？带着问题，结合自身的成长经历，或许可以寻找到一些解答自己内心疑惑的答案……

我出生在江西鄱阳的一个渔村，从小家贫，根本没有见过什么世面，只能通过读书，获取有限的知识。除此之外，就是家中长辈的言传身教。无论通过什么方式汲取营养，都在传递一个重要的观念，那就是多做好事，时刻保持一颗善良的心。

曾记得，每当盛夏，奶奶都会把家中自产的蔬菜水果拿去分给左邻右舍，他们时而也会拿些我们没有的东西予以回赠，这是我对善良的最初理解。

上了大学，我积极响应国家号召，应征入伍，成了一名海军战士，在部队这个大熔炉中，除了磨炼意志、苦练本领外，更重要的是让我们始终牢记的"全心全意为人民服务"的宗旨。

大学毕业后，我果断地选择了律师行业，之前埋下的善良火种，时刻萦绕耳畔，更加要求我必须以善良的心对待每一个案件、每一个当事人。

当有蒙冤案件找来，我会义无反顾地为其提供援助，代他申诉，我参与的冤案有些已经获得平反，比如"江西张某环案"，有些正在申诉中。

当有家庭困难支付不了律师费的当事人找来，我会建议他去司法行政部门申请法律援助，指定我来代理，最终也帮他们解决了纠纷，维护了正义。

当一个案件，明显遭遇不公时，我没有退缩，选择与当事人一起抗争，此刻，《律师法》赋予我的职责要求必须维护当事人合法权益，维护法律的正确实施，维护社会公平正义。

作为一名律师，法律执业者，要时刻牢记不能背信弃义，更不能见利忘义；不能破坏规则，更不能践踏法律；不能唯利是图，更不能失去底线。要时刻兼怀"为天地立心，为生民立命"之公心，为权利而斗争，为自由与生命而辩。要追求道德高线，不越纪律红线，守住法律底线。

最近，电视剧《底线》在热播，中心主题就是司法工作人员要坚守底线，维护正义。无论身处何处，身兼何职，善良的心是最好的法律，既是初心，也是良心。

三人行，必有我师

子曰："三人行，必有我师。"对此，我深以为然。在我成长的道路上，少不了恩师的指点，也少不了名师的鼓励与栽培，在我律师执业的道路上，有两位老师对我影响深远。

回想起自己为何会进入律师行业，那是既懵懂又自然，说起来更像一个玩笑。

曾记起，在读高中时，我的强项是理科，高一年时数理化经常考满分，在全校成绩都名列前茅，后来由于某种原因，被迫休学大半年，学业也因此被耽误，等到高二再返校，恰逢文理分科要作出选择。我清晰地记得自己最初选择的是理科班，但在学习过程中，因为理科类课程脱节太多，难以跟上老师的节奏，学习起来明显吃力。那时的自己既迷茫又无助，不知道找谁去商量。唯一可以请教的是当时的班主任。当我鼓起勇气向他诉说我的疑惑时，他冷酷无情地回复我，自己的事，自己决定吧。那一刻，自己真的就像在十字路口迷路的小孩，找不到一种理性的解决之道，十分地犹豫。最终，我还是冲动地选择了离开理科班。从此，作为一名文科生，努力追赶着。现在再去回想这件事，多少显得自己意气用事，不计后果，我相信如果当初选择留在理科班，凭自己的努力一定能迎头赶上。

我们学校是省级重点高中，每年高考都有许多学生取得不错的成绩，名牌大学、重点大学录取比例较高。到了高三，我们班的任课老师也都特别和蔼可亲，教学水平在全省乃至全国有名，大部分都是有高考阅卷经历的名师，在老师们的帮助和鼓励下，我的文科成绩逐渐提升，尤其是地理和政治成绩，总能取得高分。

有一次班主任雷老师把我单独叫到教室门外，跟我说："进华，我给你高考定个目标，中国政法大学，你将来最适合做一名律师。"

说实话，其实那个时候的自己，根本不懂该报考什么大学，将来又适合做什么，更谈不上有什么理想目标，但就是班主任这么一个激励，一个目标，就像一颗种子一般埋藏在心中，等待他发芽，成长起来。

后来遗憾的是高考失利，考的分数不是很理想，没有达到中国政法大学的录取分数线，为了求稳，最终选择了一所可以确保录取的大学，但是在报考专业时，冥冥中不自觉地选择了法学专业，这也为今后走向律师行业打下了基础。

现在回想，当年的高三班主任雷老师，确实是非常用心地栽培学生，对我的了解胜过我自己。正是他的鞭策与激励，才成就了如今努力奋斗的我。当年与中国政法大学失之交臂，也许若干年后，我还会来到那座美丽的校园里求学。后来大学毕业，我通过努力成功地取得了律师职业资格，成了一名律师，也算没有辜负雷老师的良苦用心。

可以说，雷老师是对我进入律师行业影响深刻的第一位老师。要说他是我决心进入律师行业的引路人，那么接下来这位老师，对我进入律师行业之后的影响，无人能比。

我是2013年取得的律师职业资格，从事律师执业，但是一开始，我也像许多刚执业的同行一样，没什么案源，拿着一个月2500元的工资，勉强养家糊口。到了2015年，我的大学同学在北京承包了一个装修工程，问我能不能和他一起去北京创业，做管理工作，待遇肯定差不了，我当时非常犹豫，主要是担心答应去北京发展，如果各方面待遇都比现在做律师强，会不会以后就不再会从事律师行业。经过与家人商量以后，还是决定前往北京，毕竟大学同学抛来橄榄枝，似乎没有拒绝的理由。这一年，虽暂时离开律师行业，但闲暇之余，仍然会关注法律圈内发生的一切有影响力的案件和律师，若是时间允许，还会特意去拜访求学。

记得那年冬天的一个晚上，我上某图书网查找法律类书籍，准备买几本打发无聊的时间，就在无意之间，看到《无罪辩护》一书成为2015年最畅销法律类图书。一本封面印着一副被斩断的手铐的图书，给了我很大的冲击。

经全面搜索发现这本书的作者是朱明勇律师，在好奇心驱使下，我又在网上查了关于朱老师的一些信息资料，也找到了朱老师的联系方式，抱着试试看的心态，给朱老师发了一条短信，想去拜访他，没想到，朱老师很爽快地答应了。

我们约在他之前所在的律师事务所办公室见面，初次见面，朱老师就特别随和亲切，还特意送我一本他的新作《无罪辩护》，并在扉页上写了一句话："善良的心是最好的法律。"与此同时，在交谈中给予我很多关于如何在律师行业发展的宝贵意见，勉励我前行。中午，朱老师又请我在律所楼下山西面馆吃了一碗面，至今记忆犹新。朱老师此时已经是法律界的名人，能够如此接待一名律界新生，于我而言，受宠若惊。《无罪辩护》这本书后来也就成了我案头的工具书，到哪里出差都带着，一旦有疑难复杂案件，我都会拿出来翻一翻书中的案例，试图寻找无罪辩护的思维和密码。我也建议其他新入行的青年律师要阅读这本书，作为入门的必修课程，会对各位青年律师的执业理念和执业思维产生极大的影响和帮助。

初次拜访不久后，在清华大学举办了一场无罪辩护案例评选的颁奖典礼，该活动主要由朱老师操办，我也赶到现场，感受一下氛围。活动中，主持人给了我一个发言的机会，我先是祝贺获奖律师取得成功，祝贺主办方活动成功，接着就重点提到，目前刑辩律师界出现了青黄不接的现象，成功的律师始终是几位大佬，鲜有年轻律师登台，刑辩律师号称刀尖上的舞者，必须要有传承，要像木匠等传统行业一般，师父带徒弟，培养更多新人。也就是在这场活动中，我在一众法学专家学者和知名律师面前，正式提出拜师朱老师，希望朱老师能够收我为徒。

我前面说过，如果你想成为什么样的人，最好的方式是先去模仿学习，然后努力奋斗。我与朱老师通过第一次见面畅聊刑辩律师的未来，便有了一定感情基础，后来一旦有机会便会自费跟着朱老师到处学习，如此跟着朱老师学习的机会也就越来越多。到了 2016 年，我知道内心还在召唤我回归律师行业，所以毅然决然地从北京辞职，又回到律师行业。

自那之后的几年内，我跟着朱老师走南闯北，到处旁听案件，去过无锡、南昌、合肥、大理、北京、大连、鞍山、郑州等地。所以，我们京桥所在2018 年举办的首届刑辩高峰论坛，就非常有幸邀请到何兵教授、徐昕教授、易延友教授等一众法学名家和朱明勇、杨学林、仲若辛等知名律师前来捧场支持。他们在论坛上也都给了我极高评价，这是一种信任，也是一种鞭策，更是一种鼓励。为了长远发展，我们又非常荣幸地聘请他们作为京桥所的专家顾问团。

我也经常会反复翻看朱老师的《无罪辩护》一书中的所有案例，听朱老师《无罪辩护之颠覆性思维》等演讲音频，只要有机会，也会反复观看案件的庭审直播或录像，一直在不断地寻找朱老师破解案件的密码，学习朱老师的办案真功夫。

近期，朱老师在京门律师事务所五周年之际，又做了一场《致敬京门》的演讲，全程 3 个多小时，分别从梦想、勇气、坚守、感动、希望五个方面展开了论述，其中可汲取的养分也足够我慢慢地咀嚼消化。许多熟悉我的律师都说，我身上有许多朱老师的影子，在我看来这是对我的褒奖，但是我深知，如果能学到朱老师的百分之一，我也就足够厉害了。

朱老师于我而言，就像一个标杆，也像一座灯塔，更像一个偶像。朱老师曾经在谋划创办刑辩私塾，我是第一个报名的律师，严格意义上，我也是朱老师私塾班的第一个学生，私塾"大弟子"。

平时，朱老师会不遗余力地推荐我办案，指导我办案，给我总结利弊优劣，尤其是在某一期对我专访的《见证人物》栏目中，朱老师更是给予了我很高的评价，因为有了朱老师的背书，让我有了无限的动力，勇毅前行。

正是受朱老师的影响，我这些年办的案件多数都取得了不错的成绩，有些直接被宣判无罪，有些被检察院撤诉处理，还有一些在公安侦查阶段被撤销案件，无论何种方式结案，都算是无罪的结果。应该说，每一个案件都会受到朱老师的影响或者指导。在此，再次向朱老师致敬。

除此之外，办案之余，我也会积极参加各类刑辩培训班，参加各类刑辩高峰论坛，参加重大要案庭审的旁听，正是因为自身的努力，才有幸结识全国知名教授和律师。一旦遇到疑难复杂的刑事案件，我便会邀请北京大学陈兴良教授、清华大学的周光权教授、张明楷教授等知名教授给予指导或者出具法律意见。我始终认为正是因为我们有强大的智囊团为我们办理案件提供智力支持，所以，我们才有今天的脱颖而出。

（江溯副教授、周光权教授、陈兴良教授、张明楷教授、张进华律师）

三人行，必有我师。师者，传道授业解惑也。但与此同时，作为一名年轻律师，既要尊师重教也要有青出于蓝而胜于蓝的决心和野心，薪火相传，方能生生不息。

（朱明勇律师与张进华律师于大连合影）

刑辩律师基本素养与技能

　　如何做好一名律师，尤其是如何做好一名刑辩律师，相信是许多年轻律师的困惑。在我看来无论是从事什么方向和专业的律师，必须具备基本的素养和技能，方能打开市场，赢得客户的信任。云程发轫，踵事增华。瓜瓞绵绵，尔昌尔炽。

　　有律师提出，一个刑事辩护的高手，至少需要具备四个方面的基本能力：分析证据，重构案件事实的能力；解释法律、寻找裁判规则的能力；司法论证和逻辑推理的能力；沟通和说服的能力。真正要成为刑辩大律师，仅是业务高手还是不够的，还要有高见识、高德行，要体现出对国家、对社会、对行业的责任与情怀，侠之大者，为国为民。

智慧与勇气

　　苏格拉底说到，承认自己的无知，乃是开启智慧的大门，我唯一知道的，就是我一无所知。

　　律师，担负着维护当事人合法权益，维护法律正确实施，维护社会公平正义之职责，本质上讲，是一个需要抗争的行业，无论是民事律师还是刑事律师。

　　民事律师分别代理原告和被告，除了和解、调解结案之外，总有一方想赢，也总有一方必赢。要知道天底下没有束手就擒的当事人，既然事情闹上法庭，必然都认为自己有理有据。此时，作为当事人的代理人，必须依法履职，在法律允许的范围内，利用一切合法手段去赢得诉讼。

　　我们曾经也代理过几件疑难复杂的民商事案件，我们的当事人有的作为原告、有的作为被告一审均败诉，二审找到我们接手，经过分析，我们认为原一审判决是完全错误的判决，所以，我们要想尽一切合法合理的办法去力挽狂澜，扭转乾坤。我们为了解决涉案法律适用问题，就会邀请与案件争议焦点相关的全国著名立法专家，比如中国人民大学的姚辉教授、北京大学的钱明星教授、清华大学的崔建远教授、中国人民大学的高圣平教授、中国人民大学的杨立新教授等，我们邀请他们就案件中的法律适用问题发表专家意见提交法庭参考采纳，结果，我们都非常成功地在二审中获得改判，维护了当事人的合法权益。

（刘桂明老师、姚辉教授、杨立新教授、崔建远教授、钱明星教授、张进华律师）

而作为一名刑事律师，为人辩冤白谤是第一公理。众所周知，刑事律师代理的往往都是涉及人身自由和财产安全的案件，在法庭上，与公诉人抗辩，更加需要智慧与勇气。

有抗争就有战略与战术，如何运筹帷幄，如何在法律的轨道上赢得诉讼，也必须具备一定的智慧与勇气。

德肖维茨在《最好的辩护》一书中提道："只要我决定接下一个案子，我就只有一个信念——打赢这场官司。我将全力以赴，用一切合理合法的手段让我的当事人无罪开释，不管会产生什么后果。"

当一个案件摆在我们面前时，最起码要第一时间搞清楚案件的事实是什么，有什么证据可以支撑我方辩点，哪些证据有何利弊，哪些证据可以出示，准备用什么方式方法把案件说清楚、讲明白，这都需要提前谋划并反复推演。

只有准备充分，才可能在法庭上游刃有余、信心满满。这是智慧的体现，也是施展才华的必然要求。

如果仅有智慧，没有必要的勇气，恐怕也干不出成绩。莎士比亚曾经说过，本来无望的事，大胆尝试，往往能成功。

有些律师，既聪明又灵光，但一到关键时刻就打退堂鼓，自我设限，这个有风险，那个有风险。不敢调查取证，不敢与办案单位争取，面临非法遭遇或者严重侵害律师或被告人权益的情况时选择沉默。要知道权利都是靠争取得来的，没有任何勇气，何谈争取？

律师作为私权利的代表，只要不违反法律规定从事非法行为，光明正大执业，基本没有什么风险。除非不择手段，明知违法而为了一己私利铤而走险。

办理刑事案件，既要大胆假设，也要小心求证。要有敢于同一切违法行为做斗争，敢于"横刀立马"，敢于"不破楼兰终不还"，敢于"不教胡马渡阴山"的英雄气概，方能"一夫当关，万夫莫开"。

逻辑与思维

在法庭上，同样一个案件，有些律师的辩护能够吸引法官和旁听人员的高度注意，有些律师的发言，法官就明显表现出不耐烦，或者处处打断发言，大家应该都有注意到这类现象，为什么会这样？

同样，有些律师与当事人第一次见面就能达成委托意愿，而有些律师无论怎么表现，就是不能立即赢得当事人的信任，有时"表演"过了头，还适得其反，让当事人的反感，这又是为什么？

作为一名律师，案源是第一重要的考核指标，而案件结果则决定了律师的成就高低。

如果不能打动当事人，就拿不到优质案源，如果办案过程中，不能取得理想的成绩，也就不能形成良好的口碑，任何事情都是如此，在充满竞争的环境中，只有形成良性循环，才能有所作为。

那么，优秀的律师身上到底具备什么样的特质，是年轻律师应该多研究、多效仿的关键，其中，逻辑与思维很大程度上决定了律师的出路。

应该说，逻辑与思维贯穿案件始终，从接案开始，到顺利结案。

逻辑是什么，思维又是什么，恐怕只言片语难以讲清楚，但是我们不得不承认，它确实会在办案过程中无时无刻体现。

有些案件，别人讲几个小时，听不明白到底他要表达什么，而有的人，三五句话就可以把问题说清楚。

有些案件，有些人无论是书面意见还是口头表达，从头到尾都不知道他想强调什么观点，没有主次、没有顺序、杂乱无章；而有些人就能像讲故事一般，层次分明、重点突出、语句通顺；段落清晰。这就是逻辑的力量。

受过法学教育的人都学过演绎推理三段论："所有的人都会死，苏格拉底是人，苏格拉底也会死。"简短的三句话，包括大前提，小前提，结论，简短明了，相信所有人都能一眼看懂，我们律师，也必须具备这种逻辑推理的能力。这也要求我们日常学习当中要重视逻辑知识的学习和积累，也只有经过系统性学习逻辑知识，才能运用自如。

反过来说，只有我们非常熟练地掌握了逻辑的基本知识，才能在办案过程中，及时发现一些基本的逻辑错误，并努力将其纠正过来。比如常见的有"混淆概念""转移话题""自相矛盾""模棱两可""不当类比""以偏概全"等常识性的逻辑谬误，我们只有熟练掌握，才能针对性地予以反驳。

除了逻辑之外，律师还需要具备思维能力。主要包括法治思维，证据思维，出罪思维等等。

所谓法治思维，无外乎"以事实为根据，以法律为准绳"的根本要求。案件发生了，首要任务是搞清楚基本事实是什么。有人说，"民事看关系，刑事看行为"，所以我们在代理民事案件时要清楚双方的权利义务是什么，在代理刑事案件时要知道当事人的行为是否符合刑法的构成要件等，我们要去分析、论证，形成一个专业的法律意见。

而证据思维，要求我们必须重证据，有一分证据说一分话，证据为王。有无证据，有无证据资格，证明能力，能否逻辑证成，逻辑自洽。有无需要自行收集证据，有无需要依法申请调取的证据等。

在刑事案件中，辩护人（律师）的责任是根据事实和法律，提出犯罪嫌疑人、被告人无罪、罪轻或者减轻、免除其刑事责任的材料和意见，维护犯罪嫌疑人、被告人的诉讼权利和其他合法权益。那么显然，案件到了律师手中，首先要考虑的是案件可否做无罪辩护，其次再是做罪轻辩护。这就要求律师与公诉人的思维相反，或者叫逆向思维，这就是出罪思维。如果只是顺着公诉人的思维办案，肯定不会有好的结果。脑海中要时刻想到"罪刑法定"

"疑罪从无"等不构成犯罪的基本辩点。

刑法意义上的出罪，要么没有犯罪事实发生，即当然的无罪；要么事实不清，证据不足，无法达到排除合理怀疑的证明标准，从而作出"存疑"的无罪；要么程序上超过追诉时效；要么违反罪刑法定原则，不构成犯罪，除此之外，几乎没有其他出路。

归纳与总结

倘若逻辑与思维大家还不是那么容易理解，那么归纳与总结的基本功确是显而易见的。一大堆材料，一系列法律法规，如何做到去粗取精，提纲挈领，就非常考验我们的归纳与总结能力了。

现在的刑事案件，案卷材料少则有十几本，多则几百本。如何从纷繁复杂的案卷材料中，找到我们需要的材料，并且化繁为简，归纳争议焦点和辩点，往往需要花费大量的时间和精力，人们常说，读书首要目标是把书读薄，办案件也是一样的逻辑和道理。

当我们掌握了一定的逻辑和思维能力后，相信归纳与总结也就没有那么难了。

在我自己的办案过程中，往往喜欢利用思维导图的方式以案件事实为中心，将案件材料进行切割，一般情况下，通读起诉意见书或者起诉书就会对案件事实有个基本判断。公诉机关要证明被告人有罪或者罪刑轻重，所以他们根据他们的证明逻辑收集归纳材料，但是辩护人恰恰相反，我们要想尽一切办法去证明被告人无罪或者罪轻。

所以，我们要有自己的证明体系，就必须要打破原有体系，所谓"不破不立"。

我经常将办案比作修手表，在我 12 岁那年，就跟着师傅学修表，一块不能正常走时工作的手表摆在我们面前，仅凭肉眼恐怕难以找到"坏点"，简单的肉眼可见的故障并不多。也没有一款透视仪器扫一下就能发现问题。这个时候，师傅往往都会把手表拆开，一个一个零部件拆下来，摆放整齐，拆到只剩下表盘为止。那么在拆解的过程中，哪个零部件有问题，立马就会显现出来，如果拆的过程还没有发现问题，在重新组装的过程中，也能发现问题所在。该换则换，能修则修。等再次组装完毕，手表也就修好了。

原理相通，一个案件摆在我们面前，肯定无法一眼看出问题，如果一眼就能看出问题，检察官不会发现？所以不要指望天上掉馅饼，能被我们捡到。我的经验就是，先把案卷全部拆分，以指控的案件事实为中心，将与之相关的证据材料切割出来，进行整理归类，这样做的好处就是，可以从全局去分析案件，发现问题，找出案件的破绽与漏洞，从而建立一套最起码能够说服自己的证明体系。如果涉及多起案件事实，则分别切割，再利用思维导图将他们串联起来。不管多么复杂的案件，都可以做到在一张幕布上进行演示、跳跃。

然后，我会把与案件有关，在将来的证明过程中可能用得上的法律法规、政策文件、类案、指导性案例一并收集、整理，做到可以在案件事实与法律法规之间来回穿梭，信手拈来。

当一切准备工作做完之后，脑海里就有一张非常清晰的"地图"，哪怕他是一座迷宫，我们也能迅速找到通往出口的那条唯一通道。

剩下的工作，就是冥思苦想，该如何去"解题"，找到答案，要每天都在不断地琢磨案件，些许就是一个不起眼的想法或者思维，就能彻底把案件的脉络打通，找到能够判决无罪的"金钥匙"。

当我们找到了案件的"出路"，那么我们还要利用精练的语言说服裁判者，用简洁的文字表达清楚我们的观点，需要有高度概括与总结的能力。通常情况下，我都是先列提纲，后补充论证，各级标题都会进行提炼，争取达到一字不多，一字不少，层次分明，逻辑清晰，用语准确得当，引用法条恰当，这就是一篇高分辩护词。

当然，一切能力都不是天生的，都需要勤学苦练，日积月累，没有任何成功是一蹴而就的，背后付出的努力和心血，往往都是看不见的，而学习这个东西，全靠自觉。

阅读与检索

谈到学习，当我们离开校园以后，就没有任何老师会天天盯着我们，考核我们，尤其是迈入社会以后，繁杂事务缠身，留给自己的往往都是些碎片化时间，能够有效学习的时间并不多，这就要求我们要有目的地学习，提高学习效率。

如果能够知道自己缺什么，那么自然而然就知道自己该怎么去学习，有目标、系统性地学习，效果往往事半功倍。漫无目的地学习，多数都是打发时间，收获甚微。

在有限的时间内去掌握一门知识离不开大量的阅读。除了法律类书籍以外，还有历史、哲学、人文社科类书籍。尤其是哲学，哲学就是智慧，是读一切书籍的底层逻辑，也是武装头脑的顶层设计。培根曾经说过，读书不是为了雄辩和驳斥，也不是为了轻信和盲从，而是为了思考和权衡。真正可怕的，并不是那种人人都难以避免的一念之差，而是那种深入习俗、盘踞于人心深处的谬误与偏见。

我们作为律师，其中一项本领就是要有超强的学习能力，仅是法律法规就够我们学习一辈子，如果来了一个案件，除了法律问题以外，还涉及其他许多专门性问题。一开始，我们不可能把所有问题的知识都掌握，但是，我们也不能说因为这个问题我不懂就直接拒绝这个案件。许多案件涉及的专业知识特别多，比如说医疗纠纷、票据纠纷、矿产资源纠纷、危险化学品纠纷等，我们最开始可以不懂，但是一旦想接这类案件，就必须在最短的时间内去学习并掌握相关知识，不要求达到专家级别，但最起码要在办案过程中游刃有余。我们可以通过阅读专业资料，咨询专家学者，查找类似案例等方式，让我们在法庭上成为该领域的"行家里手"，只有这样，我们的观点才有说服力，才有杀伤力。

另外，我们也要提高检索能力，通常，我们都是通过关键词进行检索，这就要求我们必须会提炼关键词，所以刑辩律师的几项基本素养和能力，都不是孤立存在，而是相互关联，相互促进的。

我们要知道最起码的检索工具、平台，什么样的问题去哪里搜索，我们要能够将问题根据行业、专业、信息等进行分类，做到不盲目，不无序。这也要求我们必须注重日常积累，比如说检索案例，大家不自觉地想到中国裁判文书网；查询企业信息，会第一时间想到中国企业信用信息系统。总而言之，专业的问题，找专业的网站和平台。

当我们检索能力比别人优秀时，我们就能比别人更快、更高效地掌握一门知识，无论是谈案还是发表专业意见，最起码可以做到得心应手，水到渠成。

知识与体系

在办案过程中，我们会经常遇到一个问题，看起来不重要，实则体现我们的基本功是否扎实。如果在法庭上，我们没有携带手机，或者手机没有网络，而此时法官又需要我们提供准确的法律依据或者相关案例，我们怎么办？有时，我们知道这个法律依据或者案例是什么，在哪里可以查到，但是，我们没有办法利用网络查询又该怎么办？

我在执业之初，经常遇到这样的尴尬局面，我明明知道，我的观点能够成立，也有相关法律规定，但就是没有办法在第一时间呈交给法官。后来，我就利用最原始的笨办法，开庭之前把有可能涉及的材料，都提前打印出来，以备不时之需。但是，这种办法也有很大的弊端，有时根本用不上，浪费纸张不说，远途出差增添累赘。等我执业到一定年限后，我就意识到，这么干，比较愚蠢，我们毕竟是法律工作者，随时都有突发情况发生，需要我们第一时间拿出方案，这时，等我们现场查询似乎有些被动。为此，我就在办案之余，将法律法规进行分类整理，也是利用专题的形式建立法律法规知识库，案例库。所以再后来，开庭，我总是可以第一时间把文件找到，呈现在法庭之上。这足以说明，自用知识体系建设的重要性。当然，每个人的习惯不同，不能要求千篇一律，适合自己的才是最好的。

当我们把自用知识体系建起了之后，就不用担心找不到文件，也不用担心知识点被遗忘，可谓一举多得，在我看来这绝对不是无用功。

写作与演讲

说句实话，能够从事律师行业的人，基本功都有一些，但是有些基本功很难被直观感受，也不写在脸上，对外实际都是综合素质的体现。如果要第一时间锁定对方的兴趣点，让对方感受到你的与众不同，最直接的就体现在"说"和"写"的功夫上。

人们常说，律师就是靠"嘴"吃饭的，还有人说，律师是"刀笔吏"，无论怎么说，律师如果不能说会写，给人感觉就像瘸腿的战马，毫无战斗力。更有甚者，强调未来写作和演讲能力是律师最大的竞争力，谁能抢得制高点，谁就有机会脱颖而出，成为行业的佼佼者。也许有些言重，但是也不是没有道理。

说，演讲也。对律师而言，无时无刻都在进行，要对当事人沟通，要跟办案人员沟通，方方面面，时时刻刻，究竟该如何去说，说到别人心坎里，说到别人和颜悦色，还是需要一定的技巧。

无论是"说"还是"写"，其实都是一种表达方式，一句话说得别人笑，一句话说得别人跳，方式方法至关重要。

我注意到，朱明勇老师在法庭上的发言，总是能够非常巧妙地将一个复杂的案件通过比喻等方式表达为一个精彩的故事，吐字清晰，字正腔圆，语速平缓，语调多变，逻辑周延。实际在法庭上，法官面对的是形形色色的当事人和律师，每天都是不一样的案件，只有将复杂问题简单化、可视化、有趣化、故事化，才有可能让法官在较短时间内记住律师要表达的观点。就朱老师这个功夫，就足够我辈用心学习，练就这项本领，不是一朝一夕的功夫，需要日积月累，不断地刻意练习。正如亚里士多德所说，每天反复做的事情造就了我们，然后你会发现，优秀不是一种行为，而是一种习惯。

写作也是同理。有些文章写出来，发布就是十万的阅读量，有些文章就没有人愿意看，还有些人专门靠写作为生，一篇文章的打赏费用过百万，这些人是如何做到的，也值得我们去研究和学习。办案过程中，法律文书的写作，也非常考验一名律师的水平，不需要多么华丽的辞藻，但是看起来要非常的舒服，让人愿意看下去，并记住你文章的中心思想和核心观点，论证逻辑严密，论据充分，论点清晰，言简意赅，相信你的法律意见就有可能会直接被裁判文书引用，这是多么荣耀的一件事！还担心我们的案件结果不理想吗？

具备以上基本功以后，我们才有可能厚积薄发，一鸣惊人。相信只要机会来临，我们就能抓住，只是时间问题。

礼仪与形象

谈起律师的礼仪与形象，重要性其实不言而喻，相信大家都懂得其中的道理，故不用大费周章地去强调。

律师这个职业，无论我们自己怎么看待，在外人看来，多数还是以知识分子、文化人、高级白领等形象示人。所以，我们没有理由不去用心维护这个来之不易的正面评价和直观感受。

既然如此，就要求我们从思想上重视起来，从行动上落实好。

礼仪，顾名思义，就是礼节、礼貌，仪表、仪态。我们受过五千多年的历史文化熏陶，相信对此不难理解。对于律师而言，有利于树立律师职业形象，充分展示律师个人素质；有利于体现律师权威，增强律师公信度；有利于处理好案件，解决律师与委托人之间的关系；有利于增强律师的职业道德建设，增强责任感、荣誉感。而且，每当律师会见当事人的时候，必要的着装和打扮都会带给对方一份发自内心的"信任感和踏实感"，这就是第一印象所带来的魅力。

伟大的文学家莎士比亚曾经说过："一个人的穿着打扮，就是他的教养、品味、地位的最真实写照。"著名女演员索菲亚·罗兰也说过："你的衣服往往表明你是哪一类人物，它们代表你的个性。一个和你会面的人往往不自觉地根据你的衣着来判断你的为人。"

由此可见，人们往往通过律师的穿着打扮、言谈举止、待人接物等方面观察品鉴律师的礼仪与形象。

谈到形象，细分出来的基本要求，包括穿衣打扮，一般在正式场合最基本的要穿西服、打领带，穿皮鞋等正式着装。与人交谈要做到诚信、自信、把握分寸。坐、立、行，虽不要求军人形象，但是最起码要给人挺拔、阳光、可靠的形象。我们在任何场合都要不卑不亢、沉稳有序、举止大方、从容不迫、机敏应变。

在这里，有必要重点提到法庭上的礼仪与形象。控辩审三方在法庭上，呈现三足鼎立之布局，公诉人与辩护人相对而坐，审判人员在高台之上，掌控全局。我们平时看过许多庭审直播案件，公诉人出庭有专业的制服，西服领带，审判人员也是法袍披身，给人威严和威信。辩护人本来也有律师袍，一般情况下，法庭也要求律师着律师袍出庭，但是有些时候也不得不考虑到律师职业的特殊性，有些律师是全国办案，常年出差，行李较多，如果每次都携带律师袍确实很有压力，所以很少随身携带。法庭往往都是比较包容，允许律师着正装出庭。但是我们也经常看到，有些律师真的是不顾律师形象，着便衣、短裤、背心、拖鞋出庭，有伤大雅，我们作为青年律师一定要杜绝此类事件发生。

还有些律师在法庭上随意接打电话，交头接耳，随意走动，来回穿梭，一会伸个懒腰，一会趴在桌子上，这些都是不良形象，是对律师的负面评价的错误行为，必须杜绝。

以上所思所想，是我对一名刑辩律师需要具备的基本素养和技能的思考，它们相互影响，相互关联，更是一个律师综合素质的全面体现，我们务必要举一反三，融会贯通，学以致用。关于是不是通用的准则，见仁见智，适合自己的才是最好的，尊请各位批判性阅读。

一人成军，合作共赢

其实，我们律师办理任何案件，就像士兵作战一般，既要有单兵作战的能力和勇气，也要融入团队，合作共赢。我们经常说，刑辩律师"聚是一团火，散是满天星"。

有些案件不具备合作办案的条件，就只能是"千里走单骑"，无论遇到什么困难，都必须勇敢面对，兵来将挡，水来土掩。虽然辛苦，但是如打仗一般，攻克堡垒，就需要英勇鏖战，一往无敌。

反过来，有些案件，根本不适合单干，必须组建团队。有时是为了增强辩护力量，有时就是为了加强自身保护。我个人参与的案件多数能够取得理想的结果，就得益于合作，甚至这不也失为一条快速成长的捷径。我都是通过与其他更加优秀的律师合作，从他们身上学习有价值的辩护技能，才一步一步变得更加成熟起来。

我曾经看到过某律师在朋友圈说到，未来刑辩律师的市场，还是需要团队化。就像一个武林高手，个人的武功再高、再厉害，不过是一个在某个时间激起涟漪的石子。尽管我们始终走在披荆斩棘的刑辩道路上，但是我们携手共进，也许就能看到下一站更美的风景。

从事律师十年来，我接触过许多"独行侠"式的知名大律师，独来独往，不怎么与其他同行交流互动或者合作，也看到过许多团队律师办理的案件取得成功。其实没有任何固定的模式，主要还是看案件，看律师个人的办案风格。

从切实体会来看，一人办案，多数是不具备合作的条件，实属无奈之选，一人办案的劳累程度，不是一般人能坚持得住的。有时是被告人家属没有支付能力，毕竟加一个律师要增加更多费用。有时案件来不及增加律师就得往前开拓，等一切工作都准备就绪，再增加律师又没有什么意义和价值。

每当一人作战时，就要时刻勉励自己，我知道我的内心已经点燃了一团星火，尽管微弱，但是依然有光，依旧温暖，它照耀艰难的旅程。那星火，是希望。

当然，有些重大复杂疑难案件，团队律师办案就会体现出极大优势。有些案件几百上千本案卷材料，如果是团队合作，可能就没有那么复杂，每个人负责一个罪名或者一个当事人的阅卷工作，最后汇总，各自进行讲解，全部案情基本就清楚了，既节约时间，又提高工作效率。尤其是在法庭上，每个人从不同角度出发，阐述理由和观点，挂一漏万的现象就会得到有效弥补，全案的辩护意见也会更加丰富和全面。往往融入律师团队办案，便没有那么累和枯燥。当办案过程中遇到阻力或者侵犯律师职业权利之时，一个人会显得势单力薄，而团队力量就会被无限放大。办案之余，人多也是热闹非凡，去到陌生之地办案，可以结伴而行，欣赏沿途风光，体会不一样的风土人情，有些时候如果有当地律师陪同，那就更幸福了，既可品尝到常人难以寻觅的美食，又可领略不一样的景色和当地文化，所谓两全其美。

不管是一人作战，还是团队作战，保证案件质量是首要目标，不能以牺牲案件质量为前提。一直以来我都是以这样一个信念在支撑着。如果在办案过程中，我发现自己根本无力招架，也困于自己的能力所限，我就会毫不犹豫地争取邀请更加有胆识、有情怀、有执行力的律师合作，形成有力的阻击，哪怕是我自己掏腰包也会这么干。事实也证明，有多个案件，眼看自己快要坚持不住，便临时增加律师进来，马上就逆转了局势，案件也取得了成功，多数都是无罪辩护成功。

除了案件质量以外，我们还要重视案件的办理过程。我们的工作要留痕，要可视化，毕竟家属与当事人之间在羁押状态下是无法见面沟通的，有些信息不对称。所以律师的工作既要干出成绩，也要让家属以看得见的方式支持我们，信任我们，尽量让他们第一时间知悉案件进展和准备开展的工作。如此，才能避免双方产生猜忌和不信任，一旦失信，便很难合作，也就难以保障案件质量。尽管我们不能对案件结果作出承诺，但是我们可以保证我们的付出和时间。家属都会看在眼里，记在心里。当然，换个角度来看，律师辩护其实也是一门良心活。

另一方面，律师界也要抱团取暖，要关注同行遇到的困难和求助，守望相助，方能成就你我。近些年来，许多律师同行一旦遇到困难，我都是第一时间提供帮助，甚至有些人遭遇非难，我也是挺身而出，尽自己的绵薄之力，救人于危难之间。只有这样，才能积累良好的口碑和人脉。

　　为众人抱薪者，不可使其冻毙于风雪；为自由开路者，不可令其困顿于荆棘。

甘于寂寞，勇于探索

"要么庸俗，要么孤独。"这是著名哲学家叔本华的至理名言，就像烙印一般深深地烙在我心中。

也有人说，天才都是寂寞的。任何成功都不是偶然的，粗粝能甘，纷华不染。

那些走过的路，那些笨拙而缓慢的生长，会让生活变得独立而丰富。那些咬牙坚持和日日锤炼，那些身体和心里的疤痕，会成为你我赖以战斗的力量。

众所周知，律师行业属于法律行业，而法律本身具有滞后性，几乎每隔一段时间都有新法出台或者旧法修订，所以，律师行业本身就是需要持续不断学习的行业。

如果一名律师要精通所有部门法，像座山一般高的书籍就在等着他去学习消化，这何其难，毕竟人的精力是有限的，但是，现状倒逼我们，学习不止，奋斗不息。

如果你想在某一个领域出类拔萃，付出肯定是比别人要多，否则，哪里有那么多的天才。任何付出，都需要时间和精力，耐不住寂寞，怎么可能做到？

现在的司法环境越来越好，对律师的要求也越来越高，你专业不专业，能不能胜任这份工作，都将在专业人士面前暴露无遗，肯定不能滥竽充数地混日子。我们必须静下来，不断地充实自己的知识和阅历，要甘于寂寞，勇于探索。

路虽远，行则将至。事虽难，做则可成。

苏格拉底就曾说过，世界上最快乐的事，莫过于为理想而奋斗。

我们每天都会面临不一样的法律事务，有些是新型的，完全没有经历过的，有些是疑难复杂的，无法轻易找到解决方案，我们必须要有不畏难，不畏新的探索精神，才能有机会处理好手头的法律事务，才能在日趋激烈的竞争中脱颖而出。有些工作需要刨根问底，有些工作需要发散思维，交叉关联，路漫漫其修远兮，吾将上下而求索。

讲道理不如讲故事，不妨借此机会分享两个我自己的故事。

我大学毕业以后，跟其他人一样面临找工作的压力。当时还在和我老婆谈恋爱，也到了谈婚论嫁的年龄。她家庭条件比我好，我又是南方人，家里条件一般，如何让她父母同意我们的婚事，也是摆在我面前的一座"大山"。我思前想后，唯有一份好的工作作为支撑，才有可能打动她的父母。如果能够立即找到一份理想的工作，也许既解决了生存问题，又解决了婚姻问题。十多年前，什么工作是比较体面的工作，我分析除了考公务员就是考下律师资格证，两者取其一，都算成功。所以当时我是做了两手准备，一边准备考公务员，一边准备考司法考试，在我看来，这样安排至少成功率较高。就这样带着目标，我自己一个人来到大连海事大学找战友帮忙租了一间大学宿舍，自我封闭了三个月的时间。这期间，几乎与外界没有任何接触，手机停用，除了吃饭、睡觉，就是学习，也没有其他多余的活动，同学们邀请我出去玩，都被我婉言谢绝。就是在这三个月的时间里，我系统性的自学了全部的司法考试的知识点。与此同时，我还认真准备了辽宁省公安厅的公务员考试。我当初只想到，只要有一项考试成功，我的目标就实现了。事实证明，三个月的坚持，我不但成功的高分通过了司法考试，公务员考试也成功地进入了面试环节。当然，最终我也用实际行动证明了自己是可行的、可靠的，成功说服了我的岳父岳母，于2013年与我老婆携手走进婚姻殿堂，成功的组建了一个幸福美满的家庭。

大家如果认为上面谈到的只是一些家事，根本不值得一提，那我说说办案过程中的坚持与探索。曾经有一个故意伤害案件，我经过全面调查取证后发现，能否认定他们发生打架斗殴的事实除了当事人双方口供以外，就是证人证言，当事人口供形成了一对一的局面，证人的证言成了认定案件事实的关键。我顺着证人的证言一一提出疑问，他在现场吗，他如果在现场会在什么位置，能否看得见案发现场的全部经过。为了探究真相，解除心中的疑团，我带着无人机只身前往现场实地勘查，走访，通过还原事发时可能会发生的一些事情，发现了证人不可能在案发现场，证人说谎了，提供了虚假证言。

我把整个案件的前因后果做成 PPT 演示给法官看，法官立即认为案件事实有问题，经过审理查明，最终作出了无罪判决。如果当初仅仅是凭着案件现有的材料去办案，估计永远无法找到案件的真相，只有不断求索，不断地质疑并求证，才有可能挽救当事人免遭牢狱之灾，彻底防范冤假错案。这也是我的一点办案心得。

一个案件交给我们办理，不但涉及人身自由，还涉及家庭、事业、荣誉、社会地位等方方面面，我们没有任何理由不为洗刷冤屈而奋斗。

我不去想身后会不会袭来寒风冷雨，既然目标是地平线，留给世界的只能是背影，著名诗人汪国真说道。

说句心里话，学习法律本身是非常枯燥乏味的，也是颇费脑力的一项苦差事。法律界的名家刘桂明老师曾经说过这样一段话："律师是一个看起来很美，说起来很烦，听起来很阔，做起来很难的职业。"要知道，刘老师无论是在媒体圈还是在法律圈，都是资深名人，经常为了律师行业的发展摇旗呐喊，律师界的大小论坛经常都能看到刘老师主持的身影。刘老师真是经典语录、金句频出，所以他的"桂客名人名言"一定是有概括性和权威性的。

我们要知道，不是所有的鲜花都盛开在春天，不是所有的河流都流向大海，鲜花盛开在四季，河流流向八方，只要梦想与热爱同在，山海皆可平，无处不是风景。历史的车轮滚滚向前，沧桑巨变印证着过往的不易，更激励着未来的奋斗。只要我们坚守阵地，甘于寂寞，并勇于探索，相信，每当我们走出荆棘，前面就是铺满鲜花的康庄大道，登上山顶，脚下便是积翠如云的空蒙山色。

最后，引用哲学家尼采的一句话："也许你感觉自己的努力总是徒劳无功，但不必怀疑，你每天都离顶点更进一步。今天的你离顶点还遥遥无期。但你通过今天的努力，积蓄了明天勇攀高峰的力量。"

平台易得，名师难求

相信对刚从大学毕业，准备迈入律师行业的大多数实习律师而言，第一个迷茫就是在申请律师实习阶段，该选择进大所实习还是选择一位知名律师作为指导老师。

大所，顾名思义，办公面积和规模大、执业人数多，法律业务多，投入也多。

名师，佼佼者也，无论是其个人的成就还是口碑、荣誉。实则可遇不可求。无论是在哪个专业或者行业，通常情况下，名师总是少数人，不是谁都能接触到名师或者有机会跟着名师做学徒。有些名师也是独行侠，或者干脆隐居求志，往往对于新执业的实习律师而言是求学无门。

大所与名师能否共存？当然。所谓"庙大和尚多"，必定是高手如林。我们经常看电视剧中，某一个不起眼的扫地僧，但他其实就是隐姓埋名的武林高手，不显山不露水，一出手就是武功盖世，以一敌百，拯救武林于危难。如果你既能选择进入大所，又能找到该所的名师作为指导老师，何其幸也。肯定不用作选择，也不会遇到痛苦地选择。这只是极端的个别案例，哪里总有这么幸运的事会那么巧合地发生在自己身上。

实际上，还有一句话，林子大了什么鸟都有。正是因为律所规模一味地求大，不断地招聘律师加入，就没有办法对每一名律师的水准和能力、职业道德进行全方面地考察，只要是律师就统统往里进。结果，可想而知，少数害群之马、"东郭先生"也就趁机而入，不但败坏了大所名声，也搅乱了律师行业。

那么今天讨论的就是当我们必须作出选择时应该如何参考，如何做出正确的适合自己的选择。

其实，我们讨论的这个问题，与当事人或家属找律师有异曲同工之妙。

当事人或家属出事以后，通常会通过什么方式来选择要聘任哪位律师？据我观察和了解，路径一般是这样。首选方式是寻找身边的律师朋友咨询，如果自己没有律师朋友，那么就找自己的亲戚、朋友帮忙介绍律师。他们认为熟人还是靠谱一些，毕竟有接触和了解或者熟人背书，至少不会被骗。其次是通过网络搜索，那么这种方式就考验当事人的慧眼。有些律所投入大量资金做广告，宣传效果好，但是整体能力一般，有些律所的律师只会埋头办案，从来不做任何广告，结果当事人或家属又难以搜索到，这些就是信息差，信息茧房。第三种方式是亲自上门走访咨询。这种情况下，大所就有其优势。推开律所大门的那一瞬间，前台笑脸迎宾，接待大厅装修豪华气派，整个律所看上去就像高端会所一般，给当事人或家属的第一感觉，就是这个律所有实力，往往容易签约成功。相反，那些相对应的小所，没有实力或者精力在硬件上投入过多，有时也不屑于作表面文章。给当事人或家属的感觉就是该所实力不行，往往就会形成第一印象。毕竟律师的能力不写在脸上，也不刻在脑门上。

因为当事人或家属不懂法律，也不懂具体事务和流程，一旦亲人发生刑事案件，往往都是蒙圈状态，所谓病急乱投医，有很多当事人或家属在这个时候为了救自己的家人，不惜一切代价，甚至甘愿走上违法犯罪的道路。也有一些当事人或家属被不法分子所利用，到最后人财两空。当然，也有一些当事人或家属是幸运的，一开始就能找到最合适的律师办理案件，结果理想。

了解当事人或家属找律师的困境之后，对实习律师是选择大所还是选择名师就能有直观的体会。依我所见，我认为在选择之前，要做好以下几方面的功课，做到有准备地选择。

第一，我们每一个实习律师要明白，自己的专长是什么，将来立志从事的专业或者执业方向又是什么。是诉讼业务还是非诉业务，诉讼业务中又分民商事和行政、刑事业务等。这一点只有我们自己最清楚，别人是无法短时间内给予指导意见。

第二，我们要清楚，我们追求的目标是什么。是高大上的工作环境，还是同事们友好的感情氛围，又或者是立志在某一个独特的领域成为专家级律师。把这个问题想清楚了，再做选择就会非常容易。

第三，选择之前最好提前做功课，对每一个律所或者老师先行调查一番。律所特色是什么，是否符合自己的执业理念，老师的专长又是什么，是否能够给予自己更多更好地指导，有没有时间来亲手指导，这些都很关键。现在是网络时代，更多的信息是可以拼凑起来的。只有我们用心下功夫做好调查，才能避免尴尬，避免浪费时间。

第四，建立一个量化表格，给自己打分，给律所打分，给老师打分。如果没有其他更好的方式，这种方式也许就是最客观和行之有效的方法。考量指标尽量细化到不能再细化为止，越细致，越容易形成最终意见。

第五、要始终明白一个浅显的道理，大所好找，名师难求，这是客观事实。如何选择，事关自己的前途和未来，不是儿戏，要慎重再慎重。一旦做出错误选择，再改变就很难。名师如何寻找，又该如何打动他愿意带你为徒，考验我们实习律师的真诚和决心，这其实也不是什么难事，世上无难事，只怕肯攀登。

如果让我必须给出一个意见，以我过来人的经验看，首选名师，再选大所。我始终认为我能够在律师大军中脱颖而出实现弯道超车，最大的功劳就是名师的背书和力荐。

名师能够给予我们自身难以开拓的视野和思维，给予我们更大施展才华的空间和平台，给予我们平时难以企及的资源和背景。

再者，再好的师徒都有分别的那一天，当那一天来临时，要坦然面对和接受。当我们学成以后，可以另立门户，也可以尝试去大所，借用他们的大平台，施展才华，实现自己的理想和抱负。

这是我对新执业律师的一点中肯建议，不一定适合所有人，本身这个议题就是见仁见智，还是那句话，适合自己的道路才是最佳选择。也衷心祝福每一个实习律师都能做出正确选择，为律师行业的健康发展，添砖加瓦，贡献力量。

重唯质量，不比数量

许多律师一年办不到十个案件，尤其知名律师更是如此，我虽然不出名，但是我自进入刑事辩护律师圈之后，每年代理的案件基本上也没超过十个，我认为自己是有深刻体会的。

也有许多律师一年办上百件案件，据我观察，多数都是二三线城市的中年律师为主，这个群体中的律师，似乎有一个理念，就是不要嫌案件大与小，也不要挑肥拣瘦，鱼和虾米一起捞，只要是找上门的案件，来者不拒，有一件算一件，当事人也是自愿签约。

通常情况下，案件数量少，律师收费相对就高，案件数量多，律师收费也就低。

但是，我们不得不思考一个问题，人的精力是有限的，时间对待每个人都是公平的，每天只有 24 小时，如果一个律师每天都在应付不同的案件，准备开庭材料，接待不同的当事人，起草法律文书，即使他是铁人，可以不吃不喝不睡觉，你相信他能干好吗？

有个道理非常浅显，只有律师办理的案件数量少，才能保证办案质量，尽管并不是所有案件都能无罪辩护成功，但是效果相对就会好。反过来，则不然。所以，案件数量与质量是成反比的状态。

美国知名律师德肖维茨曾经提到，正义是需要追寻和求索的，因为我们无法达到一个完美的正义的实现，我们必须去追求。公正不是结果，而是一个过程。

有些律师认为，律师无非就是做些文字工作，起草文书，去法院开庭，其他的结果谁也保证不了，干吗那么较真。固定格式，固定模板，固定套路，一个案件走完过场，律师费就到手了，律师又能改变什么。我认为这是一种消极的态度，也是一种极不负责任的态度。

　　律师尽管不能决定案件的结果，也无法预测案件走向，但是你去努力过、追求过，也许正义就能实现，而且是以看得见的方式实现。

　　我的办公桌上，始终摆放几本《无罪辩护》系列书籍，稍有空闲，我就会翻开看看里面的案例，每次都有不一样的收获。我总在思考，为什么这个案件，他的律师能无罪辩护成功，我总在寻找，他的律师到底做了些什么工作，又是怎么做的，我总在琢磨，他的律师的方案能否用在我的案件当中。应该说，这些书本给了我很多养分，从中学到了许多教科书上无法掌握的技能与思维。

　　其实仔细盘点，我们会发现，每一个案件，不分大小，不分难易，都需要花费大量的时间去做准备工作。

　　我们需要反复阅卷。根据我的个人经验，一个案件至少需要阅卷三遍以上。第一遍是阅读起诉书，搞清楚指控犯罪的事实与逻辑，然后通读全卷，一页都不要漏。第二遍是在掌握基本案情后，带着问题去看卷，从中找出问题所在，标注自己的意见和观点。第三遍是把卷进行切割、归类，按照一定的逻辑重新整理，形成我方辩护证据体系。我说的这只是常规的阅卷模式，遇到疑难复杂案件，三遍往往是不够的。即使三遍下来，也是需要花费大量时间。

　　除了阅卷，我们要会见。会见是对案件进行全面了解的最直接方式，会见也能发现案卷中没有涉及的问题，往往都是一次不经意的谈话，就谈到了案件的无罪辩点。通常情况下，本地看守所会见当事人至少需要半天时间，外地加上来回旅途三五天也是常事。

　　根据案件需要，我们还要进行调查取证。很多律师给年轻律师上课时总会说，律师不要自己调查取证，我不知道他是基于什么理由做出点这样的论断。实际上，我亲办的所有案件，都是通过调查取证，获得新的证据，从而击破控方证据体现，最终实现判决无罪的结果。

　　除此之外，我们还需要起草一份完善的法律文书，不敢说是完美的法律文书。一份好的法律文书，既能把案件暴露出的各种问题通过简明扼要的文字叙述清晰，也能把案件的争议焦点通过逻辑清晰的文字表达出来。既要检索法律法规，又要检索类似案例，还要归纳总结我方意见。如果我们的法律文书被法院的判决书直接引用，那说明我们的文书是合格的，优秀的。

　　这些工作是律师的常规工作，不花时间，不可能轻易高效高质地完成。

碰到有些案件，我们需要不断反复地与办案人进行面对面沟通，需要对案件中出现的不正当干预和复杂背景进行调查并展开全方位的检举控告。我相信，这些工作也是需要耗费大量时间的。

一个案件，委托给律师，有时是把当事人自己甚至是全家的身家性命托付给律师，有时是将穷尽一生，辛苦一辈子获取的财富作为赌注。人们常说，律师办理的不是案件，而是别人的人生。我们没有任何理由敷衍应付，我们必须全力以赴。如此才能对得起当事人的委托，对得起法律赋予我们的神圣使命。

案件一旦到了我们手里，剩下的工作就是竭尽所能，不遗余力地保证案件质量。至于数量，还是尽力而为，千万不可盲目接受案件。

法治必胜，正义必胜

    2023 年农历新年伊始，电视剧《狂飙》热播，据称打破了多项尘封多年的播放记录，随着最后一集更新完毕，该剧最终以正义战胜邪恶，黑社会集团犯罪分子以及保护伞均被绳之以法，从而法治得以彰显而宣告剧终。法治必胜，正义必胜。

    都说艺术来源于生活，却又高于生活。该剧之所以引起极大关注，据说很大一部分原因是该剧部分剧情是根据真实事件改编完成，剧中呈现了现实生活中的许多真实案例，让观众有很强的代入感并产生共情，尽管编剧在接受采访时说不是特指某一个案件，但是很容易让人产生联想，某个剧情演的是某某某案例，某个剧中人物又是某某某的原型。导演、编剧、以及一众老戏骨通过艺术的手法加工、打磨、表演，加上经典台词的描述对故事情节的渲染，让这些案例变得生动而耐人寻味。

    刷完整部剧，不知道各位有何感想，弹幕中有人问了一句，该剧到底弘扬了什么样的价值观，有人回复说，反派角色让人产生共情，是这样吗？《狂飙》的开幕是 20 年前的 2000 年，黑恶势力嚣张跋扈，我觉得那种社会图景可以浓缩在一个菜市场里，各种人物，陆续登场。

高启强的跌宕人生

    高启强兄妹三人，蜗居在旧厂街一处公寓楼中，年轻时靠卖鱼为生，养活弟妹并供他们读书，因此兄妹感情至深，为整部剧情的描绘埋下伏笔，无论你是多大的黑社会大哥，都有软肋，都有善良的一面。大佬都念旧，高启强自己混出名堂后，旧厂街改造，就他自己家的老宅没动迁，每年还在老宅与家人过个团圆年，与兄弟们搞团建，也算有情有义之人。

逼上梁山

高启强一开始并不是十恶不赦的坏人，卖鱼生意还算过得去，相反唐小龙、唐小虎兄弟等人就属于典型的地痞恶霸，借市场卫生管理员的身份大收保护费，明目张胆的敲诈勒索，索取贿赂。

唐小龙兄弟要求菜市场摊主调换摊位，对其他菜摊主影响不算大，但高启强的鱼摊有水缸等设备，焊接固定，挪动就特别费钱费力。高启强不想挪，也就逼着他向唐小龙求情、行贿，因为没有满足唐小龙想要等离子电视的要求，新买的电视机被砸了不说，还挨一顿打，到最后高启强成了施暴者被行政拘留，在公安局的审讯室过年。似乎给人一种黑白颠倒的味道。

借势翻身

在公安局的审讯室里，安欣负责审讯高启强，显然是被高启强的遭遇和家世感动了，高启强的弟弟妹妹去公安局送饺子，安欣在不违反工作原则的前提下，满足了其家人的要求，让高启强在公安局吃上了年夜饺子。安欣的善良也打动了高启强一家，以至于接下来的剧情中高启强兄弟无论在什么样的情况下，从来没有想过要杀安欣，应该说是这顿饺子让他们二人亦敌亦友，缠斗了近20年，高启强的妹妹高启兰也从此埋下了情愫，喜欢了安欣20年而不得。安欣和高启强代表两个不同的信仰，安欣是执拗的理想主义者，高启强是极端的实用主义者，他们的对决纠缠在人情上，互相有帮助，有提携，有感动，有那种求而不得的悲伤和失落。

因为剧情的需要，安欣必须是正派代表，现实中呢，这种情况会出现吗，公安局中会有这样的警察吗？

高启强行政拘留期满释放，安欣出于同情与好心送高启强回家，高启强则请求安欣给他送到菜市场搬他的卖鱼设备，安欣提醒他不要再闹事，高启强嬉皮笑脸地说保证不会，结果到了地方唐氏兄弟阻拦他不让搬，连安欣的面子也没给，最后还是因为李响赶到，给唐小龙说了安欣的背景，唐小龙立即改变态度。这是高启强第一次借势成功，也为他在菜市场立足打下基础。

高启强第二次借势就是唐小龙兄弟为了试探高启强的能量，找高启强去为音像店老板摆事，高启强一开始去公安局找安欣，求他帮忙，但是没找到，安欣托李响带话，并且特意嘱咐李响穿警服去旧厂街找高启强，目的也是为高启强撑腰。高启强等不到安欣，就自己单刀赴会解决问题，他再次把安欣和安长林摆了出来，结果问题迎刃而解，唐氏兄弟彻底服气。由最开始的欺负高启强到最后唐小龙出狱时说了一句经典的话："我出来最大的担心就是怕强哥不带我玩。"

高启强第三次的借势就是认建工集团的陈泰当干爹，陈泰也是盘踞在京海地区多年的黑社会头目，有了陈泰的靠山，从此走上了打打杀杀、称霸江湖的不归路。

"我们的社会中确实还存在着一些不公平分配，导致了基层的百姓觉得如果不靠非法手段是无法实现致富的，所以就有了铤而走险的一些人出现。"

有权就蹭，无权就压，这恰恰是千百年来，中国社会底层生存的状态。它是残酷的人情社会，是对无权者的践踏，是有权者的谄媚。

高启强是从最底层混起来的黑社会，曾经也是被人欺负的不敢还手的人，正是有了这样的背景，观众特别希望高启强混出个样子，报仇雪恨。数不清高启强在剧中提到过多少次猪脚面，因为从小家里穷，买一碗猪脚面，弟弟吃猪脚，妹妹吃面，高启强只能喝汤。这也折射出吃苦长大的人，一方面重情重义，另一方面也是因为从小穷怕了，逼着自己翻身，结果没有把握住自己，却走向了另一个极端。

称霸京海

高启强的人生在认干爹之后就完全开挂，几乎是在一年之内完成了"三级跳"，从一个腥臭熏天的鱼贩子到呼风唤雨的黑社会大哥，坐拥巨额资产。高启强说过，要让京海的人都知道在京海所有大小事都得听他高启强的。

黑社会犯罪组织几乎都有一个相似特征，前期靠暴力垄断，中期借力打力，跟官员纠葛在一起，甚至渗透到政府，自己成为官员，发展到后期，他就不会满足于官商勾结，必须会说"我要控制官员任免"。这句话原原本本就出现在政法委的纪录片里。

黑社会犯罪组织的另一个特征就是窝里斗。"坏人最后都是死在更狠更坏的人手里这就是丛林真相。"

徐江与白江波两人为争夺势力范围，打打杀杀，互不相让，到最后，螳螂捕蝉，黄雀在后，让高启强捡了个大便宜，高启强接受泰叔的见面礼就是徐江生前的大产业白金瀚俱乐部，还有什么比这个来的更直接的呢。

到后来，高启强不断发展壮大，手腕越来越狠，泰叔对其必须有所制衡，又把程程扶上马，与高启强斗争，但是一届女书生，哪里是高启强的对手，最终失败退场。

程程退出后，又杀出来一个港商蒋天，一出道就给高启强一个下马威，两人斗得不可开交。

用高启强的话说，"风浪越大，鱼越贵"。高启强在斗争中发展壮大，除了研究《孙子兵法》以外，相信还有其他的因素。

权力与金钱

龚开疆说过一句话："官职不重要，重要的是权力，更大的权力才能做更多的事。"

整部剧中，对权力的刻画入木三分，权力不受约束，贪腐必然不能根除，与之对应的就是金钱的诱惑与腐蚀。通过权钱交易，拉拢身居要职的高官，为黑社会犯罪组织提供保护伞。

因为有了保护伞，黑社会根本打不尽，正如安欣所说，每次严打都不过是走过场，做做样子，指导组走了，又恢复原样。

剧中还有一幕令人印象深刻，高启强重回旧厂街市场，特意去了旧鱼摊，还坐了一下当年的椅子，年轻的摊主显然不知道面前的就是高启强，高启强走后，对着高启强的背影喊："以后我也会成为高启强的。"

走向灭亡

高启强在徐雷电死后面临选择，是要拿钱还是报警坦白说不是他电死的，他在做出选择时，他过去卖鱼和养育弟弟妹妹这一辈子经受的欺负、不公平的待遇、他心中的怨怒、他要强的性格、想过好生活的欲望以及对家人的愧疚，这一切全部添砖加瓦，聚沙成塔地堆积在他身上，导致他选择的是拿钱。这是一个漫长的过程堆积出的结果。人物做的任何一个反应，其实折射的都是他的过去。

高启强难逃宿命，一切黑恶犯罪分子，最终都是走向灭亡，不是被新的崛起的势力所杀害，就是被绳之以法。最终高启强团伙各自"领了盒饭"，还了京海一片蓝天。

底层人的面子与尊严

剧中有句台词："人后的苦尚且还能克服，人前的尊严却无比脆弱。"

先说高启盛，有两处情景给人印象深刻。高启盛与曹斌是同学关系，高启盛借助曹斌的家里关系，找到龚开疆帮忙，拿到小灵通的授权，有一次两人在 KTV 唱歌，高启盛听到了曹斌与陪酒小妹吹嘘高启盛就是一个乡巴佬，天天吃菜汤泡饭，高启盛感觉受到了极大的侮辱与刺激，结果出了 KTV 就拿酒瓶把曹斌后脑勺开花了，死活不知。

另外一处是莽村青年李宏伟在饭桌上指着高启盛的鼻子骂他就是一个臭卖鱼的，结果高启盛与老默去救孟钰的同时，拿冻鱼重伤了李宏伟，也是脑袋开瓢，可见其报复心极强。

高启盛说过，有钱不挣是王八，天上掉下来个钢镚都得姓高。到最后是猖狂至极，目无法纪。

再说唐小龙，剧情前后呼应，有始有终，唐小龙混社会大哥时，欺负高启强，结果知道安欣的背景，就立刻认怂了，但是安欣根本没给他面子，有一次高启强、李响、安欣三人吃饭，唐小龙想参加，直接被安欣拒绝，唐小龙也是受到了极大的刺激。到最后唐小龙要跳楼自杀时还在跟安欣怒哄，说安欣根本就没瞧得起他。

高启强的律师

整部剧中有两处出现了律师的身影，作为法律人，不妨帮高启强分析分析，他找的律师是否称职。

高启强收到唐小龙兄弟指令，要去教训徐雷，便可以得到 2 万元，高启强做了很长时间的思想斗争，高启强也知道这是违法犯罪的事，不想继续往前走，但是考虑到可以帮助高启盛解决卖小灵通资金紧张的局面，高启强最终答应了。要说他就是个典型的"扶弟魔"。

他跟随唐小龙兄弟去鱼塘找到了徐雷，结果徐雷被电死了，他跟唐小龙说徐雷不是他杀的，唐小龙不信。唐小龙分了 2 万块钱给他。

一开始高启强想去自首，他到律师事务所咨询律师说要判 10 年以上有期徒刑，他最终又放弃了自首的念头。

我们分析一下，高启强此时自首是否构成犯罪？高启强主观上要去教训徐雷，有故意伤害的主观故意，但是徐雷出现意外死亡，人不是他杀的，属于意外事件，他当然不构成故意杀人罪。那么他收了唐小龙给的 2 万块钱，算什么行为？算不算诈骗？如果此时告诉高启强事情不算很严重，是不是高启强也不会走向犯罪道路？

另外一个场景是高启强壮大以后，要吃掉陈泰建工集团的股份，成为控股股东，招呼律师进来宣读股权转让的有关文件，整个过程，高启强翘个二郎腿，对律师呼之即来，挥之即去，律师毫无尊严可言。

不妨再探讨一下，现实中，许多律师参与到黑社会犯罪集团中帮助出谋划策，最终被认定为黑社会犯罪分子，高启强的律师水平如何不说，能不能认定为黑社会犯罪分子呢？

安欣与陆寒

陆寒是安欣的徒弟，与安欣一样执着，但是两人的命运截然相反，陆寒最终命丧黄泉。

安欣是烈士后代，有安长林和孟德海保护，安欣有资本有条件是另类，陆寒平民出身却高估了自己的实力。

当然，现实中，安欣会这么做吗？陆寒会学安欣这样办案吗？也许会吧。

扫黑除恶常态化与政法队伍教育整顿

打伞破网，刀刃向内挖得越深，叫疼的人就会越多。贪腐就是从一杯酒一顿饭开始的，面对领导干部的一杯酒，商人朋友的一顿饭，有多少同志能够做到严词拒绝，公生明，廉生威，唯有执法者严守公正、廉洁才能立于不败之地成为一柄永不生锈的钢刀。

有人为了土特产，结果自己毙命于办公室；有人为了 20 万元，出卖队友，成了内鬼；有人为了升官，成了领导的棋子。总之，诱惑无处不在，打铁自身硬，才能抵抗外来的糖衣炮弹。

天问

剧情一开始，指导组组长徐忠问安欣，如果你知道高启强是现在这样，20 年前你还会给他送饺子吗，安欣说打死都不会，接着又说了一句，谁知道接下来会发生这些事……

到剧情结束时，高启强问安欣，如果当初他主动坦白徐雷不是他杀的，去公安局自首，也许就不会有今天的结局……

法治不彰，权力则狂飙，高启强常有，安欣却未必。

奉法者强，不止为赢

2017年1月18日，辽宁京桥律师事务所经辽宁省司法厅批准设立，同年4月23日，海军节当天，我们邀请了部分亲朋好友前来捧场，简单搞了一个开业仪式，京桥所就算正式开门营业，直到2023年6月12日，京桥所经辽宁省司法厅批准注销。头尾共六年的时间里，我们从一个名不见经传的小所，发展成在大连，乃至辽宁、全国小有名气的专业刑辩律师事务所。这期间，充满了艰辛与困苦，也收获了成功与喜悦。收到律所注销的批文那天，内心真是五味杂陈，各种各样的思绪涌上心头，成翻江倒海之势。

回顾京桥短暂的发展史，特别感谢给予律所发展关心和帮助的客户和师友，也感谢律所合伙人谷东风、海英律师的支持与包容，同样感谢在京桥工作过的宛良鸿、金燕等每一位同事。这里有汗水，有欢笑，有泪水，有喜悦，有成功，有失意，总之有太多的回忆，点滴之情，谆谆教诲，言犹在耳。特别感谢我的大学同学钱祝山对我创所初期的支持与鼓励。在发展过程中，我们有过一次更名。在辽宁京桥律师事务所更名庆典上，我曾经立下豪言壮志：

八月骄阳似火，京桥朝气蓬勃。今日高朋满座，感恩莅临道贺。

今天是辽宁京桥律师事务所举办更名庆典的大喜之日，在此我代表全所同仁对各位嘉宾的到来表示热烈欢迎和衷心的感谢！感谢大家一直以来对我们的支持与认可！

岁月不居，时节如流。

2017年1月，我怀着无比忐忑的心情创办了辽宁祝山律师事务所，这是我人生中首次真正意义上的独自创业，当拿到执业证的那一刻，就好比高中毕业学生拿到大学录取通知书一般，既激动又紧张。激动的是终于有了自己一番事业，紧张的是前路漫漫，茫然不知所措。

回顾这两年来，我们有成功的喜悦，也有困难与挫折的困惑，但一直在跋涉之中前行，各项工作取得了长足进步。我们所承办了多起全国具有重大影响力的案件，也多见媒体报道，我本人有幸被央视《见证人物》栏目专访。

翻过一山又一山，踏平坎坷成大道。

一切成就来之不易，所有付出当倍加珍惜。这一切的一切，都应当感恩大家对我们的支持与帮助，感谢全所同仁的努力付出，感谢家庭的无私奉献。总而言之，这两年，我们"过得很充实、走得很坚定"。我们与北京大学、清华大学，人民大学，中国政法大学等政法名校的专家学者建立起了专家顾问库，与全国知名刑辩律师加强交流与合作。

弹指一挥间，勇开新时代。感恩祝山，京桥再起航。

无论是成绩还是坎坷，已然成为过去，取得成功，戒骄戒躁，面对困境，不慌不忙。正是因为有了前两年的摸索和积累，我们成长起来了，不但立足大连，而且已经走向全国。在这一关键节点，为了更好更全面发展，我们趁势而为，进行了首次自我升级改革，将原律所名称变更为京桥律师事务所。迎来了律所升级的 2.0 时代。对我而言，这是一次具有划时代意义的改革，这是一次顺势的改革。

追逐梦想的道路上，快马加鞭未下鞍，万水千山只等闲。

我们都是追梦人！展望明天，我们将继续在刑事辩护这一主业深耕细作，同时不断开创新的方向。我们创建了四个中心：专家论证中心、刑事辩护（申诉）研究中心、退役军人法律援助中心、涉访涉诉调解中心。两个名人堂：青年律师名师讲堂、法界名人堂。京桥律师事务所全体同仁将以坚如磐石的信心、只争朝夕的劲头、坚韧不拔的毅力迎接新的挑战，创造美好未来。

志存高远，脚踏实地，我相信，只要我们坚守初心，担当使命，坚定信念，我们必将大有可为。

聚则一团火，散则满天星，成长的路上朋友至关重要，在此衷心地感谢各位，一如既往地支持我们，帮助我们，成功的路上因为有了你们而不孤单，因为有了你们而精彩飞扬。

最后，我提议，让我们共同祝愿京桥律师事务所越来越好，勇创辉煌。让我们共同祝愿大家心想事成，工作顺利！

奉法者强，不止为赢。

再回顾，曾记得，我在首届京桥刑事辩护高端论坛上致辞：

浪漫之都，时尚大连。天高云淡，秋风送爽。群贤毕至，少长咸集。

在美丽的滨海之城大连，经过紧张筹备，首届京桥刑事辩护高端论坛在此举办，首先我代表京桥律师事务所的全体同仁对各位法学界知名教授、实务界知名律师以及在场的所有来宾表示热烈的欢迎和衷心的感谢，我们即将在此尽享一场知识的饕餮盛宴！

辽宁京桥律师事务所，由我本人于2017年1月18日创立，以刑事辩护及企业家刑事风险防范为主导业务，是东北三省、东北地区首家专业刑事律师事务所。自建所以来，逐步建立了专业刑事辩护的律师队伍和行政辅助团队，办理了多起在全省乃至全国有影响力的诉讼案件，取得了较好的开局和良好的口碑，赢得了客户和社会各界的一致好评。

奉法者强，不止为赢。我们京桥律师事务所在本月初举行了更名庆典仪式，重新定位，重新出发。本次论坛的举办就是我们腾飞的起点。有大家对我们的支持与鼓励，我们一定会脚踏实地，埋头实干，在专业刑事业务领域开创新的美好未来，用真实的成功案例成绩来回报大家的厚爱和支持！

本次论坛我们还将同时举办专家顾问和京桥刑辩名师讲堂公益导师的聘任仪式，专家顾问和名师团队是我们京桥所发展的坚强后盾，为我们的专业领域提供从理论到实践的专业指导和技能训练。再次衷心感谢各位恩师的鼎力支持！

本次论坛，准备时间仓促，招待不周，敬请包涵！今天只是开始，若未尽兴，请大家多多关注我们律所的最新公告，后续还会邀请名师举办多场公益课堂。最后，让我们共同见证京桥律师事务所的稳步发展，见证本次论坛的圆满成功！

除此之外，我在京桥刑辩沙龙（2022年度第二期）致辞：

我是京桥所张进华律师，作为东道主，谨代表京桥全体同仁对各位师友、同行在百忙之中拨冗参加本次沙龙活动，表示由衷的感谢和敬意，感谢各位莅临捧场支持本次沙龙活动。

三毛曾经说过："岁月极美，在于它必然的流逝，春花、秋月、夏日、冬雪。"转眼间，六月到了最后一天，盛夏悄然至，荷叶碧连天，芙蕖映日红。

今天，我们齐聚一堂，感受荷风清凉，在喧嚣尘世里，守一份素简，执一份清念。今天，我们有幸请来了贵客，为我们在座各位分享饕餮盛宴。今天，我们在简陋朴实的京桥相遇结缘，你们的到来，使这里蓬荜生辉。

尊敬的各位同仁，本次沙龙的主题是《律师表达能力训练》，之所以选择这样一个主题并以沙龙的形式呈现，是经过长时间的酝酿和准备的，主要有以下几个原因：

第一，表达能力是律师的基本功；第二，表达能力不是天生才能；第三，表达能力可以通过训练得到提升；第四，我们都是热爱学习的人。

古希腊哲学家芝诺说过，每个人的知识就像一个圆圈，里面是已知，圆圈外面是未知。

如果一个人知道得越多，他的圆圈就会越大，那么接触到的边界也就越大，所以我们就会觉得，自己学的越多，不懂的就更多。

相反，如果一个人懂的很少，那么他的圆圈就很小，他接触到的未知也很少，就会觉得自己懂的够多了，所以就容易骄傲。

知识圆圈越小，空间越小，机会越少，就像井底之蛙。

知识圆圈越大，空间越大，机会就越多，越容易看到更广阔的世界。

从小圈到大圈的过程，正是认知力升级的一个过程，也是个人成长的过程。

本着学习与交流的目的，促成本次沙龙如期举办。一方面为我们本所律师提供一次学习机会，提升专业技能；另一方面也是加强与大连本地优秀律师的交流与互动，增进感情，创造更多的合作机会。所以，今天既有实习律师，也有资深律师。我们也非常荣幸邀请到三位重量级嘉宾为我们传授知识，分享经验。

尼采曾说，每一个不曾起舞的日子，都是对生命的辜负。愿我们共同起舞，遨游广阔天地，徜徉在知识的海洋中。

相信，我们在此不仅收获知识，还能收获友谊，让我们共同期待，我们的明天更加美好，我们的事业飞黄腾达，我们的友谊天长地久。

太多美好时刻，限于篇幅原因，不能一一重现，不管如何，因个人发展原因，京桥所从成立到注销，走过了 6 个春秋，纵有百般不舍，难却未来路更长。

金麟岂是池中物，不做田间鸟。在此也祝愿自己未来在北京的发展之路，更加宽敞明亮，更加前途无量。

但行好事，莫问前程

2022 年 7 月 23 日晚上 10 点多，飞机稳稳地降落在普陀山机场，第三次的普陀山之旅，心心念念终于成行。

出门之前，对江南火炉般的天气早有耳闻，频繁的高温红色预警，多少有些顾虑，但这终究不是借口。虔诚之旅，本就无须刻意，来一场说走就走的旅行。

走出机舱门的那一刻就体验到南方的热浪来袭，闷热又潮湿，犹如蒸桑拿，只要稍微挪动几步就会汗如雨滴，湿透前胸后背。上一次的这种体会，早已记不清是何年何月了，夜间都是如此高温，可想而知白天是什么样。

当然，对我这个在南方出生长大的农村老男孩而言，很快就能适应，遇见这种天气感觉就像回到儿时农忙时节，出了一身汗，浑身轻松。

本次普陀山之行，实际上早已列上计划，但琐事缠身，一拖再拖，此刻终于放下一切，放空自己，跟随内心一步一步走在佛门圣地的木栈道上，体会不一样的宁静与祥和。

正所谓一心向善，无处不安宁。

今日早起，码头上游人如织，人潮涌动，除了人人佩戴口罩以外，看不出疫情对芸芸众生祈福许愿的影响，排队登船之人，排起了长龙，往复来回，又宛如盘起的巨蟒，缓缓向前挪动。

待游船停靠码头后，踩在浮桥之上，虽多摇晃，心却早已放空。映入眼前的景色，似有误入仙境之感，脚踏实地，穿行于绿树红花之中，奇石怪岩，千姿百态，不时又仰望蔚蓝的天空，感叹大自然的鬼斧神工造就如此美妙的世界。轻松愉悦，好不自在，海天佛国，名不虚传。

普陀山于我而言，并不陌生，这是第三次登岛潜心修行，参悟人生。每一次的洗礼，皆有收获。

　　曾记得，第一次登岛时的情形。那是我第一次到宁波市辖属的县级市余姚市办理一个贪污案，被告人田某在政府某部门工作，其被指控利用职务便利，借用回迁户等人的购房资质低价购买政府开发建设的存量房，造成公共财产损失，被以贪污罪起诉到法院。一审判刑后，被告人不服，提出上诉，我受北京兄弟王飞律师的邀请，加入该案辩护。这个案件二审期间困难重重。为了调整心态，我临时决定邀请杭州的挚友一道从杭州自驾返回舟山登岛上了普陀山。一路上我们谈天说地，就是不愿意再提任何案件上的事。在岛上，全程下来，我们没有坐车，全靠步行，从山脚登顶山峰，又绕岛一周，体验不一样的乐趣，沿途的自然风光与美景尽收眼底。

　　人们常说，普陀山要常来，越来越好，越好越来。自从第一次登岛后，每每想起岛上点滴，总使人蠢蠢欲动。所以到了第二年，也是借去景德镇办案之机，绕道杭州转车到舟山再次登岛。这一次登岛恰逢台风即将在舟山群岛登陆，暴风雨来临前也是风雨交加。独自徜徉在山间小道，淋着雨，却又是一番景致和体会。不一会工夫就全身湿透，因为是夏天，没觉得难受，反而特别享受那一刻的解压与放空。因为担心台风登陆驳船会停运，所以没有在岛上停留太久，就径直返回。

（普陀山一角）

　　这一次，也是因为疫情的原因，从正月到现在，疫情一直反复，时常封控管理，即使不封，去往别的城市出差也是多有不便和顾虑，所以今年上半年都是待在大连没有外出，感觉人都要发霉了，赶在防疫政策松动间隙，赶紧出来散散心。所以就有了本次普陀山之旅。

　　有道是心存善念，多求自在。

　　有时我就在想，人们为什么如此热衷于烧香拜佛，为了寻求精神寄托？又或是祈求多福？还是行恶之后的忏悔与解脱？或者几种情况皆有之？

也许人人都有不同的心愿，也倒不必刻意追问人们都出于什么目的，做一个善良的人，总归是好的。普陀圣地，人人信仰越来越好，越好越来。

但愿人人在这一片净土，都能剔除杂念，但行好事，莫问前程，但使愿无违。

后 记
踔厉奋发，努力谱写新时代的法治华章

2022年10月16日，中国共产党第二十次全国代表大会，在北京隆重召开。大会的主题是：高举中国特色社会主义伟大旗帜，全面贯彻新时代中国特色社会主义思想，弘扬伟大建党精神，自信自强、守正创新，踔厉奋发、勇毅前行，为全面建设社会主义现代化国家，全面推进中华民族伟大复兴而团结奋斗。大会提出，我们党立志于中华民族千秋伟业，致力于人类和平与发展崇高事业，责任无比重大，使命无上光荣。全党同志务必不忘初心、牢记使命，务必谦虚谨慎、艰苦奋斗，务必敢于斗争、善于斗争，坚定历史自信，增强历史主动，谱写新时代中国特色社会主义更加绚丽的华章。

作为一名中共党员，听完铿锵有力的报告，振奋人心，催人奋进。

作为一名执业律师，听完振振有词的报告，广阔天地，大有作为。

作为一名退伍军人，听完掷地有声的报告，永葆本色，强军卫国。

作为法律人我注意到，报告中用独立篇章描绘了坚持全面依法治国，推进法治中国建设的伟大目标，应该说这是史无前例的。报告中提到，全面依法治国是国家治理的一场深刻革命，关系党执政兴国，关系人民幸福安康，关系党和国家长治久安。必须更好发挥法治固根本、稳预期、利长远的保障作用，在法治轨道上全面建设社会主义现代化国家。报告中强调，要完善以宪法为核心的中国特色社会主义法律体系；要扎实推进依法行政；要严格公正司法；要加快建设法治社会。

新时代的伟大变革，在法治发展史上具有里程碑意义，使我们法律人前进动力更加强大、奋斗精神更加昂扬、必胜信念更加坚定。同时也焕发出新的勃勃生机，为新时代法治中国建设提供更多更好的律师智慧、律师方案、律师力量，为法治建设事业作出新的更大的贡献。

我们要知道，全面推进法治中国建设，是一项伟大而艰巨的事业，前途光明，任重道远。战略机遇与风险挑战并存。我们必须增强忧患意识，坚持底线思维，做到居安思危、未雨绸缪，随时准备经受风高浪急甚至惊涛骇浪的重大考验。

作为一名刑事辩护律师，既感觉到身上的责任神圣而重大，同时也深感当下正是我辈青年律师施展才华的千载难逢的大好机遇。

我们要知道，公正司法是维护社会主义公平正义的最后一道防线。正义是人类赖以生存的基本要求，努力让人民群众在每一个司法案件中感受到公平正义，正是对公平正义的有力注脚。法治社会是构筑法治国家的基础，弘扬社会主义法治精神，引导全体人民做社会主义法治的忠实崇尚者、自觉遵守者、坚定捍卫者，我们青年律师责无旁贷，又义不容辞。

法治是最好的营商环境，也是发展中国特色社会主义现代经济的最有力的安全保障。不断优化法治化营商环境，是我们青年律师的历史使命和职责所在，在法治中国建设当中，我们律师力争不越位，不缺位。

听完二十大报告，使我情不自禁地回顾起了自己的职业生涯。我进入律师行业快有十个年头，十年来，弹指一挥间，通过每一个真实的案例使我切身感受到法治建设的逐步完善，司法理念的更新进步，体制内健康力量犹如喷发的火焰一般温暖，照亮全社会。

我作为一名刑事辩护律师，非常有幸曾经代理过蒙冤27载的江西张某环故意杀人申诉一案。在十三届全国人大四次会议上，最高人民法院原院长周强和最高人民检察院原检察长张军分别作"两高"报告，曾受到广泛关注的江西"张某环故意杀人案"同时入选"两高"工作报告。最高人民法院工作报告中提到，人民法院坚持实事求是、有错必纠，按照审判监督程序再审改判刑事案件1818件，江西、云南法院再审改判张某环、何某光无罪。最高人民检察院报告中指出，人民检察院对"张某环故意杀人案"等冤错案件坚持疑罪从无、有错必纠，建议改判无罪。我无比自豪地认为，这是对我们律师职业的最高荣誉光环。同时也反映出法治建设的完善和进步。

在为期三年的扫黑除恶专项斗争阶段，我作为一名律师亲历其中，办理了几起"涉黑涉恶"案件，我们认真学习领会中央到地方各级文件政策，依法依规展开辩护工作，有效防止多起案件被部分违法办案人员人为"拔高"凑数，防止发生新的冤假错案。我参与辩护的一个被指控积极参加黑社会性质组织犯罪（骨干成员）的案件，一审宣判无罪，二审无罪定谳；一个被指控为黑社会性质组织罪一般参加者的案件，在检察院审查起诉阶段撤诉结案；一个被指控为家族恶势力犯罪的案件，在经历二次一审，二次二审，又经历二次改变管辖后，最终撤诉结案；一个被指控为故意伤害案件，法院最终以事实不清，证据不足为由作出无罪判决；还有一个被指控为非法经营案件，被告人一审认罪认罚后，二审撤销原判发回重审，最终撤诉结案。类似的无罪案件还有十余件，我始终相信，这是法治的胜利，是坚持"罪刑法定""疑罪从无"司法理念的最直接体现。

作为一名律师，我们要始终明白，任何成功都离不开好的司法环境，离不开一个有规则讲规矩的法治新时代。我们要始终牢记律师的职责是维护当事人合法权益，维护法律正确实施，维护社会公平和正义。律师执业必须遵守宪法和法律，恪守律师职业道德和执业纪律。必须以事实为根据，以法律为准绳。

奉法者强，不止为赢。法治道路上无论是荆棘或坦途，我们都要永怀激情和理想。我们需要信仰，尤其是对法治的信仰。我们要在浩瀚的新时代东风中，不骄不躁、谦虚谨慎，向着坚持全面依法治国，推进法治中国建设的目标起航。我们要持长剑纵马，执妙笔生花，怀家国为先，以奋斗登高致远。

律师兴、法治兴、则国家兴。时代呼唤着我们，唯有矢志不渝、笃行不怠，方能不负时光，乘风破浪，行稳致远。

青年强，则国家强。我们唯有怀抱梦想又脚踏实地，敢想敢为又善作善成，立志做一名有理想、敢担当、能吃苦、肯奋斗的新时代青年律师，让青春在法治中国建设的火热实践中绽放绚丽之花。我们要牢记空谈误国、实干兴邦、坚定信心、奋勇前进，为中华民族伟大复兴建功立业，再添新的勋章。

愿做一束法治之光，照亮此土，回馈社会。时代激励着我们要踔厉奋发，勇毅前行，努力谱写新时代的法治华章。

最后，本书能够付梓，要特别感谢中国政法大学出版社的编辑及为之付出辛苦的工作人员，感谢单位同事和亲友的支持与帮助，感谢所有案件当事人给予的支持与鼓励。回望过去，我们脚踏实地一起同奋斗皆为序章，展望未来，我们仰望星空携手再出发共创辉煌……